全国红色基因传承研究中心资助成果

LISHI DE
JIEDIAN

历史的节点

罗平汉 著

胜利

SHENGLI

陕西新华出版
陕西人民出版社

图书在版编目(CIP)数据

历史的节点.胜利 / 罗平汉著.--西安：陕西人民出版社，2025.--ISBN 978-7-224-15514-3

Ⅰ.D23

中国国家版本馆CIP数据核字第2024UQ0823号

出 品 人： 赵小峰
总 策 划： 王亚嘉
责任编辑： 文 博
封面设计： 杨亚强
内文版式： 朵云文化

历史的节点·胜利

LISHI DE JIEDIAN · SHENGLI

作　　者 罗平汉
出版发行 陕西人民出版社
（西安市北大街147号　邮编：710003）
印　　刷 中煤地西安地图制印有限公司
开　　本 889毫米×1194毫米　1/32
印　　张 14.75
字　　数 297千字
版　　次 2025年7月第1版
印　　次 2025年7月第1次印刷
书　　号 ISBN 978-7-224-15514-3
定　　价 128.00元

目　录

抗战胜利后中共对和平民主的争取

抗日战争一胜利，蒋介石就按照既定的方针，决意要用战争的方式解决共产党问题，只是由于在抗战的过程中国民党军队退守西南、西北地区，而要将部队开赴内战前线、完成内部部署尚需时日。于是，他一方面派出军队迅速抢占地盘，甚至准备发动对解放区的进攻；另一方面又假意邀请毛泽东赴重庆谈判、同意召开政治协商会议以为其内战准备争取时间。中国共产党虽然清楚蒋介石的真实意图，但作为一个对国家和人民负责任的党，深知经过长期的战争之后广大人民对和平的渴望。因此，抗战胜利前后，与蒋介石集团处心积虑发动战争相反，中国共产党确立的基本方针是全力争取和平，尽力避免内战。

一、争取和平避免内战的基本方针

1945年8月15日，日本宣布无条件投降，中国人民历时14年的抗日战争取得了最终的胜利。在8月23日召开的中共中央政治局扩大会议上，毛泽东明确指出："现在情况是抗日战争的阶段已经结束，进入和平建设阶段。""我们现在新的口号是：和平、民主、团结（过去是抗战、团结、进步）。"在会议结束前，毛泽东又指出："今天的方针是七大定下来的，七大的方针就是反对内战。当前内战的威胁是存在着的，但国民党有很大困难，至少今年不会有大内战，故和平是可能的。我们要准备有所让步以取得合法地位，利用国会讲坛去进攻。我们很需要这样一个时期来教育全国人民，来锻炼我们自己。"①

8月25日，中共中央发表《对目前时局宣言》，强调抗战胜利后，"一个新的时期，和平建设的时期，已经来临了！中国共产党认为在这个新的历史时期中，我全民族面

---

①中共中央文献研究室编：《毛泽东年谱（1893—1949）》（修订本）下，中央文献出版社2013年版，第10—11页。

前的重大任务是：巩固国内团结，保证国内和平，实现民主，改善民生，以便在和平民主团结的基础上，实现全国的统一，建设独立自由与富强的新中国，并协同英、美、苏及一切盟邦巩固国际间的持久和平”。“我们必须坚持和平、民主、团结，为独立、自由与富强的新中国而奋斗！”①同一天，刘伯承、邓小平、陈毅、林彪等21名在延安的高级将领，乘美军观察组的飞机离开延安。行前，毛泽东对他们讲：“我们的口号是和平、民主、团结，首先立足于争取和平，避免内战。我们提出的条件中，承认解放区和军队为最中心的一条。中间可能经过打打谈谈的情况，逼他承认这些条件。今后我们要向日本占领地进军，扩大解放区，取得我们在谈判中的有利地位。”②中共中央的态度很明确，努力争取和平，但必须对国民党的内战政策采取针锋相对的方针。谈是为了和平，打也是为了将蒋介石打到谈判桌前。

8月28日，毛泽东和周恩来、王若飞在蒋介石代表张治中及美国驻华大使赫尔利的陪同下前往重庆，与国民党当局进行谈判，由刘少奇代理中共中央主席。在毛泽东离开延安的同一天，刘少奇同出发去东北工作的人员讲话，也明确指出：“中国抗日战争结束后，应该是和平建设阶段，但是中国有内战危险，需要斗争。我们要动员全党全

---

① 中共中央文献研究室、中央档案馆编：《建党以来重要文献选编（1921—1949）》第二十二册，中央文献出版社2011年版，第655、657页。

② 中共中央文献研究室编：《毛泽东年谱（1893—1949）》（修订本）下，中央文献出版社2013年版，第13页。

军全中国人民团结起来，反对内战，为实现和平、民主、团结这三大口号而斗争。这是我们的方针。”①

9 月 13 日，毛泽东和周恩来、王若飞在重庆首次招待在渝外国记者。毛泽东发表谈话说：目前双方保证不向外公布会谈情形，但希望会谈成功。“全国人民都期望和平，我到重庆来尽一切努力以达到和平。我们共产党人希望会谈将有良好结果，使中国能由抗战转到和平建设的时期。”②毛泽东对中外记者是这样说的，但这话绝对不是外交辞令，而是当时中共中央的真实想法。经过 43 天的谈判，国共双方代表签订了《政府与中共代表会谈纪要》，即双十协定，国共双方提出要“长期合作，坚决避免内战，建设独立、自由和富强的新中国”。可以说这是重庆谈判取得的最重要的成果。

重庆谈判之后，中国共产党对和平民主充满期待。10 月 20 日，毛泽东在为中共中央起草致各中央局并转各区党委、各兵团首长的电报中指出：“目前开始的六个月左右期间，是为抗日阶段转变至和平建设阶段的过渡期间。今后六个月的斗争，是我们在将来整个和平阶段中的政治地位的决定关键。”“和平、民主、团结、统一，这是我党既定方针，也是国民党被迫不得不走的道路”，“我党必须认识清楚，必须坚持又团结又斗争，以斗争之手段达到团结之目

① 中共中央文献研究室编：《刘少奇年谱》上卷，中央文献出版社 1996 年版，第 481 页。

② 中共中央文献研究室编：《毛泽东年谱（1893—1949）》（修订本）下，中央文献出版社 2013 年版，第 23 页。

的这一方针，毫不动摇地争取目前斗争的胜利，以便有利地转到和平发展的新阶段”。[①] 同年10月25日，毛泽东在抗大七分校做报告，欢送即将上前方去的学员。毛泽东说：“我们总的任务，是为全国和平而奋斗，把敢于进攻我们的反动派打垮下去，取得和平。”[②]

很显然，虽然抗战胜利后中国共产党在解放区的问题上确立了“针锋相对，寸土必争”的方针，毛泽东也曾强调“人民的武装，一枝枪、一粒子弹，都要保存，不能交出去”[③]，但斗争不是目的，而是争取和平的手段，即以斗争求团结求和平。抗战硝烟刚停息，蒋介石就要点起内战烽火，指挥国民党军队向解放区发动进攻，中国共产党不得不进行自卫，打击蒋介石的嚣张气焰，使其回到和平的轨道上来。因此，抗战胜利后一段时间，虽然国民党不断向解放区进攻，解放区军民被迫进行自卫反击，但战争还是局部性的。

二、对国内和平一度表现出相当乐观

根据双十协定，1946年1月10日，有国民党、共产党、民主同盟、青年党以及无党派人士的代表参加的政治

①《毛泽东文集》第四卷，人民出版社1996年版，第40、41页。

②中共中央文献研究室编：《毛泽东年谱(1893—1949)》(修订本)下，中央文献出版社2013年版，第42页。

③《毛泽东选集》第四卷，人民出版社1991年版，第1161页。

协商会议在重庆召开。同一天，中共代表和国民党代表正式签订停战协定，双方于同日下达于1月13日午夜生效的停战令。毛泽东在停战令中指出："本党代表和国民政府代表对于停止国内军事冲突之办法、命令及声明，业已成立协议，并于本日公布在案。凡在中国共产党领导下之一切部队，包括正规军、民兵、非正规军及游击队，以及解放区各级政府，共产党各级委员会，均须切实严格遵行，不得有误。全中国人民在战胜日本侵略者之后，为建立国内和平局面所作之努力，今已获得重要之结果。中国和平民主新阶段，即将从此开始。"[①]"和平民主新阶段"的提出，表明中国共产党真心实意地希望和平的到来。

政治协商会议历时22天，于1946年1月31日闭幕。因为参加政治协商会议的国民党代表，总体上是国民党内的主和派，在中共方面做了较大让步的情况下，会议通过了政府组织案、国民大会案、和平建国纲领、军事问题案、宪法草案案等五项协议。加之停战令之后，除东北外关内基本上停止了军事冲突，因而政治协商会议闭幕之时，中共中央对国内和平局面的出现一度表现出乐观。

1946年2月1日，中共中央发出由刘少奇主持起草、毛泽东修改审定的《关于目前形势与任务的指示》，指出："重庆政治协商会议，经激烈争论之后，已获得重大结果。""由于这些决议的成立及其实施，国民党一党独裁制度即开

① 中共中央文献研究室编：《毛泽东年谱(1893—1949)》(修订本)下，中央文献出版社2013年版，第55页。

始破坏，在全国范围内开始了国家民主化。这就将巩固国内和平，使我们党及我党所创立的军队和解放区走上合法化。这是中国民主革命一次伟大的胜利。从此中国即走上了和平民主建设的新阶段。”①这是一份发给高级干部的内部指示，从中可以看出此时中共中央对于和平民主表现出相当乐观的态度。

中共方面此时表现出乐观的情绪也是有理由的。在政治协商会议上中共方面虽然做了很大让步，但团结了以民盟为代表的第三方面，并且政协通过的协议对国民党的一党专政和蒋介石的个人独裁以及他的内战政策有着明显的限制。

在抗战后期，为限制国民党的一党专政，中国共产党曾提出改组国民党的一党政府，成立各党各派参加的联合政府主张，在重庆谈判中为了争取人民军队的地位和解放区权益，曾一度放弃了建立联合政府的要求而提出参加政府。建立联合政府与参加政府是不同的。前者是对国民党一党专政的否定，后者则是派人去国民党的政府中做官，仅是一种改良性的举措。政协协议则提出：“国民政府鉴于抗日战争业已结束，和平建设应即开始，为邀集各党派代表与社会贤达举行政治协商会议，共商国是，以期迅速结束训政，开始宪政，特制定本纲领以为宪政实施前施政之准绳，并邀集各党派人士暨社会贤达参加政府，本于国家

---

① 中共中央文献研究室、中央档案馆编：《建党以来重要文献选编（1921—1949）》第二十三册，中央文献出版社 2011 年版，第 104 页。

之需要与人民之要求，协力一心，共图贯彻。”[①]这等于是接受了中国共产党原来提出的联合政府的主张。

自从1927年大革命失败之后，中国共产党懂得了武装斗争的重要性，党的历史始终是与武装斗争相联系的，党的广大干部也是从武装斗争中成长起来的，从武装斗争转向非武装斗争特别是议会斗争，对广大干部来说无疑有一个适应的过程。既然中国即将走上“和平民主建设的新阶段”，斗争形式自然也应相应地发生转变，中共中央为此指示全党：“中国革命的主要斗争形式，目前已由武装斗争转变到非武装的群众的与议会的斗争，国内问题由政治方式来解决。党的全部工作，必须适应这一新形势。”

中共中央在指示中还提醒全党：“我党即将参加政府，各党派亦将到解放区进行各种社会活动，以至参加解放区政权，我们的军队即将整编为正式国军及地方保安队、自卫队等。在整编后的军队中，政治委员、党的支部、党务委员会等即将取消，党将停止对于军队的直接指导（在几个月之后开始实行），不再向军队发出直接的指令，我党与军队的关系，将依照国民党与其军队的关系。”中共中央还要求全党做好从武装斗争转变到非武装的群众斗争和议会斗争的准备，努力学习和运用合法斗争的形式，实现上层统一战线与下层统一战线工作的配合，“把党的工作推进到全国范围去，推进到一切大城市去，并在广大范围内，参加全国经济建设，使国家工业化的工作，只有在全国范围内

---

①《政治协商会议资料》，四川人民出版社1981年版，第273页。

动员与组织广大群众进行这些斗争与这些工作，中国的民主化与一切协议的实行，才有保证”①。指示对和平民主建设的新阶段即将到来的乐观情绪跃然纸上。这也说明，当时中共方面对国内和平是抱着极大的诚意的，真心希望抗战胜利之后中国进入和平民主建设的新阶段，并且做出了军队改编、进行议会斗争的准备。

同一天，刘少奇在延安干部会议上做关于时局问题的报告。报告对形势的估计同样表现得很乐观。刘少奇说，目前的时局已经开创了一个新的局面。重庆的政治协商会议已获得了重大的成果。政协会议通过的决议案基本上是好的。这些决议案，在政治协商会议上通过、成立以及它的实行，就会做到在全国范围内使国民党的一党独裁开始被破坏，全国民主化开始实现，使我们中国变为一个民主化的国家，进一步巩固国内和平，并且使我们的党及我们党所建立的军队及解放区在全国范围内走向合法化。这是中国民主革命的历史上一次伟大的胜利。从此中国就走上和平民主建设的新阶段。②

这时，中共中央还开始着手参加国民政府的准备，并且商量好了参加政府的具体人选。2月2日，中共中央致电陈毅，指出必须巩固华中现有地区，因中央机关将来可能迁淮阴办公。随后，毛泽东也不止一次提出中共中央搬迁

① 中共中央文献研究室、中央档案馆编：《建党以来重要文献选编（1921—1949）》第二十三册，中央文献出版社2011年版，第107页。

② 中共中央文献研究室编：《刘少奇年谱》下卷，中央文献出版社1996年版，第16页。

淮阴的问题，理由是参加政府后往来南京方便。

2 月 6 日，刘少奇主持中共中央政治局会议，讨论周恩来关于国府委员及宪草审议委员人选的请示电。会议一致通过后，中共中央即复电中共谈判代表团，同意周恩来、董必武、吴玉章、秦邦宪、何思敬五人为宪草审议委员的中共方面人选；国府委员中共人选仍照周恩来在延安所提毛泽东、林伯渠、董必武、吴玉章、周恩来、刘少奇、范明枢(山东解放区著名开明绅士，时任山东省参议会参议长)、张闻天八人，如范明枢不能去则提彭真；同意以周恩来、林伯渠、董必武、王若飞分任行政院副院长、两部长及不管部。

2 月 9 日，毛泽东同美联社记者谈话时说："政治协商会议成绩圆满，令人兴奋。但来日大难，仍当努力，深信各种障碍都可以扫除。""总的方面，中国走上民主舞台的步骤，已经部署完成。""各党当前的任务，最主要的是在履行政治协商会议的各项决议，组织立宪政府，实行经济复兴。共产党于此准备出力拥护。"①

三、政协会议后国民党对和平的破坏与中共的态度

然而，中国共产党期待的"和平民主建设的新阶段"并

① 中共中央文献研究室编：《毛泽东年谱(1893—1949)》(修订本)下，中央文献出版社 2013 年版，第 57 页。

没有真正到来，迎来的却是蒋介石的背信弃义与倒行逆施。2月10日，即毛泽东接见美联社记者的第二天，重庆便发生了较场口事件，国民党特务以暴力捣毁各民众团体在较场口广场举行的陪都各界庆祝政协成功大会的会场，与会的知名人士郭沫若、李公朴、施复亮等竟被打伤，大会被迫中止。

2月21日上午，北平国民党特务以所谓“冀省难民还乡请愿团”名义，纠集逃亡地主、特务、流氓等千余人，在东四牌楼一带举行反共示威，散发反共传单。当天下午，这些人又包围北平军事调处执行部办公处所在地协和医院，闯入并捣毁军事调处办公室，殴打中共办事人员，守门宪警竟不加阻拦，使暴徒扬长而去。

2月22日，在国民党特务操纵和煽动下，重庆沙磁区部分学校学生7000余人进行反苏、反共游行，随后捣毁《新华日报》营业部及民主同盟机关报《民主报》营业部，打伤《新华日报》职员四人及《民主报》职员五人，此后数日内，成都、昆明的《新华日报》营业分销处，也相继被国民党特务暴徒捣毁。

3月7日，国民党六届二中全会举行第八次大会，在检讨政协报告时，国民党内的主战派谷正纲、潘公展等人声称要共产党“放弃割据之政权”“放弃武力夺取政权之野心”“不应以种种问题束缚领袖”。

这时的局势是：一方面，国民党军队不停地向解放区蚕食进攻；另一方面，除东北外，关内大规模的军事冲突还没有发生，由国民党、共产党和美国三方组成的军事调处执行部也不停地派人到各冲突地区进行调处。1946 年 1 月 1 日，负责调处国共关系的美国政府特使马歇尔与周恩来会谈，提出国、共、美三方各派出一人组成委员会即三人小组，负责处理有关停战、恢复交通和受降事宜，取得一致协议方式，每方都有否决权，一切决议须送国、共最高当局核准后始生效；1 月 5 日，国共双方就此达成协议，美方代表马歇尔，国民党方面代表先为张群后为张治中，共产党方面代表为周恩来。1 月 10 日，三人小组达成《关于停止国内冲突的命令和声明》，国共双方分别颁发了停战令。为了监督停战令的执行，周恩来和张群还签署了《建立军事调处执行部的协议》，规定由国民党、共产党与美国三方各派一人，在北平成立军事调处执行部，简称军调部。中共代表为第十八集团军参谋长叶剑英，国民党政府代表为国民政府军事委员会军令部第二厅厅长郑介民，美方代表为美国驻华代表罗伯逊。军调部下设若干个调处小组，负责调处国共两党的军事冲突。但是，这只是暴风雨前短暂的宁静，蒋介石正是利用这段时间抓紧全面内战的准备，和平民主发展的可能性正在迅速消逝。

随着蒋介石破坏政协决议和停战协定的行动不断加快，中共中央对和平民主新阶段已经到来的乐观情绪也迅速消退，认识到蒋介石专制独裁的本性并没有改变，战争的危险有可能超过和平的可能，要求全党在全力争取和平的同时，认真做好应对内战爆发的准备。

3 月 15 日，中共中央政治局召开会议，讨论国际国内时局问题。毛泽东在发言中指出：资产阶级和苏和共派包括两部分人，资产阶级的中派和左派，如蒋介石就是中派。他的主张有两条：第一条是一切革命党全部消灭之；第二条是如果一时不能消灭，则暂时保留，以待将来消灭之。而左派则和蒋介石不同，如张东荪等人。这两派今天都是能和我们合作的，因为中派有“暂时保留”一说，这就产生了妥协的可能性。毛泽东同时又说：蒋介石的这两条，“第一条很清楚，第二条是人们容易忘记的，稍微平静一点就忘了。二月一日到九日就忘了，较场口事件以后就又记得了”。他还说：“我们的军队是要缩编的，但不是缩编得越少越好，一些同志不知道这些，需要说清楚。”①主持会议的刘少奇在做总结时肯定了毛泽东的分析，提出中共的态度是：“打起来，有了准备；不打，更好。”②

同一天，中共中央发出《关于目前时局及对策的指示》，要求“除开审慎应付东北问题外，华北、华中各地应即提起警觉，密切注意顽方动态，并在军事上作必要准备，加强整训，加强侦察，严防反动派突然袭击。如果反动派发动进攻时，必须能够在运动中坚决、彻底、干净、全部消灭之”。同时要求各地将减租、生产两件大事抓紧推动，以“造成解放区不可动摇的群众基础与物质基础”③。

3 月 18 日，中共中央发出《关于坚决反对国民党反动派破坏政协决议的指示》，提醒各战略区主要负责人：“最近

①《毛泽东文集》第四卷，人民出版社 1996 年版，第 98 页。

②转引自中共中央文献研究室编：《毛泽东传（1893—1949）》，中央文献出版社 1996 年版，第 755 页。

③中共中央文献研究室、中央档案馆编：《建党以来重要文献选编（1921—1949）》第二十三册，中央文献出版社 2011 年版，第 145 页。

时期一切事实证明，蒋介石反苏、反共、反民主的反动方针，一时不会改变，只有经过严重斗争，使其知难而退，才有作某些较有利于民主的妥协之可能。”“停战协定、政协决议、整军方案我们是不愿其破坏的。但反动派必欲破坏，只要使人民了解这是由国方破坏的，而不是由我方破坏的，那对于中国的前途，也会是有好处的。因此，我们不破坏它们，但我们决不怕反动派破坏，我们反对分裂、反对内战，但我们不怕分裂、不怕内战，我们在精神上必须有这种准备，才能使我们在一切问题上立于主动地位。”①

四、中共希望通过四平保卫战达到和平之目的

虽说“不怕分裂、不怕内战”，但中国共产党还是不希望全面内战的发生。当时，停战令下达和政治协商会议召开之后，关内停止了大规模的军事冲突，但关外的东北却出现了大打的局面，原因是蒋介石不承认中国共产党在东北的武装力量的存在，坚持停战令不包括东北，并且企图利用苏联红军撤出东北之机占领整个东北。1946 年 3 月中旬起，苏军开始从东北的大城市撤离，于是，国民党军南向本溪、北向四平发动了猛烈的进攻。

这时，中共中央十分看重四平的得失，认为四平保卫

① 中共中央文献研究室、中央档案馆编：《建党以来重要文献选编（1921—1949）》第二十三册，中央文献出版社 2011 年版，第 157—158 页。

战的胜败，关系到和与战的全局。四平地处松辽平原中部腹地，辽宁、吉林、内蒙古交界处，东北两大重要城市沈阳和长春中间，战略地位十分重要。3 月 14 日苏军刚从四平撤出，东北民主联军乘势于 18 日攻下四平，俘虏了几千名伪军，缴获了大量武器装备。3 月 23 日，中共中央在给东北民主联军领导人的电报中要求不惜一切重大伤亡，将国民党军队阻止于四平以南，以利于今后的谈判。3 月 25 日，中共中央再次致电东北民主联军和东北局负责人林彪、彭真等人："你们至少还须经过一两个星期也许更长时间的恶战，才能实际达到停战。在此时间内，顽方会拼命进攻，企图控制更多的战略资源要地，而你们应尽一切可能，不惜重大牺牲，保卫战略要地，特别保卫北满。"①第二天，中共中央又致电东北局：应宣布四平为我军所占，唯有如此，"才能逼使国民党不得不和我们和平合作"，"现应用一切努力保障四平在我手"。②

从 4 月 16 日起，国民党集中八个军的兵力，其中包括全美械化装备的新一军、新六军和青年军第二〇七师（相当于军），其余的五个军也都是半美械化装备，从南面、西南、西北三方面向四平进行猛烈的包围进攻。东北民主联军先后集中主力近十万人进行顽强抵抗，由此开始了长达一个月的四平保卫战。4 月 26 日，毛泽东为中共中央起草

---

① 中共中央党史和文献研究院编：《刘少奇年谱》（增订本）第二卷，中央文献出版社 2018 年版，第 196 页。

② 中共中央党史和文献研究院编：《刘少奇年谱》（增订本）第二卷，中央文献出版社 2018 年版，第 198 页。

给林彪并告彭真的电报中说："马歇尔已提出停战方案，有停战之可能。望加强四平守备力量，鼓励坚守，挫敌锐气，争取时间。"他在第二天为中共中央起草给林彪的电报中，更是提出要"化四平为马德里"①。5月1日，毛泽东在给林彪的电报中又说："东北战争中外瞩目，蒋介石已拒绝马歇尔、民盟和我党三方同意之停战方案，坚持要打到长春。因此，我们必须在四平本溪两处坚持奋战，将两处顽军打得精疲力竭，消耗其兵力，挫折其锐气，使其以六个月时间调集的兵力、武器、弹药，受到最大消耗，来不及补充，而我则因取得长、哈，兵力资材可以源源补充，那时便可能求得有利于我之和平。"②

四平激战期间，西满军区司令员黄克诚几次建议林彪从四平撤出，林彪既不回电，也不撤退。情急之下，黄克诚于5月12日直接向中共中央发电报建议从四平撤出，甚至提出如果让出长春可以达到停战目的不如让出长春，以求争取时间。但电报发出之后，亦未见答复。1959年庐山会议的时候，毛泽东对黄克诚说"固守四平当时是我决定的"，黄克诚才明白林彪既不回电又不撤退的原因。中共领导人当时希望通过四平保卫战的胜利争取时间，并在谈判桌上取得有利地位，实现国内和平。

四平保卫战，敌我双方激战一个月之久，东北民主联

① 中共中央文献研究室编：《毛泽东年谱（1893—1949）》（修订本）下，中央文献出版社2013年版，第74页。西班牙内战时，共和国军队与叛军于1936年11月至1939年3月进行了激烈的马德里保卫战。

② 中共中央文献研究室编：《毛泽东年谱（1893—1949）》（修订本）下，中央文献出版社2013年版，第77页。

军歼敌一万余人，但自身也付出了重大伤亡。5 月 19 日，东北民主联军撤出四平。

蒋介石在占领四平之后，气焰一时十分嚣张，自以为国民党军的战斗力很强，完全有能力通过战争的方式消灭共产党及其领导的武装力量，全面内战已愈发难以避免。尽管如此，中共中央的基本立场仍然是全力争取和平，哪怕是短暂的和平。

5 月 21 日，中共中央发出党内通知，指出：“必须使全国性内战爆发的时间尽可能推迟，方对我有利。如不能推迟半年，即推迟三个月、两个月以至一个月的时间爆发，亦将使我之准备比较充分。因此，我在目前对时局的基本方针，是避免挑衅，拖延时间，积极准备。”[①]6 月 7 日，中共中央在致电林彪、彭真、罗荣桓时又指出：“我党基本方针应是在不丧失基本利益下实现和平，长期战争于我不利。”[②]6 月 13 日，中共中央又在致华东局负责人饶漱石以及林彪、彭真、周恩来、叶剑英的电报中说：“我党方针是竭力争取和平，争取于十五天内保持平静，争取延长停战时间，变暂时停战为长期停战”；“同时我东北全军应积极准备再战，并应准备长期战争”。[③]

6 月 19 日，中共中央致各战略区负责人刘伯承、邓小

---

① 中共中央文献研究室、中央档案馆编：《建党以来重要文献选编（1921—1949）》第二十三册，中央文献出版社 2011 年版，第 268 页。

② 中共中央文献研究室编：《毛泽东年谱（1893—1949）》（修订本）下，中央文献出版社 2013 年版，第 90 页。

③ 中共中央文献研究室编：《毛泽东年谱（1893—1949）》（修订本）下，中央文献出版社 2013 年版，第 91 页。

平、薄一波(晋冀鲁豫)，贺龙、李井泉(晋绥)，聂荣臻、刘澜涛(晋察冀)，陈毅、舒同(华东)的电报指出：“观察近日形势，蒋介石准备大打，恐难挽回。大打后，估计六个月内外时间如我军大胜，必可议和；如胜负相当，亦可能议和；如蒋军大胜，则不能议和。因此，我军必须战胜蒋军进攻，争取和平前途。”并且强调：“我大打必须在蒋大打之后，以示衅由彼启。”①6月25日，毛泽东在为中共中央起草致南京中共代表团的电报中又说：“我党方针是争取长期全面和平；如不可能则争取再延长休战时间”，“以待时局之变化。大概半年之后又可能和”。② 可见，此时中共中央对于内战的态度是，在蒋介石的大举进攻面前，为了人民的利益，为了保卫解放区，不能不进行自卫战争，而且必须争取战争的胜利，唯有如此，才能使蒋介石停止战争，最终实现国内和平。与蒋介石之间的仗不得不打，但不是用战争的方式打倒蒋介石，而只是打痛蒋介石，使其回到和平的轨道上来。

从1945年8月日本投降到1946年6月底全面内战爆发前的这段时间里，中国共产党一直在千方百计地争取国内和平。这不是共产党人惧怕战争，而是国家和人民在经过长期的战争之后需要休养生息，广大人民不希望战争。但是，战争能否最终避免，从根本上讲不取决于共产党而取决于国民党蒋介石集团。一则是蒋介石在抗战胜利后处心

---

①《毛泽东文集》第四卷，人民出版社1996年版，第121页。

②中共中央文献研究室编：《毛泽东年谱(1893—1949)》(修订本)下，中央文献出版社2013年版，第97—98页。

积虑地要用战争的方式解决共产党问题，以实现他所谓的军令政令统一；二是从力量对比上，共产党的武装力量人数、装备都弱于国民党，经过抗日战争人民军队虽然有了很大发展，但总体上敌强我弱的基本态势并没有改变，人民军队的力量还没有强大到足以制止蒋介石发动内战的程度。

五、精简复员从一个侧面体现了中共和平的诚意

当时中国共产党对于和平的真诚态度，从组织部队复员一事可以得到进一步的验证。政治协商会议闭幕之后，中共中央认为已进入“和平民主建设的新阶段”，从此革命的主要形式不再是武装斗争，而是群众斗争与议会斗争，既然如此，以后军队都将实现国家化，有必要减少军队的数量，进行精简复员以减轻人民负担。

政治协商会议之后，军事三人小组曾于1946年2月25日达成《关于军队整编及统编中共部队为国军之基本方案》，规定在12个月内，全国陆军缩编为108个师，每师不超过1.4万人，其中中共军队为18个师；在18个月内，陆军编成60个师，中共军队为10个师；双方的编余人员应全部复员。基于此，中共中央决定立即着手自己军队的精简复员。

1946年3月6日，毛泽东就精兵简政问题为中共中央起草致中共中央华东局、晋冀鲁豫中央局、华中分局并告聂荣臻、贺龙的电报中指出：“无论将来情况如何，我们均

须精兵简政，减轻民负，方有利于解放区之巩固与坚持。你们三处兵额最大，负担极重，如何实行精简，应速决定方针。我们意见，第一期精简三分之一，并于三个月内外完成。被精简人员武器，有计划地妥善地分配到农村生产中去。第一期完成后，取得经验，第二期再精简三分之一。”①这时，全军共130余万人，如果分两期各精简三分之一，也就是只剩下50余万人。3月10日，中共中央致电中原局，要求中原解放军主力应决心调到皖东整训，并立即复员两万人。② 当时，中原解放军约6万人，中共中央提出的复员人数为总人数的三分之一。

3月15日，中共中央发出《关于目前时局及对策的指示》，一方面，提醒各地“除开审慎应付东北问题外，华北、华中各地应即提起警觉，密切注意顽方动态，并在军事上作必要准备，加强整训，加强侦察，严防反动派突然袭击。如果反动派发动进攻时，必须能够在运动中坚决、彻底、干净、全部消灭之”。另一方面又要求“除东北及热河外，各地第一期复员整军(即精兵简政包括党、政、军、民、学所有脱离生产人员在内)，不论时局变化如何，均应力争完成，以裁减老弱及无职务、无武器人员，合并机关，减少单位，充实部队，减少财政支出利于作长期打算为目标。中央希望第一期复员三分之一左右，时间三个月左右完成，

① 中共中央文献研究室编：《毛泽东年谱(1893—1949)》(修订本)下，中央文献出版社2013年版，第60页。

② 中共中央党史和文献研究院编：《刘少奇年谱》(增订本)第二卷，中央文献出版社2018年版，第190页。

由各地自己做成计划(此计划须能适应和平、战争两种环境),电告中央批准,即可执行。各地首长暂时不要来延,并不要远离部队”。中共中央还要求各地认真做好部队复员的政治准备与组织准备,做好复员人员的思想政治工作和生产生活安排,并且“向复员者说明,如遇反动派大举进攻,除老弱外,要在一声号令下准备归队”。[①]

在这前后,各解放区开始了部队的精简复员工作。其中,精简复员力度比较大的是晋察冀解放区。1946年2月,晋察冀中央局发布《关于编制人数的规定》:全区共在编22.5万人,其中野战军15万人,地方军7.5万人。3月1日,晋察冀中央局根据中共中央指示精神,又发布了《关于复员工作的决定》,随即着手进行部队的精简整编,野战军由原来的9个纵队减为4个,地方军增加约5万人,编为6个军区、21个军分区、13个独立旅,总计复员约10万人。

晋察冀解放区为何复员人数较多,曾任晋察冀野战军第三纵队司令员的郑维山曾回忆说:政治协商会议之后,中共方在执行双十协定,国民党方也采取了某些实际行动。如双十协定中有取消特务机关的条款,军统局北平特别站撤销了,站长马汉三当了北平市政府民政局局长;双十协定中有释放政治犯的条款,新四军军长叶挺恢复了自由;至于整编军队,国民党也于3月初在南京召开了整军会议,把集团军整编为军,军整编为师,师整编为旅,部队数量

① 中共中央文献研究室、中央档案馆编:《建党以来重要文献选编(1921—1949)》第二十三册,中央文献出版社2011年版,第145页。

有所减少。“中央之所以指示晋察冀率先复员三分之一，恐怕意在给全国树立一个复员整军的榜样，以事实使设在北平的军调部看到，我党执行整军方案是切实认真的。”[1]

对于这个问题，1947 年 9 月底，作为晋察冀解放区主要领导人的聂荣臻在全区土地会议的讲话中也曾做过这样的说明：“在停战协定后，所谓新的和平时期，全国局势仍然是很动荡的。这时我们的领导机关过多的相信了和平，就是所谓和平幻想问题。因为这个缘故，使得我们对于战争的准备极不充分。军队进行了复员，这是中央有指示的。当时的情况，我们带兵的司令都不知道自己有多少兵，预算极为庞大，所以精简是需要的。但是也有少数的不该复员的复员了。我们强调复员在部队中间起了一种副作用，增加了和平的幻想，因此有要回家的也准许了复员回家。”他还说：“其基本原因就在于对全国形势的估计有错误，过多的相信了和平。”由于存在“和平幻想”，部队精简过多，“因此和平一破坏，新的内战一爆发，我们仓卒应战，致使大同、集宁、张家口这一些战役没有打好”。[2] 聂荣臻这番话是想检讨全面内战爆发之后，晋察冀有些作战没有取得应有胜利的原因，但晋察冀解放区在如此短的时间里精简部队 10 万人这件事也说明，当时中国共产党内上下对于争取和平是真诚的。

全面内战爆发之前，虽然蒋介石以咄咄逼人之势要发

---

①《郑维山回忆录：从华北到西北》，解放军出版社 2006 年版，第 22—23 页。

②《聂荣臻军事文选》，解放军出版社 1992 年版，第 258 页。

动大规模战争，但中国共产党上下都不希望国共之间的战争由小打变成大打。

1946年6月28日，即全面内战爆发之际，李富春(时任中共中央西满分局书记、西满军区政治委员)和黄克诚(时任西满军区司令员)给中共中央写了一份关于国际国内形势的报告，其中提出：经过几年抗战，人民的势力得到空前的发展与壮大，但还没有形成几个省区连成一片的根据地，尚缺少一个更有实力、更坚强的中心，目前也不可能得到来自国际革命的实力援助。中国整个反革命势力在抗战中削弱了，但反革命的中心势力蒋介石CC系反而在抗战后加强了，嫡系军队增多，特务网遍布全国，官僚资本有所发展，又得到美国空前的军事、政治、经济的援助。反革命势力也面临着严重的困难，例如经济恐慌、内部矛盾、人民不满等，但目前均不足以致其死命。今后数年内，在美国的强大援助下反革命派还可能克服困难，加强军事、政治、经济各方面的力量。因此，我党应采取力求保存力量、等待时机的方针。

李富春和黄克诚提出三种对策供中共中央考虑：一是让步以达和平；二是拖延以待时机；三是坚决打下去以分胜负。目前和战已到最后关头，拖延下去的可能性很少，只能走一、三两条路。如采取第一个对策，实行让步以达和平的方针，若能求得全师而退，保存干部，保存部分军队和部分解放区，求得全国范围部分民主改革，还是让步以求和平为宜。蒋介石不会因为中共让步而放下屠刀，但打下去胜利把握不大，如打得好则可能打打停停，求得长期坚持以待国内外形势的根本变化。①

李富春和黄克诚都是资历很深的中共高级领导干部，是从多年的残酷战争中走出来的领导人，他们提出这个建议并非惧怕战争，而是有现实考量的。经过抗日战争，中国共产党的力量固然得到很大发展，但国民党的力量与过去相比也有了很大发展。全民族抗战爆发前，蒋介石能够真正统治的只有长江中下游地区。其他地区，如东北，原来在奉系军阀统治下，1928 年底张学良虽然宣布“易帜”，服从南京国民政府领导，但东北实际上仍处于半独立状态，1931 年九一八事变后为日本所侵占；其他如西南、西北地区及两广地区，为国民党地方实力派所掌握。经过十四年抗战，地方实力派受到很大削弱，国民党在全国的统治有了加强，由于抗战胜利，蒋介石的威望有了很大的提高。抗战过程中蒋介石得到了大量的美援，部队的武器装备有了很大的改善，抗战胜利后又接收了近百万投降日军的装备。这也使蒋介石觉得自己有能力有办法用武力解决共产党问题。

用胡乔木的话来说，“这份报告的观点和所反映出的疑虑在当时带有普遍性”②。这也从一个侧面反映当时中共党内对全面内战的态度。7 月 6 日，毛泽东就这份报告做出批示，一方面认为报告提出的许多观点是合乎实际的，是好的；另一方面又认为“缺点是对美帝国主义及蒋介石的困难

①《胡乔木回忆毛泽东》，人民出版社 1994 年版，第 435—436 页。

②《胡乔木回忆毛泽东》，人民出版社 1994 年版，第 436 页。

条件估计不足，同时对国际国内人民民主力量所具备的顺利条件也估计不足”。毛泽东强调：“对美蒋的压力与要求，我们应当有所让步，但主要的政策不是让步而是斗争。如果我党既有相当的让步，而对其无理压迫与无理要求又能出以坚决的斗争，则其结果比较付出更多更大的让步反而要好些；如无坚决斗争精神，则结果将极坏。”①面对蒋介石挑起的全面内战，毛泽东和中共中央也只得以革命战争回应反革命战争。但是，直到此时，中国共产党的态度仍然是用战争的方式使蒋介石回到和平的轨道上，让蒋介石接受和平而不是以战争的方式打倒蒋介石。直到 1946 年 11 月，蒋介石不顾中共和民盟的反对，悍然宣布召开所谓的“国民大会”，周恩来率中共谈判代表返回延安，中共中央才最终放弃对蒋介石的“洗脸”政策，下决心用战争的方式打倒蒋介石。

①《毛泽东文集》第四卷，人民出版社 1996 年版，第 146 页。

解放战争时期毛泽东对战争前景的预判

1946年6月底，全面内战爆发。当时，国民党军队总兵力达到430万人，人民解放军总数只有127万人，而且国民党军的武器装备也明显优于人民解放军。这本是一场中国共产党人不想打又不得不打的战争，这场战争的结局如何，能不能打倒蒋介石，什么时候能够打倒蒋介石，是当时人们普遍关心的问题。毛泽东曾在不同的阶段对这场战争的进程与结局做过预判，最初认为需要十年甚至十五年才能打倒蒋介石，人民解放军转入战略反攻后又判断打倒蒋介石的时间需要五年左右，到辽沈战役即将胜利之时明确提出再有一年左右的时间就可以从根本上打倒国民党反动派。这些预判的提出，极大地鼓舞了解放区军民取得战争胜利的信心，也体现了毛泽东对战争全局的准确把握。

一、“我们是能够战胜蒋介石的，全党对此应当有充分的信心”

全面内战爆发之时，对中国共产党来说，能不能打赢这场蒋介石强加于自己的战争，成为摆在全党和解放区军民面前一个极为重要的问题。

1946年6月28日，中共中央向各中央局发出关于时局近况的通报，介绍内战的形势及国内外舆论的反应，明确指出：“我解放区自日本投降后十个月以来，比较日本投降以前发生了如下各项变化：第一，地区扩大了两倍至三倍，特别是创造了东北战略区域，这是过去没有的；第二，人口增加一倍半，现在有人口一万万三千万，而在去年八月以前，一面负担人口实际上只有五千万左右；第三，军队主力由分散变为集中，技术条件提高了，我军开始能攻城，能守城；第四，解决了或正在解决土地问题，农村面目改观，根据地更加巩固，干部信心提高；第五，没有了日本人，代替日本人位置的中国反动军队，不管美国怎样帮助，总比日军战斗力要差。”[1]也正是因为有国民党军“比日军战斗力要差”的基本判断，所以相信这场战争将是艰苦的、长期的，但又是能够胜利的。

7月20日，毛泽东在一份党内指示中明确指出：“蒋介石虽有美国援助，但是人心不顺，士气不高，经济困难。我们虽无外国援助，但是人心归向，士气高涨，经济亦有办法。因此，我们是能够战胜蒋介石的，全党对此应当有充分的信心。”[2]同年8月6日，毛泽东在同美国记者安娜·路易斯·斯特朗谈话时，斯特朗问毛泽东：“共产党能支持多久？”毛泽东回答说：“就我们自己的愿望说，我们连一天也不愿意打。但是如果形势迫使我们不得不打的话，我们是能够一直打到底的。”就在这次谈话中，他提出了“一切反动派都是纸老虎”的著名论断，强调“从长远的观点看问题，真正强大的力量不是属于反动派，而是属于人民”。[3] 解放战争的胜利，充分验证了毛泽东这个论断的正确性。

1946年6月至10月，蒋介石向各解放区发动全面进攻，占领解放区县城以上城市153座，其中还包括晋察冀解放区首府张家口、华中解放区首府淮阴，解放军只收复或占领了48座县城，两者相较，解放区丢失了105座县城以上的城市和大片土地。但是，这4个月中解放军消灭了国民党军30万人，其中起义、被俘和死伤的各占一半；解

---

①中共中央文献研究室、中央档案馆编：《建党以来重要文献选编（1921—1949）》第二十三册，中央文献出版社2011年版，第324—325页。

②《毛泽东选集》第四卷，人民出版社1991年版，第1187页。

③《毛泽东选集》第四卷，人民出版社1991年版，第1192、1195页。

放军损失约 12 万人，其中负伤的为 9 万人。解放军和国民党军的损失是 1∶2.5。解放军的负伤人员大多治愈后归队。更重要的是国民党军被俘人员中，后来大多参加了解放军，成为解放战士（指在作战中被解放军俘虏，从而加入解放军的国民党军士兵。），而解放军中被俘人员很少，仅占人员损失的 3%，且被俘人员中极少有参加国民党军的。因此，战争之初解放军虽然失去了部分城市，但歼灭了国民党大量有生力量，这也证明只要坚持下去，战争就能够最终取得胜利。

在蒋介石的战略思维中，十分看重城市和交通线的作用。他一再强调："无都市即无政治基础，无交通就无政治命脉"，"最要紧的莫过于交通，而要控制交通就先要控制城市"。他认为解放军不能占都市是个"致命弱点"。因此，他发动全面内战时的基本指导思想是，第一步要占领解放区的重要城市和交通据点，第二步纵横延伸，控制全部交通线，这样共产党就变成了"流寇"，以便一一"清剿"。

1946 年 10 月 11 日，国民党军占领了张家口这个解放区最大的城市，蒋介石认为他的战争已取得重大胜利，于是当天宣布将于 11 月 12 日召开所谓"国民大会"，制定"宪法"，并要中国共产党和中国民主同盟派出代表与会，遭到中共的断然拒绝和民盟的抵制。11 月 11 日，蒋介石为争取民盟等第三方面，又宣布大会延期三天举行，但民盟不为所动。11 月 15 日，国民党一手包办的"国民大会"在南京举行。这表明蒋介石彻底关闭国共和谈的大门，通过谈判的方式实现国内和平之路已被蒋介石彻底堵死，原来设想的大打半年之后实现国内和平已经没有可能，只有用战争的方式从根本上打倒蒋介石集团，才能真正实现中国人民盼望已久的和平。

11 月 18 日，中共中央发出关于蒋介石召开伪国民大会和准备进攻延安给各中央局的指示。其中指出："中国人民坚决反对蒋介石一手包办的分裂的'国民大会'，此会开幕之日，即蒋介石集团开始自取灭亡之时。蒋介石军队在被我歼灭了三十五个旅之后，在其进攻能力快要枯竭之时，即使用突袭方法，占领延安，亦无损于人民解放战争胜利的大局，挽救不了蒋介石灭亡的前途。总之，蒋介石自走绝路，开'国大'、打延安两着一做，他的一切欺骗全被揭破，这是有利于人民解放战争的发展的。"①这是中共中央第一次将"自卫战争"改称为"人民解放战争"。自卫战争是防御性的，是国民党军进攻解放区而不得不自卫；解放战争则表明不但要进行防御，而且还要开展进攻，解放被国民党统治的地区，进而实现全中国的解放。

1945 年中共七大之后的一段时间，中共中央一再强调对蒋介石的政策是"洗脸"而不是"砍头"，即逼迫蒋介石改变某些政策而不是将其推翻。毛泽东在七大的口头政治报告中对此说得很清楚："直到今天，我们还是请他洗脸，不割他的头。我们开这个会，不是决定割头！这个头割不得！还是执行'洗脸政策'，请他修改他那个错误政策。至于他洗不洗？还要看，今天他不洗，到明天洗不洗呢？那很难

①《毛泽东选集》第四卷，人民出版社 1991 年版，第 1219—1220 页。

说。年纪大的老人不爱洗脸，老同志不要怪我，委员长也很老，他不洗的可能性比洗的可能性大，或许稍微抹一下做个样子，也许连抹都不抹，弄得满头大汗，乌烟瘴气！”[①]他还说：“我们一方面是尖锐的批评，另一方面还要留有余地。这样就可以谈判、合作，希望他们改变政策。”[②]全面内战爆发后，中共中央对通过“洗脸”使蒋介石转变不再抱任何希望，决心对其实行“砍头”，彻底推翻其反动统治。

二、“革命胜利的时间，还要准备相当长，五年到十五年”

1946年11月21日，中共中央召开会议，由南京返回延安的周恩来报告国共谈判情况和国民党统治区情况。毛泽东在讲话中指出：“中国人民中间以及我们党内都有打不打的问题，但这个问题现在是解决了，剩下的问题便是胜不胜。现在揭破蒋的阴谋、清除和平幻想已退为第二位的问题，第一个问题就是要建立坚定的胜利的信心。”由于蒋介石铁了心坚持打内战，原来设想的经过半年时间打痛蒋介石，使其回到和平轨道的可能性已不存在。因此，坚定战争胜利的信心就十分重要。在这次讲话中，毛泽东在分析国际国内的有利形势后又说：“现在是否提打倒蒋介石？

①《毛泽东文集》第三卷，人民出版社1996年版，第312页。
②《毛泽东文集》第三卷，人民出版社1996年版，第325页。

做此工作而不提此口号，口号仍是一月十三日停战位置与政协决议。而且消灭他七十五个旅以后，美国还会加强援助，新的困难又会来，因此不但要准备三年到五年，还要准备十年到十五年。一方面要藐视他们，非此不足以长自己志气，灭他人威风；而另一方面要重视他们，每一仗都要谨慎。"[①]刘少奇也在讲话中说，打的方针是定了的，但不提打倒蒋介石的口号，口号是保持一月十三日停战位置和政协决议。从国际国内分析，胜利是可能的，但要经过较长的困难时期，要提倡克服困难。[②] 这是中共中央第一次在内部明确提出打倒蒋介石的问题，但对外还没有公开提出打倒蒋介石的口号。

在 1946 年 11 月至 1947 年 2 月 4 个月的作战中，人民解放军又歼灭国民党军 41 万人。特别是在 1947 年 1 月的鲁南战役中，解放军一次歼灭国民党军 2 个师部、5 个旅共计 5 万余人。国民党军虽然在这 4 个月中占领了解放区 87 座城市，但解放军也收复或占领了 87 座城市。到这时，国民党向解放区的全面进攻已经被打破，能不能打败蒋介石的问题已经明朗。

1947 年 2 月 1 日，中共中央政治局在延安召开会议，讨论并通过毛泽东为中共中央起草的《迎接中国革命的新高潮》的党内指示。指示强调：目前各方面情况显示，中国时

① 中共中央文献研究室编：《毛泽东年谱(1893—1949)》(修订本)下，中央文献出版社 2013 年版，第 151 页。

② 中共中央党史和文献研究院编：《刘少奇年谱》(增订本)第二卷，中央文献出版社 2018 年版，第 225 页。

局将要发展到一个新的阶段。这个新的阶段，即是全国范围的反帝反封建斗争发展到新的人民大革命的阶段。现在是它的前夜。中国共产党的任务是为争取这一高潮的到来及其胜利而斗争。指示认为："解放区人民解放军的胜利和蒋管区人民运动的发展，预示着中国新的反帝反封建斗争的人民大革命毫无疑义地将要到来，并可能取得胜利。"①毛泽东在讲话中提出：革命胜利的时间，还要准备相当长，五年到十五年。②

第二天，刘少奇在对保卫延安的部队讲话时也说，蒋介石的正规军246个旅，投入了218个旅用于进攻解放区。现在已经被消灭了57个旅，再打一年半，蒋介石就会倒，全国性的革命高潮即将到来，在二三年内取得全国性的胜利是有可能的。③

1947年3月起，在全面进攻中遭到失败的蒋介石，被迫转向对山东和陕北两个解放区进行重点进攻。3月13日，国民党军胡宗南集团15个旅14万人分兵两路进攻延安。3月18日，毛泽东和中共中央从工作生活了10年之久的延安撤离。4月11日，即蒋介石发动四一二反革命政变20年之际，新华社发表《中国人民伟大斗争的二十年(为四一二惨案二十周年纪念作)》的社论，强调"二十年的过程，一步一步证明中国共产党见解的正确，证明蒋介石统治集团的反

---

①《毛泽东选集》第四卷，人民出版社1991年版，第1212页。

② 中共中央文献研究室编：《毛泽东传(1893—1949)》，中央文献出版社1996年版，第789页。

③ 中共中央党史和文献研究院编：《刘少奇年谱》(增订本)第二卷，中央文献出版社2018年版，第234页。

动性，又证明其脆弱性”。“如果蒋介石反动集团，以往是‘坏事做完，好话说尽’；那末到了现在，这个反动集团是走到这样穷途末路：以致连好话也说不出什么了。”毛泽东在修改时特地加写了这样一段话：“过去的二十年是中国人民伟大斗争的二十年。这个斗争快要结束了，这就是蒋介石反动统治的灭亡。因为蒋介石要灭亡中国人民，因此中国人民必然团结起来灭亡蒋介石。”[①]这是抗日战争胜利之后，中共中央第一次公开号召灭亡蒋介石反动统治。

1947 年 7 月，以晋冀鲁豫野战军强渡黄河千里挺进大别山为标志，人民解放军由战略防御转入战略进攻，战争形势日益朝着有利于中国共产党的方向发展。在这种情况下，毛泽东以其战略家的眼光开始预计战争的进程，并首次做出五年解决国共战争问题的估计。1947 年 7 月 21 日至 23 日，中共中央在陕北靖边县的小河村召开扩大会议，毛泽东在分析形势时提出：对蒋介石的斗争，计划用五年(从一九四六年七月算起)解决，看过去这一年的作战成绩是有可能的。说五年，用不着讲出来，还是讲准备长期奋斗，五年到十年甚至十五年。不像蒋介石那样，先说几个月消灭我们，不能实现又说再过几个月，到了现在又说战争才开始。[②] 这是中共领导人第一次明确提出用五年或者更长的时间打倒蒋介石。

---

① 中共中央文献研究室编：《毛泽东年谱(1893—1949)》(修订本)下，中央文献出版社 2013 年版，第 181 页。

② 中共中央文献研究室编：《毛泽东年谱(1893—1949)》(修订本)下，中央文献出版社 2013 年版，第 181 页；《胡乔木回忆毛泽东》，人民出版社 1994 年版，第 497 页。

同年9月12日，新华社发表《人民解放军大举反攻》的社论，公开提出“打倒蒋介石”的口号。社论指出：“打倒蒋介石才有和平，打倒蒋介石才有饭吃，打倒蒋介石才有民主，打倒蒋介石才有独立，已经是中国人民的常识了。”“再打一年、两年，蒋介石匪帮就离全军覆灭不远了。”[①]

同年9月28日，周恩来在给中共中央直属单位干部、战士所做的关于时局问题的报告中，对为什么此前不提“打倒蒋介石”而此时提出这样的口号做了解释。他说：“在去年七月就提出打倒蒋介石，行不行？还不行。当时提的口号是武装自卫，还不能公开提出打倒蒋介石的口号，因为当时主客观条件还不具备。蒋介石号称四百万军队，这么多部队，一下子不容易打倒。”“大打起来后，在人民中，民族资产阶级、小资产阶级，以及其他一部分中间分子，不是都与我们的想法相同，还有很多人以为是谁也消灭不了谁。如果我们那时就提出打倒蒋介石，他们会不相信，不接受。同时，去年蒋介石刚开始大打，我们如提出‘打倒蒋介石’，他就会反过来说共产党要打他，进攻他。如果我们把自卫口号变成进攻口号，那么就成为国共两方面都要进攻，就抵消了。我们说自卫，就是抵制他的进攻。”

报告中，周恩来进一步指出：“一年自卫战争的结果，就是蒋介石的军队承认不能消灭我们，而且他们是要失败的。在人民中，去年下半年还有许多人不相信蒋必败、我必胜，但自今年山东等地胜利以后就相信了。这是一个发

---

①《人民解放军大举反攻》，《人民日报》1947年9月14日。

展，这个发展很快，仅仅一年，变化就这样大。因此，经过一年战斗取得的胜利，我们有根据有把握地在'七七'口号中提出，要坚决、彻底、干净、全部地消灭一切蒋介石进犯军。九月又提出大反攻，提出打倒蒋介石的口号，对这个口号，人民已经能够接受了。""一方面，我们已用事实证明给老百姓看，我们有力量打倒蒋介石；另一方面，老百姓也不要蒋介石，就连上层分子(除了少数反动集团外)、中产阶级也不想给蒋介石抬轿子了，也要推翻他了。所以，这个时候提出打倒蒋介石正合时宜。"①

基于形势的变化，也基于鼓舞全国人民同国民党反动派斗争的信心，1947 年 10 月 10 日，即南京政府的国庆日这一天，中共中央公布《中国人民解放军宣言》(即双十宣言)，强调"整个敌我形势，和一年前比较，业已起了基本上的变化"，并且明确宣布："本军作战目的，迭经宣告中外，是为了中国人民与中华民族的解放。而在今天，则是实现全国人民的迫切要求，打倒内战祸首蒋介石，组织民主联合政府，借以达到解放人民与民族的总目标。"并且明确提出了"打倒蒋介石，解放全中国"的口号，公开号召："联合工农兵学商各被压迫阶级、各人民团体、各民主党派、各少数民族、各地华侨和其他爱国分子，组成民族统一战线，打倒蒋介石独裁政府，成立民主联合政府。"②

①《周恩来选集》上卷，人民出版社 1980 年版，第 273—275 页。
②《毛泽东选集》第四卷，人民出版社 1991 年版，第 1256 页。

三、“大约再打三年左右，就可以从根本上消灭中国的反动势力”

1947年12月，中共中央在陕北米脂县的杨家沟召开扩大会议(史称十二月会议)。毛泽东在向会议提交的书面报告《目前形势和我们的任务》中提出：“中国人民的革命战争，现在已经达到了一个转折点。这即是中国人民解放军已经打退了美国走狗蒋介石的数百万反动军队的进攻，并使自己转入了进攻。”“这是一个历史的转折点。这是蒋介石的二十年反革命统治由发展到消灭的转折点。这是一百多年以来帝国主义在中国的统治由发展到消灭的转折点。”①毛泽东在会议的讲话中还说，从现在到明年一年内，国内形势还会有很大变化，有利于我们。革命的长征已经到了高潮，将来还会更高。高潮主要表现在战争的胜利，但战争仍是长期的，这样大的国内敌人和美帝国主义，不会甘心于失败的。战争还要准备四五年，也可能还要长些。②

十二月会议后，毛泽东多次同特地从华东解放区前来与会的陈毅谈话。毛泽东指出，1947年发生了根本变化，可以说是一个伟大的事变。敌我双方的形势都有了根本的改变。政治方面，人心动向完全改变，人心向我，把希望

①《毛泽东选集》第四卷，人民出版社1991年版，第1243—1244页。
②《胡乔木回忆毛泽东》，人民出版社1994年版，第512页。

寄托在共产党身上，对蒋介石深恶痛绝。孤立蒋介石是长期的斗争，也是长期没有解决的问题，现在解决了。二十年来中国共产党长期处于防御、被“围剿”地位，1947 年 7 月，历史上第一次转入进攻。战争初期是自卫性质，那时的方针是迟滞内战；现在是要消灭蒋介石，已不是自卫性质。1948 年蒋介石将更加困难。1948 年再搞一年，可以有根据地说，更大的胜利一定要来的。以前只能讲“有利于我”，现在可以讲“胜利到手”。在日本投降时，我们还是一则以喜，一则以惧。喜的是日本投降了，惧的是优势问题未解决，东西得的少，蒋介石强大，严重的内战临在头上，成败两个可能还在斗争。现在好了，我们的优势已经确定了，这不是估计，而是事实。①

1948 年 3 月 20 日，毛泽东在《关于情况的通报》中又指出：“今后我军占地日广，国民党军兵源粮源日益缩小，估计再打一个整年，即至明年春季的时候，敌我两军在数量上可能达到大体上平衡的程度。我们的方针是稳扎稳打，不求速效，只求平均每个月消灭国民党正规军八个旅左右，每年消灭敌军约一百个旅左右。事实上，从去年秋季以后，超过了这个数目；今后可能有更大的超过。五年左右(一九四六年七月算起)消灭国民党全军的可能性是存在的。”②向党内公布了五年打倒国民党的时间表。通报进一步提出：“本年内，我们不准备成立中央人民政府，因为时机还未成

① 中共中央文献研究室编：《毛泽东年谱(1893—1949)》(修订本)下，中央文献出版社 2013 年版，第 274—275 页。
②《毛泽东选集》第四卷，人民出版社 1991 年版，第 1302—1303 页。

熟。在本年蒋介石的伪国大开会选举蒋介石当了总统，他的威信更加破产之后，在我们取得更大胜利，扩大更多地方，并且最好在取得一二个头等大城市之后，在东北、华北、山东、苏北、河南、湖北、安徽等区连成一片之后，便有完全的必要成立中央人民政府。其时机大约在一九四九年。”[①]这对新中国成立的时间提出了明确的时间进度。

虽然中共中央并不打算在1948年成立中央人民政府，但随着战争形势的日益向前发展，还是开始了执政全国的准备工作。1948年3月，刘少奇在中央工委会议上也指出：目前的形势是准备和争取全国的胜利，不应只在口头上、思想上、精神上来准备，而且要在组织上、政策上、干部上、机构上、具体办法上来准备。[②] 4月30日，中共中央发布纪念“五一”劳动节的口号，其中最引人注目的是发出了“各民主党派、各人民团体、各社会贤达迅速召开政治协商会议，讨论并实现召集人民代表大会，成立民主联合政府”的号召。这一号召立即得到了全国各民主党派、各民主人士和海外华侨的拥护。此后，在国民党统治区和香港等地的民主人士，陆续北上进入解放区。

到了1948年6月底，经过两年的作战，人民解放军的总兵力，已由原来的127万人发展到280万人，同国民党军总兵力的对比，已从战争开始时的1∶3.38，变为1∶1.3，并且经过新式整风运动后士气高涨；武器装备也得到极大

①《毛泽东选集》第四卷，人民出版社1991年版，第1299页。

②中共中央文献研究室编：《刘少奇年谱》下卷，中央文献出版社1996年版，第142页。

改善，建立了以炮兵为代表的强大的特种兵部队，已经具备攻坚作战能力。全国解放区的面积已达到 135.5 万平方公里，占全国面积的 24.5%；人口 1.68 亿，占全国人口的 37%。在广大的老区、半老区已经完成了土地改革。为此，中共中央和毛泽东判断，再过三年左右就可从根本上打倒蒋介石了。7 月 18 日，中共中央在《关于揭破敌人的和平阴谋的指示》中指出："依据过去两年的作战成绩，加上今后的更大努力，执行正确的军事政治经济文化各项政策，大约再打三年左右，就可以从根本上消灭中国的反动势力，在全国范围内建立人民民主共和国，我们自己及全国人民，就可以永远过和平自由幸福的生活了。"①

这个指示是中共中央对内宣布的建立新中国的时间表。同年 7 月 30 日，新华社发表《人民解放战争两周年的总结和第三年的任务》的社论，则公开宣布再过三四年即可解放全中国。社论说："中国人民还必须准备继续作几年的艰苦奋斗，至少还要准备拿三、四年时间去作这种艰苦斗争，才能最后解放全中国，并在民主基础上统一全中国。"②

1948 年 9 月 8 日至 13 日，中共中央政治局在西柏坡召开会议（即九月会议）。毛泽东在分析国际国内形势后指出："我们的战略方针是打倒国民党，战略任务是军队向前进，生产长一寸，加强纪律性，由游击战争过渡到正规战争，建军五百万，歼敌正规军五百个旅，五年左右根本上打倒

① 中共中央文献研究室、中央档案馆编：《建党以来重要文献选编（1921—1949）》第二十五册，中央文献出版社 2011 年版，第 363 页。

②《人民解放战争两周年的总结和第三年的任务》，《人民日报》1948 年 8 月 1 日。

国民党。”[1]这里所说的五年左右打倒国民党，是从1946年全面内战爆发后算起的，预计到1951年中便可以完成消灭国民党军主力的任务。对于这一问题，毛泽东在为会议做结论时又补充说，所谓蒋政权就是表现在他的军队上，我们一时打不到江南去也不要紧，蒋的力量80%在江北，消灭了他的力量，也就算把他打倒了。[2]

在九月会议上，周恩来对解放战争五年胜利的问题做了具体的阐述。他预测人民解放战争大约经过五年，便可根本取得全国胜利。“的确是根据两年的经验所作的谨慎的估计，很有实现的可能。”“如我第三年给蒋之打击很严重，加之其财经崩溃，内部倾轧，则蒋可能垮得早些，胜利会来得快些。我们也应有此准备。这时可能出现一部分反动派伪装和平，求得喘息，以备再来。出现这种情况，胜利的道路可能会有点曲折，但我们主要的目标仍然是靠武装斗争坚决消灭反动派。也有可能不出现曲折，敌军纷纷崩溃，一部分投降或投机起义。人民拥护我们打下去，则也可能一直打下去。”“也还有一种可能，即是美帝国主义出兵，并组织日、韩反动势力来战，但派出几十万上百万大批的军队恐怕也不可能，这对世界影响太大，美国不能不顾虑，但我们不能不估计到这种可能。也有可能敌人由此而控制一些大城市，使我们必须组织大的力量去围歼之。由此，胜利到来的时间可能要长一些。”“我们要估计到这

---

①《毛泽东文集》第五卷，人民出版社1996年版，第133页。
②《胡乔木回忆毛泽东》，人民出版社1994年版，第530页。

些，不要胜利太快而无准备，也不要胜利稍迟而不耐烦。我们今天主要的仍然还是争取五年胜利。”①

同年10月10日，毛泽东为中共中央起草《中共中央关于九月会议的通知》，将这次会议的基本情况和决定向全党通报，并且指出：“根据过去两年作战的成绩和整个敌我形势，认为建设五百万人民解放军，在大约五年左右的时间内（从一九四六年七月算起）歼敌正规军共五百个旅（师）左右（平均每年一百个旅左右），歼敌正规军、非正规军和特种部队共七百五十万人左右（平均每年一百五十万人左右），从根本上打倒国民党的反动统治，是有充分可能性的。”②毛泽东为此做了具体的分析：“国民党的军事力量，在一九四六年七月为四百三十万人，两年被歼和逃亡三百零九万人，补充二百四十四万人，现有三六十五万人。估计今后三年尚能补充三百万人，今后三年被歼和逃亡可能达到四百五十万人左右。这样，五年作战结果，国民党的军事力量可能只剩下二百万人左右了。我军现有二百八十万人，今后三年准备收容俘虏参加我军一百七十万人（以占俘虏全数百分之六十计算），动员农民参军二百万人，除去消耗，五年作战结果，我军可能接近五百万人。如果五年作战出现了这样的结果，就可以说国民党的反动统治已经从根本上被我们打倒了。为了实现这一任务，必须每年歼敌正规军一百个旅（师）左右，五年共歼敌正规军五百个旅（师）左右。这

①《周恩来军事文选》第三卷，人民出版社1997年版，第437页。

②《毛泽东选集》第四卷，人民出版社1991年版，第1345—1346页。

是解决一切问题的关键。我们第一年歼敌正规军折合九十七个旅(师)，第二年歼敌正规军折合九十四个旅(师)，根据这一情形看来，这样的目标是可能达到并且可能超过的。”①

四、“再有一年左右的时间，就可能将国民党反动政府从根本上打倒”

形势的发展比人们预料的还要快。1948年9月12日，东北野战军发动规模巨大的辽沈战役，并且进展顺利。10月15日，攻占锦州，歼敌10万余人；10月19日，长春国民党守军4.7万人投诚；10月28日，全歼敌廖耀湘兵团10万余人，取得了全歼东北国民党军的决定性胜利。10月31日，辽沈战役尚未结束，毛泽东就在致林彪、罗荣桓等人的电报中提出：“中央九月会议规定五年左右建军五百万，歼敌正规军五百个旅，根本上打倒国民党的任务，因为战争迅速发展，可能提早一年完成。此点你们应有精神准备，从而加速组织准备，并以此种精神教育干部。”②11月2日，辽沈战役结束，此役共歼敌47万人，东北全境获得解放。更为重要的是，辽沈战役的胜利使中国的军事形势发生了重大变化，人民解放军不但在质量上早已占有优势，而且在数量上现在也已经占有优势，从根本上改变了长期以来

①《毛泽东选集》第四卷，人民出版社1991年版，第1345—1346页。
②《毛泽东文集》第五卷，人民出版社1996年版，第183页。

敌强我弱的态势，这在中国新民主主义革命史上还是第一次。到这时，人民解放军增至300余万人，而国民党的全部军队包括陆海空军、正规军非正规军、作战部队和后勤机关在内，只有290万人左右。

11月11日，毛泽东以十分兴奋的心情致电东北野战军司令员林彪、政治委员罗荣桓、参谋长刘亚楼、政治部主任谭政并各中央局、各野战军前委："九月上旬（济南战役前）中央政治局会议时所作的五年左右建军五百万，歼敌五百个正规师，根本上打倒国民党的估计及任务，因为九、十两月的伟大胜利，已经显得落后了。这一任务的完成，大概只需再有一年左右的时间即可达到了。即是说，国民党已不可能再动员三百万人，我军已不需要再以三年时间（从今年七月算起）歼敌三百个正规师才能达到根本上打倒国民党之目的。我军大约再以一年左右的时间，再歼其一百个师左右即可能达成这一目的。"①

11月14日，新华社发表毛泽东撰写的关于中国军事形势的评论，指出："中国的军事形势现已进入一个新的转折点，即战争双方力量对比已经发生了根本的变化。人民解放军不但在质量上早已占有优势，而且在数量上现在也已经占有优势。这是中国革命的成功和中国和平的实现已经迫近的标志。""这是由于四个月内人民解放军在全国各个战场英勇作战的结果，而特别是南线的睢杞战役、济南战役，北线的锦州、长春、辽西、沈阳诸战役的结果。""这样，就

①《毛泽东文集》第五卷，人民出版社1996年版，第193—194页。

使我们原来预计的战争进程，大为缩短。原来预计，从一九四六年七月起，大约需五年左右时间，便可能从根本上打倒国民党反动政府。现在看来，只需从现时起，再有一年左右的时间，就可能将国民党反动政府从根本上打倒了。"①

辽沈战役刚刚结束，从11月6日开始，华东野战军和中原野战军共60万人，在以徐州为中心的淮海战场上与近80万国民党军队展开决战，到1949年1月6日战役结束，共歼敌55.5万人，使长江中下游以北的广大地区获得解放，并直接威胁着国民党政府的首都南京。在淮海战场激战正酣之际，东北野战军秘密入关，与华北军区野战部队共同发动了平津战役，首先解放了新保安、张家口和天津，切断了守敌西窜或南逃的道路，迫使北平守将傅作义同意率所部接受和平改编。此役共歼敌52万人，华北全境基本解放。三大战役的胜利，共歼灭国民党军队154万人，基本上摧毁了国民党赖以维持其反动统治的军事力量，全国解放战争的胜利大局已定。

4月21日，毛泽东和朱德发布向全国进军的命令。人民解放军随即发动渡江战役，4月23日，解放国民党反动统治中心南京，宣告统治中国22年的国民党政府的覆灭。接着，人民解放军各路大军分别向中南、西北、西南等地进军，以战斗或和平方式歼灭国民党残敌，解放大片国土。到1949年9月底，除西南和广东、广西部分地区外，中国

①《中共中央负责人评论中国军事形势》，《人民日报》1948年11月16日。

大陆绝大部分地区获得了解放。从 1946 年 6 月底全面内战爆发算起，人民解放军只用三年多时间就从根本上推翻了国民党在大陆的统治，取得了人民解放战争的彻底胜利，用历史事实证明“我们是能够战胜蒋介石的”。

集中优势兵力实现以少胜多

在长期的革命战争中，由于反动派的力量异常强大，敌强我弱的态势不是短期内可以改变的。1946年6月国共全面内战爆发之时，人民解放军只有127万人，国民党军队总人数达430万人，并且武器装备也大大好于人民解放军，而战争的结果，人民解放军只用三年多的时间就从根本上打败了国民党军队。人民解放战争的胜利，自然是多种因素共同作用的结果，其中一个重要的原因，就在于按照毛泽东确定的集中优势兵力、各个歼灭敌人的作战方针，将总体劣势转变为局部优势。

一、从分散游击到集中作战的转变

抗日战争时期，八路军、新四军主要是开展独立自主的游击战争。因此，在抗战进入相持阶段后，除了 1940 年的“百战大战”等少数时间集中兵力作战外，八路军、新四军的作战方式主要是以分散游击为主，运动战为辅。抗战过程中，蒋介石一面抗日一面反共，内战的危险始终存在，只是大敌当前他尚不敢发动全面内战。随着抗战的胜利的到来，蒋介石决意发动全面内战，中国共产党也不得不做应对内战的准备。很显然，国民党挑起内战后必然要动用大量的兵力，向解放区发动大规模的进攻，为了应对这种进攻，抗战时期的分散游击的作战方式已经不适应，必须集中主力以抵抗国民党军的进攻。

1945 年 8 月 11 日，中共中央发出《关于日本投降后党的任务》的党内指示，强调集中主要力量迫使敌伪向我投降，不投降者，按具体情况发动进攻，逐一消灭之，猛力扩大解放区，“各地应将我军大部迅速集中，脱离分散游击状态，分甲、乙、丙三等，组织成团或旅或师，变成超地方性的正规兵团，集中行动，以便在解决敌伪时保证我军取得胜利。解决敌伪后，主力应迅速集结整训，提高战斗力，准备用于制止内战方面。但各地均应保留必要数量之地方兵团与游击队，放手提拔地方干部带兵，用以保卫地方，民兵枪支必须保留，决不可一切皆集中”[①]。该文件第一次明确提出要组建野战军，也标志着人民军队由抗战时期的分散游击到集中作战的转变。

8 月 20 日，中共中央军委又指示各战略区将现有兵力迅速抽出二分之一到五分之三编为野战兵团，其余编为地方兵团。10 月 20 日，毛泽东在为中共中央起草《目前时局及今后六个月的任务》的党内指示中指出：“我党在解放区的中心任务，是集中一切力量反对顽军的进攻及尽量扩大解放区。为此目的，除移动大量军队与干部去东北及热河等地，并在那里组织人民，扩大军队，阻止与粉碎顽军侵入外，在一切解放区，是组织强大的野战军，有计划地歼灭向我进攻的顽军，歼灭得愈多愈干净愈彻底愈好。”[②]在同年 11 月 12 日的中共中央政治局扩大会议上，毛泽东还对各战略区组成野战军提出具体任务：晋察冀 7 万，晋绥 3 万，晋冀鲁豫 7 万，山东 7 万，中原 3 万，华中 5 万，关内六大区共 32 万野战军，东北组成野战军 20 万，总共 52 万。[③]

按照中共中央的指示精神，各战略区开始了野战军的组建工作，分别组成了晋冀鲁豫野战军、晋察冀第一和第

①《毛泽东文集》第三卷，人民出版社 1996 年版，第 454 页。

②《毛泽东文集》第四卷，人民出版社 1996 年版，第 40 页。

③ 中共中央文献研究室编：《毛泽东年谱（1893—1949）》（修订本）下，中央文献出版社 2013 年版，第 48 页。

二野战军、山东野战军、华中野战军(1947年1月山东野战军和华中野战军合并成华东野战军；1946年8月至10月东北民主联军编成野战军5个纵队，1948年1月东北民主联军改称东北人民解放军，分为东北军区和东北野战军；1947年3月西北野战兵团组成，同年7月改称西北野战军)等。当时，各战略区野战军的组建都比较匆忙。比如晋察冀野战军，就是抗战胜利后由八路军晋察冀军区将各根据地的小团扩编为大团，或将区队、县大队和游击队升级编组而成，所以名为野战军，其实只是游击队的升级版。“基层干部和战士没有经过很好的战术、技术训练，他们比较熟悉游击战，不熟悉运动战，更没有攻坚战和大兵团协同作战的经验。”“特别是冀中纵队，他们在整编前长期处在游击战争环境中，每人头上蒙一条羊肚毛巾，身上穿的还都是便衣。”①根据当时的物质条件，在开进途中，晋察冀军区给冀中纵队换了军装，补充了轻重机枪、迫击炮，还以营、连为单位，调整了步枪的口径，匆匆完成了战役的准备工作。其他野战军的组建情况也差不多。晋冀鲁豫军区虽然在短时间里组建了太行、太岳和冀南三个纵队，但各纵队人员不足，装备也差。以太行纵队为例，“所属各部队，大部分是抗战前期组成的老团队，经受了抗日战争的考验，政治上很坚强”，但“由于长年分散游击，缺乏协同作战经验，各团编制只有两个营，兵员不足千人，装备很差，特

①《聂荣臻回忆录》，解放军出版社2007年版，第483页。

别是弹药奇缺，平均每人只有2—3发子弹”[①]。

除数量和装备处于劣势外，从抗战胜利到全面内战爆发仅十个月左右的时间，这些从游击队升级而成的野战军还来不及充分训练，作战经验方面也有不足之处。抗日战争时期，由于是正面与敌后两个战场互相配合，八路军、新四军主要负责敌后战场的作战，国民党军主要负责正面战场的作战。敌后战场的特殊环境，决定了八路军、新四军的主要作战方式是以分散兵力打游击战为主，以集中兵力打运动战为辅，缺少运动战、攻坚战和大兵团协同作战的经验。全面内战爆发后，国民党军往往采取大兵团作战的方式全面向解放区推进，要打破敌人的进攻，过去分散游击作战的方式显然不适用了，人民解放军必须相应地以集中兵力打运动战为主，以分散兵力打游击战为辅，由游击战转变为正规战、运动战，这有一个过程。全面内战爆发后，蒋介石集中193个旅(师)160万人，占其全部正规军86个整编师(军)248个旅(师)的78%，从兵力对比上国共双方为3.4∶1，国民党军具有绝对优势。经过多年的抗战，国民党军在美国的帮助下不但装备有了更新，抗战胜利后又接收了大量日军装备，而且作战能力也有了不同程度的提升。可是，这样一支看似强大的军队却在短短的三年多时间土崩瓦解最终彻底覆灭，这固然与蒋介石的错误指挥有关，但更重要的是人民解放军有一个克敌制胜的法宝——集中优势兵力、各个歼灭敌人。

---

①《陈锡联回忆录》，解放军出版社2007年版，第149页。

二、毛泽东对集中优势兵力的强调

抗战胜利后，原沦陷区的大城市除大连外全被蒋介石所接收。全面内战爆发后，蒋介石的首要战略目标也是夺取中共已经控制的中小城市，并打通城市之间的交通线。因此，在战争之初，他常常以占领某城某地而沾沾自喜。如何打破敌人的进攻，毛泽东制定的战略方针是不计较一城一地的得失，而以歼灭敌人有生力量为目标。他一再强调“一城一地之暂时得失是不足为怪的”，“不拘于一城一地之得失”，“我损失若干地方是不可免的”。毛泽东反复告诫前方指挥员：“一城一地之得失无关大局，主要任务是歼灭敌人有生力量。”①他说：“我军打仗，不在一城一地的得失。而在于消灭敌人的有生力量。存人失地，人地皆存；存地失人，人地皆失。”“我们要以一个延安换取全中国。”②必须集中优势兵力，以歼灭国民党军的有生力量为目标。

1946 年 7 月中旬，国民党军胡宗南部整编第一师 2 个旅及整编第二十七师分别进至闻喜、水头、堰掌、夏县，晋冀鲁豫野战军第四纵队在陈赓的指挥下发起闻喜战役，集中 6 个团一举歼灭第二十七师第三十一旅全部及第一师一部，余敌退守闻喜、夏县和安邑。7 月 16 日，毛泽东在

①《毛泽东文集》第四卷，人民出版社 1996 年版，第 187 页。

② 中共中央文献研究室编：《毛泽东年谱（1893—1949）》（修订本）下，中央文献出版社 2013 年版，第 176 页。

为中共中央军委起草的致各中央局、各军区电中，就此要求全军学习陈赓部集中主力各个歼敌的作战方法。电报指出：“此次阎军万余，胡宗南第一、第二十七两军五万余向我晋南解放区进攻。我陈赓纵队现已开始作战，采取集中主力打敌一部、各个击破之方针，取得两次胜利。我各地作战亦应采取此种办法，每次集中大力打敌一部，其比例应为三对一，最好是四对一，以求必胜，各个击破敌人。望将此种战法普遍教育团级以上将领，是为至要。”①

1946 年 7 月，汤恩伯指挥国民党军第一绥靖区部队 5 个整编师 12 万人，由江苏南通至泰州一线分路向苏中解放区大举进犯。当时，苏中解放区的部队仅有苏中第一师和第六师(各 2 个旅 6 个团)和地方武装升级的第七纵队(4 个团)、第十纵队(3 个团)，共 19 个团，3 万余人，敌我力量悬殊。华中野战军在司令员粟裕、政治委员谭震林的指挥下，决定集中第一师、第六师 12 个团的兵力，首先歼灭进入宣家堡、泰兴两地的国民党整编第八十三师的 2 个团。从总体上，此时苏中战场上国民党军是解放军的 4 倍，但宣泰战斗中，解放军的兵力是国民党军的 6 倍。7 月 15 日，华中野战军攻城与打援部队歼敌整编第八十三师第十九旅 2 个团和旅属炮兵营及第六十三旅 1 个营，共 3000 人。随后，华中野战军又集中相对优势的兵力，取得如南、海安、李堡、丁林、邵伯、如黄路战斗的胜利，史称“苏中七战七

①《毛泽东军事文集》第三卷，军事科学出版社、中央文献出版社 1993 年版，第 348 页。

捷”，共歼灭国民党军 6 个旅及 5 个交通警察总队共 5.3 万人，歼敌总数为华中野战军参战兵力总数的 1.76 倍。粟裕回忆说：“在毛泽东军事思想的长期熏陶下，我们总是集中优势兵力各个歼灭敌人的。就整个苏中战场来说，敌我兵力对比是三点五比一，由于我们灵活用兵，在第四、五各次战斗中，我们都集中了三倍以上的兵力对付待歼之敌，有时为了保证全歼和速决，还集中了绝对优势的四倍、五倍、六倍于敌之兵力。”①

8 月 28 日，毛泽东向全军通报了华中野战军的作战经验，对华中野战军集中优势兵力，各个歼灭敌人的作战方式进行了充分的肯定，指出：“我粟谭军从午元②至未感③一个半月内，作战六次④，歼敌六个半旅及交通总队⑤五千，造成辉煌战果。而我军主力只有十五个团，但这十五个团是很充实与很有战斗力的，没有采取平均主义的补充方法。每战集中绝对优势兵力打敌一部(例如未宥⑥集中十个团打敌两个团，未感集中十五个团打敌三个团)，故战无不胜，士气甚高；缴获甚多，故装备优良；凭借解放区作战，故补充便利；加上指挥正确，既灵活，又勇敢，故能取得伟

①《粟裕回忆录》，解放军出版社 2007 年版，第 307 页。

②午元：即 7 月 13 日。

③未感：即 8 月 27 日。

④毛泽东写这个电报时，尚未收到华中野战军关于邵伯保卫战的报告，故电报说作战六次。

⑤交通总队：即国民党政府的交通警察总队，由戴笠指挥的忠义救国军和国民党军事委员会淞沪别动军于 1945 年 9 月合编而成，该部配有美制武器，用于华中战场。

⑥未宥：即 8 月 26 日。

大胜利。”[①]毛泽东认为，华中野战军创造了很好的经验，要求各战略区“仿照办理”。

这年8月10日至22日，晋冀鲁豫野战军集中3个纵队，在地方部队的配合下，发动陇海战役，歼灭敌正规军约2个旅，连同保安团队共1.6万余人，攻克县城5座，车站10余处，破坏铁路150余公里，迫使追堵中原解放军的国民党3个整编师和已投入及准备投入华东战场的精锐第五军、整编第十一师调到冀鲁豫战场，减轻了中原解放军的负担，配合了华东人民解放军的作战。

陇海战役过程中，中共中央军委指示刘伯承、邓小平：应集中兵力歼灭向我军进攻的国民党军，“我集中兵力之程度最好四比一，至少三比一”，“你们须准备用各个歼敌方法，每次歼其一个旅，连续打几个胜仗，方能解决问题。在打一个旅时，须集中主力先歼其一个团，然后再歼其另一团”。[②] 陇海战役结束的当天，毛泽东又致电刘邓，庆祝晋冀鲁豫野战军出击陇海路战役取得歼灭国民党军2个师的大胜利，并且指出：“凡无把握之仗不要打，打则必胜；凡与顽正规军作战，每战必须以优势兵力加于敌人，其比例最好是四比一（四千人打一千人，四万人打一万人），至少是三比一，歼其一部，再打另一部，再打第三部，各个击破之。望以此教育干部，克服战役上及战斗上平均用力

---

①《毛泽东文集》第四卷，人民出版社1996年版，第175页。

② 中共中央文献研究室编：《毛泽东年谱（1893—1949）》（修订本）下，中央文献出版社2013年版，第123页。

普遍求胜之轻敌观念。”①毛泽东还要求刘邓集中主力至少18个团于陇海路北休整，补充新兵以利再战。

陇海战役刚刚结束，国民党军在郑州、新乡、开封、商丘、砀山一线集结了14个整编师32个旅共约30万人，企图乘晋冀鲁豫野战军主力尚未休整之际，钳击其于定陶、曹县地区；并引黄河水改入故道，控制山东西南部，然后以其主力进击漳河，打通平汉铁路线。8月28日，国民党徐州绥靖公署以5个多旅向城武、单县、丰县等地进攻；郑州绥靖公署以约10个旅向东明、定陶、曹县地区进击。

刘伯承、邓小平经过对各路敌军的分析研判，认为其中整编第三师是郑州各路敌军中唯一的嫡系，如遭围攻，其他各路国民党军为保存实力不会对其积极援助，而且该师(原为第十军)在围堵中原解放军突围部队的作战中伤亡1500人以上，于是决定发动定陶战役，集中晋冀鲁豫野战军主力(在主要作战方向上，至少集中4倍于敌之兵力)，歼灭整编第三师，首先歼灭其1个团，然后逐步扩大战果全歼整编第三师。9月2日，晋冀鲁豫野战军一面阻击国民党军各路的进攻，一面放手诱惑整编第三师前进，当其进至天爷庙、大黄集、大杨湖地区时，即以9个旅的兵力于9月3日夜向整编第三师发起攻击，重点指向大杨湖的第二十旅。至9月6日，全歼整编第三师2个旅，俘师长赵锡田。9月7日，又歼灭整编第四十七师2个旅。9月8日，

①《毛泽东军事文集》第三卷，军事科学出版社、中央文献出版社1993年版，第422页。

定陶战役结束，共歼国民党军4个旅共1.7万余人。

9月13日，毛泽东致电大同前线指挥部司令员张宗逊、政治委员罗瑞卿和聂荣臻(晋察冀军区司令员兼政治委员)、贺龙(晋绥军区司令员)、陈毅(山东野战军司令员兼政治委员)、宋时轮(华东野战军参谋长)，在通报定陶战役作战经过和战果时，特别强调：定陶战役的经验说明“必须集中优于敌人五倍或四倍至少三倍的兵力，首先歼灭敌一个至两个团，振起我军士气，引起敌人恐慌，得手后再歼敌第二部、第三部，各个击破之。切不可贪多务得，分散兵力”①。

为了使全军进一步认识到集中优势兵力，各个歼灭敌人的重要性，并更好地贯彻这一战略意图，1946年9月16日，毛泽东为中共中央军委起草了《集中优势兵力，各个歼灭敌人》的党内指示，并且对如何落实这一部署提出了具体要求。

毛泽东指出：在战役的部署方面。当着敌人使用许多个旅(或团)分几路向我军前进的时候，我军必须集中绝对优势的兵力，即集中六倍、或五倍、或四倍于敌的兵力，至少也要有三倍于敌的兵力，于适当时机，首先包围歼击敌军的一个旅(或团)，并以少数兵力牵制敌军的其余各旅(或团)，使其不能向被我军围击的旅(或团)迅速增援，以利我军首先歼灭这个旅(或团)。得手后，依情况，或者再歼敌军一个旅至几个旅；或者收兵休整，准备再战。毛泽

①《毛泽东军事文集》第三卷，军事科学出版社、中央文献出版社1993年版，第478页。

东还认为，集中优势兵力各个歼灭敌人，不但必须应用于战役的部署方面，而且必须应用于战术的部署方面。当着我军已经集中绝对优势兵力包围敌军诸路中的一路（一个旅或一个团）的时候，担任攻击任务的部队不应企图一下子同时全部地歼灭被包围之敌，因而平分兵力，而应集中绝对优势兵力，并集中全部或大部的炮兵，选择敌军诸阵地中较弱的一点猛烈攻击，得手后迅速扩张战果，各个歼灭该敌。采取这种作战方法，一能全歼，二能速决。只有全歼才能最有效地打击敌军，在减少敌人兵力的同时有效地补充自己，并挫伤敌人的气焰而提振我方士气人心；速决则使我军有可能各个歼灭敌军的增援队，也使我军有可能避开敌军的增援队。因此，集中兵力的目的，就是在整体力量对比上处于劣势的我军，能够通过这种方式实现兵力的相对优势，以达到歼灭敌人发展自己的目的。[①]

在此后的作战中，毛泽东一再强调必须按照集中优势兵力各个歼灭敌人的原则。1947 年 12 月 25 日至 28 日，中共中央在陕北米脂县杨家沟召开的扩大会议（即十二月会议）上，毛泽东总结了著名的十大军事原则，核心就是打歼灭战，不断歼灭敌人的有生力量。毛泽东指出："每战集中绝对优势兵力（两倍、三倍、四倍、有时甚至是五倍或六倍于敌之兵力），四面包围敌人，力求全歼，不使漏网"，"这样，在全体上，我们是劣势（就数量来说），但在每一个局部上，在每一个具体战役上，我们是绝对的优势，这就保

①《毛泽东选集》第四卷，人民出版社 1991 年版，第 1197—1200 页。

证了战役的胜利。随着时间的推移，我们就将在全体上转变为优势，直到歼灭一切敌人”。① 这是对人民军队在长期的革命战争中所积累的经验的总结。

三、人民解放军克敌制胜的重要法宝

将总体的劣势转变为局部的优势，确实是毛泽东军事思想非常了不起的创造。在三年解放战争中，人民解放军运用这一作战原则，取得了一个又一个胜利。

1946 年 2 月上旬，国民党军集中第五十二军、新六军、第十三军共 6 个师的兵力，分三路沿北宁路向沈阳方向进犯，企图驱逐东北民主联军，维护铁路运输，为其后续部队开进东北和进占沈阳创造条件。其南路新六军新编第二十二师由沟帮子、打虎山之线出动，向盘山、台安、辽中攻击前进；中路第五十二军(欠第一九五师)由北镇、黑山出动，向新民、皇姑屯攻击前进；北路第十三军第八十九师分由阜新、彰武出动，向法库方向攻击前进，其第二六七团相继占领广裕泉、务欢池，第二二六团与第二六五团第一营及师山炮连(有炮 8 门)、输送连等部进占法库县城西南秀水河子。东北民主联军总部了解敌人的兵力部署后，决定集中优势兵力歼灭进入秀水河子的国民党军。东北民主联军集中 2 个步兵师另 1 个步兵团，共计 11 个步兵营、2

①《毛泽东选集》第四卷，人民出版社 1991 年版，第 1247 页。

个山炮营、1个九二步兵炮连，共有火炮24门，敌我兵力比例是1：5，火炮比例是1：3。以4个团包围秀水河子之敌，以3个团打援作为预备队，炮兵火力集中使用。此役一举歼灭国民党军第八十九师4个营1500余人，其中毙、伤500余人，俘副团长以下900余人，缴获各种火炮38门，机枪100余挺，步枪800余支，汽车32辆及弹药、电台等。东北民主联军伤亡771人。虽然与后来相比，一次歼敌1000余人只能说是一次小仗，但这是东北民主联军组成后打的第一个胜仗，极大地鼓舞了部队的士气，提高了广大官兵的信心。

1946年12月中旬，国民党军徐州绥靖公署主任薛岳指挥25.5个旅，分由江苏的东台、淮阴、宿迁和山东的峄县(今枣庄市峄城区)出动，向苏北、鲁南解放区进攻。以整编第六十九师(欠第九十九旅及第九十二旅1个团)附整编第五十七师的预备第三旅、整编第二十六师的第四十一旅，及自冀鲁豫战场东调的整编第十一师共6个半旅，由宿迁向沭阳、新安镇(今新沂市)进犯；整编第七十四、第二十八师及第七军共5个旅(师)，从淮阴再次进犯涟水；整编第六十五、第八十三、第二十五师共5个旅，由东台再犯盐城、阜宁；整编第五十九、第七十七、第五十一、第二十六师附第一快速纵队计9个旅，由峄县、枣庄、台儿庄向郯城、临沂进犯。当时，各路国民党军气焰甚是嚣张，特别是宿迁出犯之敌整编第六十九师师长戴之奇十分骄狂。陈毅、粟裕决定集中山东野战军和华中野战军(随后两军合编为华东野战军)24个团的兵力，除以一部分兵力割裂敌整编第六十九师与国民党“五大主力”之一的整编第十一师的联系，并阻击整编第十一师外，集中3倍于敌的兵力，首先围歼立足未稳的整编第六十九师于宿迁、沭阳、新安镇三角地区。12月13日，整编第六十九师师部率第六十旅及第九十二旅1个团，并指挥整编第五十七师之预备第三旅、整编第二十六师之第四十一旅等部共3个半旅为左翼向新安镇进犯；以整编第十一师为右翼，向沭阳进犯。陈毅、粟裕下决心对第十一师进行坚决阻击，集中兵力围歼第六十九师。12月14日，宿北战役正式打响，激战至19日，将第六十九师师部和3个半旅全歼。此役共歼国民党军2.1万人，第六十九师师长戴之奇自杀，副师长饶少伟被俘。这既是山东野战军和华中野战军会师后打的第一个大胜仗，也是解放战争中人民解放军第一次在一次战役中歼灭国民党军1个整编师，初步取得了大兵团协同作战的经验。

1947年1月，国民党参谋总长陈诚亲临徐州，策划了“鲁南会战”计划，对山东解放区实行南北对进、两路夹击，妄图迫使华东野战军主力与其在临沂地区决战，一举歼灭华东野战军主力。北线李仙洲集团第十二军于2月4日侵占莱芜城；整编第四十六师于8日侵占新泰，并继续向蒙阴进犯；第七十三军2个师在后跟进，到达颜庄地区。根据这一情况，华东野战军除留2个纵队继续阻击南线敌人外，主力5个纵队于10日夜分三路秘密北移。原驻胶东、渤海地区之第九、第十纵队也奉命迅速向博山、明水以南开进。同时派地方武装伪装主力向兖州方向运动。15日，各部先后到达预定集结地区。这时，国民党第二绥靖区司令王耀武发现解放军主力北移，有歼灭其南进兵团的意图，立即令部队向北收缩，但蒋介石严厉训斥王耀武“为何不得命令而擅自撤退”，令其坚守莱芜、新泰，并派出有力一部插向大汶口以南，切断解放军退路。同时，急调南线之2个整编师西开临城，迅速沿津浦路北上，企图将解放军主力围歼于沂蒙山地区。根据蒋介石、陈诚的命令，王耀武不得不将其部队再向南推进，于2月17日重新侵占新泰。就在李仙洲集团军在莱芜、新泰地区往返调动时，解放军完成了战役展开，实现了对李仙洲集团军的战役合围。华东野战军仅以1个纵队又1个师的兵力和地方武装配合，阻击敌南线8个整编师的进攻；集中主力8个纵队于莱芜地区，以4倍于敌的绝对优势，将5万多敌军包围在莱芜至口镇之间的芹村、高家洼地区东西仅三四公里、南北仅一二公里的狭小区域，只用五六个小时就将包围之敌一举全歼，活捉了李仙洲，取得了莱芜战役的胜利。

后来解放战争中人民解放军组织的一系列重要战役，集中优势兵力各个歼灭敌人一直是重要的战略指导原则。1947年3月，蒋介石集中24个整编师66个旅45.5万人，向山东解放区发起所谓重点进攻。为防止被华东野战军分割各个击破，国民党军采取齐头并进的战法，队形密集，不易被割裂围歼。华东野战军采取诱敌深入的策略，主动将主力后撤，集结于莱芜、新泰以东地区待机。对刚占领蒙阴、新泰之敌围而不攻，随之又主动撤围后退，以迷惑敌人，给敌人造成错觉。这时，国民党军以其“五大主力”之一的整编第七十四师作为主要突击力量，在两翼和后续强大兵团的掩护下，企图对华东野战军采取中央突破，一举击中位于坦埠[1]的华东野战军指挥中心。“从兵力对比上来看，敌军在其进攻山东解放区的总兵力二十四个整编师(军)中，集中十七个整编师(军)进攻鲁中山区。第一线从莱芜到河阳，只有一百二十多公里，敌军密密麻麻，一字长蛇阵摆了八个整编师(军)。位于敌军左翼的第五军、第十一师、第六十五师和右翼的第七军、第四十八师，多数与第七十四师相距仅一至二日行程，第二十五师、第八十三师则相距更近。我军只有九个主力纵队和一个特种兵纵队，敌军兵力占有很大优势。但是，第七十四师担负中央突破任务，已进入我主力集结位置的正面，我军部署不需做大的调整，即可在局部对该师形成五比一之绝对优势。”[2]华东野战军即以 4 个纵队实行战役分割，将整编第七十四师与邻接之敌隔断，另集中 5 个纵队(相当于国民党军队的军或整编师)的绝对优势兵力，将整编第七十四师包围在蒙阴县的孟良崮地区，经三昼夜猛烈进攻，全歼整编第七十四师 3.2 万人，打破了蒋介石对山东解放区的重点进攻。

在后来著名的三大战役中，解放军也是在对敌人实施战略包围的同时，进行了战役和战术上的分割与围歼。在战略上将敌人分隔在几个战场上，而在各个战场上又把国民党军的强大集团肢解为若干孤立部分，然后集中优势兵力，各个予以歼灭，以至于迅速地消灭全部敌人。在四个

---

①坦埠：位于山东省蒙阴县。

②《粟裕回忆录》，解放军出版社 2007 年版，第 391 页。

多月的时间里，歼灭国民党军的三大战略集团共154万余人，“使集中优势兵力各个歼灭敌人和全部歼灭敌人强大兵团密切地结合了起来”[①]，大大加快了解放战争的进程。

集中优势兵力各个歼灭敌人的作战方针，在解放战争中为各级指挥员所充分理解和运用。华东野战军司令员兼政治委员陈毅曾对毛泽东这一战略方针有过精辟而生动的解释。他说：“毛主席的歼灭战，是战略上以少胜多，战役上以多胜少。战略上总要五六万人消灭四五十万敌人，战役上总是以几倍于敌人的力量打敌人。”“具体执行一般是以多胜少，以强打弱，这不仅消灭敌人力量，还要毁灭敌人的军事机构，使其不能恢复起来。毛主席有三本账，歼灭其主力，打中其要害，摧毁其军事机构。”[②]中原野战军司令员刘伯承也认为“毛主席的集中优势兵力消灭敌人有生力量的思想，在军事指导上是划时代的人民军队的天才指导。消灭有生力量这样一条，使敌人把和尚道士也抓来当兵”[③]。正因为实行这个战略方针，以战役上的以多胜少，实现了战略上的以少胜多，不断消灭敌人，壮大自己，创造了人类战争史上的奇迹。

集中优势兵力各个歼灭敌人，是毛泽东在长期的中国革命战争中总结出来的宝贵经验，他早在1938年5月发表的《论持久战》中就指出：“我之相对的战略劣势和战略被动地位，是能够脱出的，方法就是人工地造成我们许多的局

①《叶剑英军事文选》，解放军出版社1997年版，第466页。
②《陈毅军事文选》，解放军出版社1996年版，第393—394页。
③《刘伯承军事文选》，解放军出版社1992年版，第370页。

部优势和局部主动地位，去剥夺敌人的许多局部优势和局部主动地位，把他抛入劣势和被动。把这些局部的东西集合起来，就成了我们的战略优势和战略主动，敌人的战略劣势和战略被动。”①只有采用这样的作战方针，才能保存和发展自己，消灭敌人。

中国革命的一个重要特点就是用革命战争去反对反革命战争，同时，敌强我弱的基本态势在短期内又难以改变，因此，在一个较长时间里处于弱势的人民军队，要保存自己并发展自己，就必须歼灭敌人的有生力量，集中优势兵力各个歼灭敌人就显得十分重要。正如陈毅所言：“单讲两个军队，弱军可以用这个办法，两军相等也可以用这个办法，主要是敌我力量对比决定的。若是我为绝对优势、敌为绝对劣势，就不用这个战略方针。就像大人和小孩子打架，一下把他抱起摔到地下就对了，用不着先退两步再去打他。我们与国民党比，军事上相对的弱，政治上绝对强；国民党在技术上、财政经济上是相对的强，政治上却是绝对的弱，因为他卖国独裁内战，他不可能采取这个战略，若采取了失败更快。”②集中优势兵力各个歼灭敌人的作战方法，是人民军队做到化劣势为优势、以劣势兵力战胜优势敌人的根本方法。这也是人民解放军只用三年多时间从根本上打倒国民党的一个重要因素。

---

①《毛泽东选集》第二卷，人民出版社 1991 年版，第 490 页。

②《陈毅军事文选》，解放军出版社 1996 年版，第 416 页。

『把战争包袱放到「蒋委员长」头上』

——解放战争及时转入战略进攻的原因与意义

1946年6月国共全面内战爆发之时，国民党军向解放区发动全面进攻，人民解放军被迫进行防御作战，战争主要是在解放区进行的。战争对人力、物力的消耗是巨大的，内线作战使解放区承担着极大的战争负担。在这种情况下，为了使解放区获得喘息机会以利战争的持久，毛泽东和中共中央决定，在打破国民党军的重点进攻后，人民解放军及时组织战略进攻，将战争引向国民党统治区。由战略防御转入战略进攻后，战争就主要在国民党统治区内进行，用当年陈毅的话说，这是“用蒋介石的骨头熬蒋介石的油”[①]。这对于人民解放战争只用三年多的时间就从根本上打倒蒋介石集团，起到了极为重要的作用。

---

①《陈毅军事文选》，解放军出版社1996年版，第441页。

一、内线作战使解放区承受巨大的负担

1946年6月国共全面内战爆发后，战争的特点是国民党军进行战略进攻，人民解放军进行战略防御，战争主要在解放区境内进行的。进行内线作战的好处是地理环境熟悉，能得到解放区政府与群众的大力支持，伤病员可以及时得到安置等。但是，战争对人力、物力的消耗极大，内线作战使得解放区许多地方成为战场，战争的破坏性显而易见的。战争一年之后，解放军发展到了近200万人之众，而解放区实际人口不到1亿人，这就大大超过了人均负担脱离生产的人员不能超过1.5%的限度，解放区已经出现了人民负担过重的问题。

以东北解放区的北满根据地为例，这里共有1400万人口。据1948年初的统计，当地已出兵30万人、民夫10万人，在有些地方已占全部人口的6%至8%。北满人口中三分之一是城市人口，约400万；能进行农业生产的大约750万人，其中还包括老弱妇孺。而北满脱产的军政人员有30万人。这700多万人要供给400万城市人口粮食和30万脱产人员吃饭穿衣，“人民的负担实在不轻。去年(指1947

年——引者）征收公粮已占农民总收入的百分之五十”①。

除东北外，其他解放区由于基本上没有大中城市，因而工商税收有限，财政收入主要来自农业税。从各地农业税征收额占农业产量比例看，1946 年陕甘宁边区为 8.9%，山东为 15.61%，晋察冀边区为 10.53%，晋冀鲁豫边区为 12.3%，晋绥边区为 12.75%，东北和热河约为 20%。由此可见，除东北和热河达到 20%外，其余各解放区在 9%至 16%之间，农民的负担相对也还不算很重。②

到 1947 年，战争给解放区农民造成的负担明显加重。一方面，在国民党军的全面进攻下，解放军曾主动撤出了一些城市，解放区的面积由此而有所缩小。到 1947 年 4 月止，晋冀鲁豫解放区放弃的县城有 46 座，占全区 120 座县城的约三分之一多，解放区人口减少六七百万以上，所属的太行、太岳、冀南、冀鲁豫及豫皖苏五个地区全部被卷入战争。其他解放区也存在类似的情况。另一方面，全面内战爆发后，各解放区不但停止了复员精简，而且还开展了轰轰烈烈的参军参战动员。战争第一年，人民解放军从 127 万人发展到近 200 万人，增加了 70 万人左右，增加的人员来源主要有两个方面，即动员解放区农民参军和俘虏兵补充。前者 50 余万人，后者 30 余万人，二者相加约 80 万人，而部队只增加了 70 万人，中间相差的数字是战争造成的伤亡。这 200 万部队加上支前民工，对于财政收入几

①《罗荣桓军事文选》，解放军出版社 1997 年版，第 402 页。

②李成瑞：《解放战争时期解放区农业税征收情况》，中共中央党史研究室、中央档案馆编：《中共党史资料》总第六十三辑，中共党史出版社 1997 年版，第 144 页。

乎全靠农业支撑、人口不足1亿的解放区来说，显然是一个巨大的负担。1947年，陕甘宁边区农业税征收额占农业产量的比例为27.33%，山东解放区为22.51%，晋察冀边区为14.9%，这个负担已经比较重了。[①]

此外，解放区农民还有比较繁重的战勤负担。1947年1月的鲁南战役期间，山东解放区的鲁南、鲁中、滨海3个区共有60余万名民兵、民工支前，出动担架6300多副、大小车15000余辆。[②] 当时农民负担最重的地区是敌人重兵进攻的地区。陕甘宁边区90%的地区受到敌人的烧杀抢掠，土地荒芜360万亩，青苗被毁50万亩，边区农业产量由1946年的54900万斤，下降到1947年的27000万斤。[③] 山东解放区原来拥有人口3100多万，在敌人重点进攻时人口缩减到2200万，减少了将近三分之一。

由于人口减少、军政人员增多，解放区农民负担自然相应加重，如果战争继续在解放区进行，将耗尽解放区的资源，不利于长期战争。有亲历者回忆说："战争，不能继续在内线打了，再像前几个月那样打下去，不仅不能粉碎敌人的重点进攻，我们解放区也负担不起。前几个月在冀鲁豫地区拉锯式的战斗，打过来，打过去，有些地方，老百姓的耕牛、猪、羊、鸡、鸭几乎全打光了。地里种不上

---

①李成瑞：《解放战争时期解放区农业税征收情况》，中共中央党史研究室、中央档案馆编：《中共党史资料》总第六十三辑，中共党史出版社1997年版，第145页。

②中共山东省委党史研究室：《中共山东编年史》第六卷，山东人民出版社2015年版，第32页。

③李成瑞：《解放战争时期解放区农业税征收情况》，中共中央党史研究室、中央档案馆编：《中共党史资料》总第六十三辑，中共党史出版社1997年版，第145页。

粮食，部队没饭吃，怎么能打仗?”在晋冀鲁豫解放区，当时边区政府的财政收入，绝大部分都用于军费开支。一个战士一年的费用平均要用三千多斤小米，“野战军、地方军加起来四十多万人，长期下去实在养不起。我们早一点打出去，就可以早一点减轻解放区人民的负担。战争，是军事、政治、经济的总体战。再强的军队，没饭吃是打不了仗的”。[①]

更重要的是，中共中央此时已经在战略上将这场战争从自卫战争转变为全国解放战争。如果只是一场自卫战争，那么或许可以继续依托解放区，实行内线作战；但若要实现从根本上打倒蒋介石、解放全中国的目标，则显然必须转向外线作战。此外，经过一年的战争，人民解放军在战争中得到了发展壮大，这种壮大不单是人数增加了，而且通过战场缴获，装备有了很大的改善，除了没有空军和海军外，解放军野战部队的装备基本上与国民党军不相上下，作战能力有了很大提高，士气也随着战争的不断胜利而愈发高昂。在这种情况下，中共中央决定由内线作战转向外线作战，由战略防御转入战略进攻，把战争引向国民党统治区。

二、将战争引向国民党统治区域

全面内战爆发之初，周恩来率领的中共代表团还在南

①《陈再道回忆录》，解放军出版社2009年版，第485页。

京同国民党谈判，中共中央还不希望国共关系彻底破裂，而是边打边谈，以打促谈。到1946年10月国民党军占领晋察冀解放区首府张家口，蒋介石不顾中共和民盟的反对强行召开所谓“国民大会”，将谈判大门彻底堵死，中共中央才下决心通过战争来解决国共之间的矛盾。胡乔木回忆说：“1946年年中我们准备同国民党彻底破裂，毛主席也反复思考了很长时间才下了决心。当然，国共两党最终是否破裂主要地不取决于我们的态度，但我党采取的方针策略却会对中国的前途产生决定性的影响。”[1]到这时，一方面由于国民党的内战方针不可改变，另一方面人民解放军采取集中优势兵力打歼灭战的作战方针，已经歼灭了国民党军38个旅，这就证明“蒋介石的攻势是可以战胜的”[2]。

在这种情况下，毛泽东开始考虑在适当的时机将战略防御转入战略进攻，将战争引向国民党统治区的问题。1946年11月21日，中共中央召开会议，主要听取从南京回来的周恩来关于国共谈判和国民党统治区情况的报告。这时，国共谈判已经完全破裂，战争已经进行了将近半年，毛泽东对敌我双方的战斗力已经心中有数。因此，他在会议的讲话中第一次提出要用十到十五年打倒蒋介石。他还说：“经过半年到一年，消灭他七八十个旅，停止他的进攻，开始反攻，把他在美国援助下七八年积蓄一年内打破，达到两党平衡。达到了平衡就很容易超过。那时我们就可

---

①《胡乔木回忆毛泽东》，人民出版社1994年版，第431页。

②中共中央文献研究室编：《毛泽东年谱（1893—1949）》（修订本）下，中央文献出版社2013年版，第151页。

以打出去，首先是安徽、河南、湖北、甘肃，然后就可以再向长江以南。”①这也是毛泽东在党内第一次提出战略进攻的问题。

从1946年6月全面内战爆发到1947年1月的作战中，人民解放军已歼灭进犯解放区的国民党正规军56个旅，平均每月歼敌8个旅，占其进攻解放区总兵力218个旅的四分之一强。国民党共有正规军248个旅，这218个旅约占国民党军正规军总兵力的88%，而留在后方的仅30个旅20余万人，这就意味着蒋介石很难再从后方调动很多有战斗力的部队向解放区进攻。一些被歼灭的国民党军队，虽然以后又以原番号补充恢复，但战斗力已经很弱。鉴于这种情况，1947年2月，毛泽东在为中共中央起草的《迎接中国革命的新高潮》的党内指示中指出：“我军如能于今后数月内，再歼其四十至五十个旅，连前共达一百个旅左右，则军事形势必将发生重大的变化。”②

同年4月14日，西北野战军取得了羊马河战斗的胜利，歼灭国民党军整编第十五师第一三五旅4700余人，生俘代旅长麦宗禹。18日，新华社发表《战局的转折点——评蒋军一三五旅被歼》的社论，认为羊马河战斗的胜利是西北战局的转折，“全国战局将从此全面地起转变”。毛泽东在修改社论时特地加写了这样一段话：“可以预计，从四月开始的两三个月内，蒋军将由攻势转变成守势，人民解放军将由

① 中共中央文献研究室编：《毛泽东年谱（1893—1949）》（修订本）下，中央文献出版社2013年版，第151页。
②《毛泽东选集》第四卷，人民出版社1991年版，第1212页。

守势转变成为攻势。”[①]这就公开提出了人民解放军将开展战略进攻。同年5月1日，新华社又发表《全力准备大反攻——纪念五一节》的社论。在为社论做修改时，毛泽东又加写了这样两段文字：战争形势“由蒋军的局部进攻与人民解放军的局部反攻，改变到蒋军的全面防御与人民解放军的全面反攻”；“我们的任务，就是动员一切力量，全力准备大反攻。这个反攻将是长期的，因此，速胜的观念是不对的，无论在军事方面和经济方面，都要作长期的打算，在长期的全面的艰苦奋斗中取得胜利”。[②]

从这时开始，组织战略进攻被提上议事日程。这年5月4日，中共中央在给刘伯承、邓小平，陈赓、谢富治，陈毅、粟裕并告彭德怀、习仲勋的电报中指出：“刘邓军十万立即开始休整，巳东（即6月1日，引者）以前完毕，巳东后独力经冀鲁豫出中原，以豫皖苏边区及冀鲁豫边区为根据地，以长江以北，黄河以南，潼关、南阳之线以东，津浦路以西为机动地区，或打郑汉，或打汴徐，或打伏牛山，或打大别山，均可因时制宜，往来机动，并与陈粟密切配合行动，凡有共同作战之处陈粟军受刘邓指挥。”[③]让刘邓大军“出中原”，一个“出”字，预示着战略进攻的到来。

7月10日，毛泽东就全军一年作战总结及今后计划致

---

① 中国人民解放军政治学院党史教研室编：《中共党史参考资料》第十册，1985年编印，第275页。

② 中共中央文献研究室编：《毛泽东年谱(1893—1949)》(修订本)下，中央文献出版社2013年版，第186页。

③《毛泽东军事文集》第四卷，军事科学出版社、中央文献出版社1993年版，第50页。

电林彪、罗荣桓和高岗，更加明确地提出，人民解放军经过第一年作战，“除山东外，一切区域均已将敌战略进攻停止，并已转入我军之进攻”，而且“山东敌集中攻我鲁中，估计亦难持久，我军将逐步转入攻势”。因此，战争第二年人民解放军的作战任务是：“山东太行两区力求占领长江以北，西北方面力求占领甘宁大部，北线我军力求占领中长、北宁、平承、平石、平绥、同蒲各路之大部及路上除平、津、沈以外各城，孤立平、津、沈，如能占领沈阳则更好。其中极重要的是占领平绥路，打通东北与华北联系，使华北、西北我军获得军火接济。”“在第二年计划顺利完成条件下，第三年，山东太行两主力即可向长江以南发展；东北、五台（即晋察冀，引者）我军，除留必要兵力攻击平、津、沈及其他第二年尚未占领之城市，并守备本地外，即可以相当数量之兵力加入西北及长江以南作战，而主要是加入西北，以期夺取西北各省及四川全省，巩固后方。”[①]这就对战略进攻谋划了明确的路线图。

对于为什么在战争进行一年之后由战略防御转入战略进攻，这年 8 月 11 日和 8 月 24 日，毛泽东在给陈毅等人的指示中明确指出：“总的意图是将战争引向国民党区域，使我内线获得喘息机会，以利持久。”[②]“第二年作战基本任务是将战争引向国民党区域，部分任务是在内线歼灭敌人，

①《毛泽东军事文集》第四卷，军事科学出版社、中央文献出版社 1993 年版，第 133、134、135 页。

②《毛泽东军事文集》第四卷，军事科学出版社、中央文献出版社 1993 年版，第 189 页。

借以破坏国民党之计划（将战争引向解放区，破坏解放区，使不能持久），达到我们分散敌人，各个击破敌人，并使解放区不被破坏，使战争能够持久之目的。”[①]毛泽东在这里对为什么必须及时由战略防御转入战略进攻，解释得十分清楚了。

同年9月，毛泽东在《解放战争第二年的战略方针》的党内指示中进一步明确指出：“我军第二年作战的基本任务是：举行全国性的反攻，即以主力打到外线去，将战争引向国民党区域，在外线大量歼敌，彻底破坏国民党将战争继续引向解放区、进一步破坏和消耗解放区的人力物力、使我不能持久的反革命战略方针。”[②]

1947年6月30日，经过休整后的晋冀鲁豫野战军4个纵队12万人，在山东鄄城县的临濮到阳谷县的张秋镇150公里的地段上，一举突破黄河天险，挺进鲁西南，发动鲁西南战役，在一个月的时间里歼敌6万余人，揭开了战略进攻的序幕。随后，刘邓大军分三路向大别山疾进，并于8月末进入大别山地区，开始经略中原。紧接着，晋冀鲁豫野战军太岳兵团于8月下旬由晋南强渡黄河，挺进豫西地区。华东野战军主力在打破国民党军的重点进攻后，于9月下旬进入豫皖苏平原，进行外线作战。华东野战军的内线兵团（1948年3月改称山东兵团），从10月初起向胶东地区之敌发起攻势作战。8月下旬，西北野战军转入反攻。9

①《毛泽东文集》第四卷，人民出版社1996年版，第292页。
②《毛泽东选集》第四卷，人民出版社1991年版，第1230页。

月初，晋察冀野战军对平汉线北段之敌发起攻势作战。从9月起，东北野战军在长春、吉林、四平地区和北宁线锦西至义县地区发起大规模的秋季攻势。由此，人民解放战争由战略防御转入战略进攻，实现了中共中央提出的“以主力打到外线去，将战争引向国民党区域”的战略目标。

三、战略进攻加快了解放战争胜利的进程

毛泽东说过：“战略指导者当其处在一个战略阶段时，应该计算到往后多数阶段，至少也应计算到下一个阶段。尽管往后变化难测，愈远看愈渺茫，然而大体的计算是可能的，估计前途的远景是必要的。那种走一步看一步的指导方式，对于政治是不利的，对于战争也是不利的。走一步应该看那一步的具体变化，据此以修改或发展自己的战略战役计划，不这样做，就会弄出冒险直冲的错误。”①在解放战争第二年刚刚开始之时，人民解放军由战略防御转入战略进攻，对于中国共产党只用三年多的时间就从根本上打倒国民党，可以说是一个极为重要的战略决策。邓小平后来回忆说：“战略反攻的时间提前了，比预定的不止提前一年两年。解放战争开始时没有提出反攻的问题，那时反攻时间还捉摸不定。从一九四六年七月开始，到一九四七年六七月，打了一年就很有把握地确定反攻。要说原因，

①《毛泽东选集》第一卷，人民出版社1991年版，第221—222页。

一个是第一年歼灭了近百个旅的敌人，相应地我们的装备也有所改善。另一个原因是客观形势迫使我们要早反攻。”之所以由刘邓大军揭开战略进攻的序幕，是因为“那时国民党重点进攻山东和延安，这好比是扁担的两头。我们晋冀鲁豫在中间，虽然不是敌人重点进攻的地区，但是是一个挑扁担的地区，伯承同志讲的是‘扁担战略’。我们的任务就是要把两头的敌人吸引到中间来，而我们的战略反攻，实现了中央军委、毛主席的战略意图”。[①]

用邓小平的话说，这个时候进行战略进攻“是恰当其时的，迟了就要犯错误”。之所以是“恰当其时”，“因为在战争初期，我们的装备还不够优良，作战经验还不丰富，内线便于消灭敌人，便于组织和发展我们的力量，便于积累经验，所以先在内线打是完全必要的，也是取得了胜利的。从一九四六年七月到一九四七年六月，我们全国各个战场在第一年的自卫战争中，消灭了一百一十二万敌人。我们把分散的游击部队组成了野战军，积累了丰富的作战经验”。而“迟了就要犯错误”，是“因为蒋介石的反革命战略方针是要把战争扭在解放区打”，“来削弱我们的人力、物力、财力，使我们不能持久，封锁我们不能出来，好使他保持三万万人口的后方完整而不受损失，来供应他作战”，“经过一年的内线作战，农民的鸡、猪、牲口看见的不多了，村里的树也少了”[②]，如果不在此时及时转入外线作战，

①《邓小平文选》第三卷，人民出版社 1993 年版，第 338—339 页。
②《邓小平文选》第一卷，人民出版社 1994 年版，第 97—98 页。

解放区就难以继续承受战争造成的巨大负担。

1936年斯诺访问陕北苏区时曾问周恩来：“你对蒋介石作为一个军人，看法如何？”周恩来回答说：“不怎么样。作为一个战术家，他是拙劣的外行，而作为一个战略家则或许好一点。”周恩来还说：“蒋介石是一个较高明的战略家，却不是一个高明的战术家。他的政治意识比军事意识强，这是他能争取其他军阀的原因。”[①]陈毅也说过“蒋介石这个人懂得战略”，并对蒋介石为什么要把战争引向解放区和解放军为什么要进行战略进攻做过生动而又深刻的说明。陈毅说：“蒋介石的方针是无论如何把战争摆到解放区，保证吃饭、筹草、抓壮丁、搞鹿砦一切都出在解放区。毛主席讲：蒋介石的反革命战略方针是使他的管区不受战争影响，或付出的很少，这样支持三、五年，则不愁解放区不垮。小米没有了，壮丁没有了，到那时党性再强也要受影响，只能去打游击。我们一百多万军队，蒋介石二、三百万军队，一起堆到解放区，吃他三年五载，双方五、六百万人，光屙屎一天也要屙五、六百万堆。你能俘虏，可是俘虏也要吃，俘虏过来的第一天马上就要解决伙食问题。所以去年我们这一反攻，带决定性的胜利就是把蒋介石的战略方针破坏了，把战争包袱放到‘蒋委员长’头上。”[②]陈毅曾形象地将由战略防御转入战略进攻比喻为“用蒋介石的骨头熬蒋介石的油”。他说：“过去打仗在解放区，用解放区的骨头熬解放区的

---

①《周恩来谈第一次国共合作与蒋介石》，中国革命博物馆党史研究室：《党史研究资料》2，四川人民出版社1982年版，第180、181页。

②《陈毅军事文选》，解放军出版社1996年版，第467—468页。

油，把山东吃得精光，现在这个大包袱，加在蒋介石头上，叫他尝尝滋味。”[①]这就将及时由战略防御转为战略进攻的重大意义，做了十分透彻的解释。

在十年内战时期，由于中国共产党领导的根据地处在国民党军的四面包围之中。“敌人的方针就是要扭在苏区边沿和苏区里面打，尽情地消耗我苏区的人力、物力、财力，使我们陷于枯竭，即使取得军事上若干胜利，也不能持久。”[②]各个革命根据地反“围剿”之所以失败，与战争长期在根据地内进行，导致根据地的人力物力资源逐渐枯竭有着密切的关系。这些根据地本来面积不大，人口不多，人力物力有限，即使再进行有效的动员，也无法支撑长久而规模巨大的战争。内线作战进行战略防御，在战争初期敌强我弱的情况下是必要的，唯有如此才能消灭敌人有生力量，保存自己。但是，战略防御如果时间过长，防御的一方就难以承受战争的巨大消耗。全面内战爆发之时，虽然解放区人口面积、人民解放军的数量与十年内战时期的根据地和红军已经不可同日而语，有了很大的发展，但与国民党统治区和国民党军队相比，敌强我弱的态势没有根本改变，尤其是主要城市和工业基础掌握在国民党手中。只有组织战略进攻，将战争引向国民党统治区，才能从根本上赢得战争的胜利。

历史证明，及时由战略防御转入战略进攻，是一个非

---

①《陈毅军事文选》，解放军出版社1996年版，第441页。

②《邓小平文选》第一卷，人民出版社1994年版，第97页。

常了不起的战略决策，充分体现了毛泽东作为一个战略家的远见。“这是一个有关中国人民革命历史的全局性的变化”①，也是人民解放战争只用了三年多时间就取得根本胜利的重要原因。这个决策做出半年之后，毛泽东在十二月会议的书面报告《目前形势和我们的任务》中就此评价说：“中国人民的革命战争，现在已经达到了一个转折点。”“这是一个历史的转折点。这是蒋介石的二十年反革命统治由发展到消灭的转折点。这是一百多年以来帝国主义在中国的统治由发展到消灭的转折点。”②人民解放军各路大军1947年下半年相继转入战略进攻，粉碎了国民党军的防御体系，把战争引向了国民党的统治区，把战线伸展到长江一带。正如朱德所指出的：“这就破坏了蒋介石以反人民内战毁灭中国人民解放区的反革命计划，而把革命的火焰引向蒋介石发动反人民内战的根据地，从而在根本上撼动了国民党的反动统治，推进了全国人民革命斗争的高潮。”③

1947年下半年，人民解放军各野战军相继转入战略进攻，不但收复了全面内战开始之时一度被国民党占领的地区，而且开辟出广大新解放区。到1948年上半年，人民解放军的战略进攻继续发展，攻城略地，所向披靡。在人民解放军进入战略进攻的一年内，共歼灭国民党军队152万人，收复和解放了3700万人口、15.6万平方公里的土地和164座城市。解放区面积已扩大到235万平方公里，占全国

①《朱德军事文选》，解放军出版社1997年版，第787页。
②《毛泽东选集》第四卷，人民出版社1991年版，第1243、1244页。
③《朱德军事文选》，解放军出版社1997年版，第787页。

面积的四分之一；人口增至1.68亿，占全国人口的三分之一以上。这为同国民党军展开大规模的战略决战，从根本上打倒国民党反动派创造了条件。

毛泽东在《论持久战》中曾指出："我要优势和主动，敌人也要这个，从这点上看，战争就是两军指挥员以军力财力等项物质基础作地盘，互争优势和主动的主观能力的竞赛。竞赛结果，有胜有败，除了客观物质条件的比较外，胜者必由于主观指挥的正确，败者必由于主观指挥的错误。"[①]解放战争时期，人民解放军能在如此短的时间里，打倒一开始似乎比自己强大得多的国民党军队，与以毛泽东为核心的中共中央领导集体炉火纯青的军事指挥艺术是分不开的。在战争进行一年之际及时将战略防御转入战略进攻，体现了毛泽东和中共领导层善于判断大势、善于抓住有利时机的高超水平和超常的决策能力，也充分体现了各战略区领导人对中央领导层的决策超常的理解能力和执行能力。正是由于抓住恰当时期组织战略进攻，人民军队才能将战争引向国民党统治区，使解放区有了休养生息的机会，同时扩大了解放区，进而当蒋介石计划收缩兵力又举棋未定之时及时进行战略决战，将其精锐部队歼灭在长江以北地区，大大加速了人民解放战争的进程。

---

①《毛泽东选集》第二卷，人民出版社1991年版，第490页。

解放战争史上的四战四平

四平地处松辽平原中部腹地，辽宁、吉林、内蒙古三省(区)交界处，交通十分便利，中长(哈尔滨至大连)、四梅(四平至梅河口)、平齐(四平至齐齐哈尔)三条铁路在这里交会，位于东北两大重要城市沈阳和长春中间，战略地位十分重要。解放战争时期，人民解放军在这里曾与国民党军先后进行过四次大规模的作战，四战四平可以说是东北解放战争甚至是全国解放战争的一个缩影。

一、国共两党对东北的争夺

东北地域辽阔，物产丰富，交通便利，早在奉系军阀统治时期这里就已经具有较好的工业基础。1931 年九一八事变后日本占领了整个东北，并且将这里经营成它发动全面侵华战争的重要战略基地，在掠夺东北物产资源的同时也使东北的工业有了进一步的发展。东北的战略地位十分重要，与苏联、蒙古和朝鲜为邻，如果在日本投降后中国共产党占领东北，就等于有了可靠的后方，并且能同关内紧邻的晋察冀解放区连成一片，与隔海相望的山东解放区遥相呼应。如果国民党占据了东北，就可能从南北两个方向夹击华北各解放区。

抗日战争进入战略反攻后，中共中央即开始研究战略布局问题，把争取东北提上议事日程。1945 年 8 月 8 日，苏联宣布对日作战，随即向东北的关东军发动进攻，东北抗联部队亦随苏军回到东北。8 月 11 日，为配合苏联红军进入中国境内作战，并准备接受日满敌伪军投降，朱德发布延安总部第二号命令：“一、原东北军吕正操所部，由山西、绥远现地，向察哈尔、热河进发。二、原东北军张学思所部，由河北、察哈尔现地，向热河、辽宁进发。三、原东北军万毅所部，由山东、河北现地，向辽宁进发。四、现驻河北、热河、辽宁边境之李运昌所部，即日向辽宁、吉林进发。”①发出了抢先控制东北的声音。

在上述各路部队中，率先付诸行动的是紧靠东北的冀热辽军区。8 月 13 日，冀热辽区党委和军区党委召开紧急会议，决定组织 1.3 万人的军队及 2500 余名地方干部，分西、中、东三路向承德、赤峰、锦州进军。8 月 29 日，担任东路进军任务的第十六军分区司令员曾克林率领的 4000 余人，从山海关以北的九门口绕道越过长城进入辽宁，于 8 月 30 日在北宁路上的前所车站与苏军会师，并在苏联红军的配合下，解放了通往东北的咽喉重镇山海关。此后，曾克林部一路消灭了绥中、兴城、锦西、锦州的日伪武装，于 9 月 6 日进抵沈阳。

与国民党相比，中国共产党进入东北自然有诸多有利条件，但有一个很重要的不确定因素，那就是苏联的态度。理论上，苏联是共产党执政的国家，进入东北的苏联红军是共产党的军队，从意识形态的角度出发，苏军应当支持中国共产党。但是，这年 8 月 14 日，国民党政府与苏联政府签订了《中苏友好同盟条约》。由于《中苏友好同盟条约》中，国民党政府以外蒙古独立和苏联在东北享有特权，换

①《朱德军事文选》，解放军出版社 1997 年版，第 556 页。吕正操时任晋绥军区司令员；张学思为张学良之弟，时任冀察军区第十一军分区副司令员兼参谋长；万毅时任山东滨海军区副司令员兼滨海支队支队长；李运昌时任冀热辽军区司令员兼政治委员。

取了“苏联政府同意予中国以道义上与军需品及其他物资之援助。此项援助，当完全供给中国中央政府即国民政府”的承诺，这实际上是苏联公开表示不支持中国共产党，并将除旅顺和大连以外的全东北交给国民党接收。

鉴于这种情况，8 月 29 日，中共中央发出关于迅速进入东北控制广大乡村的指示，一方面判断苏联由于受中苏条约的限制，“必须将东三省交还国民政府，国民党军队亦将进入东三省。我党我军进入东三省后红军必不肯和我们作正式接洽或给我们以帮助”；另一方面又估计“我党我军在东三省之各种活动，只要他不直接影响苏联在外交条约上之义务苏联将会采取放任的态度并寄予伟大之同情”，而国民党在东北无基础，派军队去又困难，而苏军将于三个月撤退，“这样我党还有很好的机会争取东三省和热、察”。中共中央要求晋察冀和山东准备派到东三省的干部和部队应迅速出发，部队可用东北军及义勇军等名义非正式地进入东北，不声张，不登报发表消息。“进入东三省后开始亦不必坐火车进占大城市，可走小路，控制广大乡村和红军未曾驻扎之中小城市，建立我之地方政权及地方部队，大大的放手发展，在我军不能进入的大城市，亦须尽可能派干部去工作。”[①]同一天，中共中央又致电晋察冀中央局：“晋察冀和山东准备派到东三省的干部和部队，应迅速出发，越快越好，热河、察哈尔两省，我必须完全控制，必

---

① 中共中央文献研究室、中央档案馆编：《建党以来重要文献选编（1921—1949）》第二十二册，中央文献出版社 2011 年版，第 666 页。

须派干部和部队到一切重要地区去工作。”①

9月19日，中共中央政治局召开会议，讨论战略方针与部署问题，正式确定了“向北发展，向南防御”的战略方针。根据这一方针，中共中央从山东、晋冀鲁豫、晋察冀、晋绥各战略区及新四军和延安总部，先后派出了2万名干部和11万部队迅速开赴东北。在派去的干部中，包括10名中央委员（其中4名政治局委员）和10名候补中央委员，而七大选举的中央委员和候补中央委员分别为44人和33人。1945年10月31日，中共中央决定进入东北的八路军、新四军和东北人民自卫军（原东北抗联发展起来的部队）统一组成东北人民自治军，以林彪为司令员，彭真、罗荣桓分任第一和第二政治委员。

蒋介石自然也注意到了东北的重要性，无奈他的主力部队尚在西南，对东北一时鞭长莫及。他通过陆路向东北运兵，必然要途经解放区，不但路途遥远，而且由于解放区军民的阻击，效果不佳，于是他借助美军的帮助利用海路运兵。1945年九十月间，正当八路军、新四军刚进入东北、尚未站稳脚跟之际，蒋介石在美国的帮助下，将其第十三军、第五十二军海运到秦皇岛，随后向东北门户山海关发动猛烈进攻，企图打开东北大门，以武力接收东北。11月16日，国民党军突破山海关，随即沿北宁路向东北推进，占领绥中、兴城、锦西、葫芦岛等地。

---

①中共中央文献研究室编：《刘少奇年谱》上卷，中央文献出版社1996年版，第482页。

在准备武力接收东北的同时，国民党向苏联施加外交压力，声言苏方供给中共军队武器反对政府，国民党将拒绝接收东北，撤退熊式辉等人组成的东北行营(10月中旬在长春成立)。由于受中苏条约的限制，苏方于11月10日应允国民党军在苏军撤退前五天空运部队接收各大城市。根据这种情况，中共中央决定东北人民自治军让出中长路沿线及大城市，将主要力量迅速转向东满、北满、西满、南满建立巩固的基础，并加强热河、冀东的工作。11月22日，中共中央致电中共谈判代表团：已要求东北局及东北人民自治军服从苏方决定，“速从城市及铁路沿线退出，让开大路，占领两厢”①。

根据中共中央的指示精神，东北局先后组织部队从沈阳、长春等大城市撤离，派出大批干部深入远离国民党占领中心的城市和广大乡村，组织发动群众，建立地方政权和人民群众，开展减租减息和反奸清算，并开展大规模的剿匪斗争，很快在东满、南满、北满、西满建立了根据地。部队也得到很大发展，到1945年年底，东北人民自治军(次年1月改称东北民主联军)总兵力达到27万余人。在这个过程中，1945年10月，中共中央东北局在四平设立了中共辽北省工作委员会、辽北省政府和辽北军区，同时设立了中共四平市委和四平市政府。

① 中共中央文献研究室编：《刘少奇年谱》上卷，中央文献出版社1996年版，第536页。

二、四平解放战和四平保卫战

就在中国共产党下大力气建立东北根据地之时，蒋介石也在想方设法地将东北控制在自己手中。早在1945年8月底，国民党政府就将东北划分为辽宁、辽北、安东、吉林、松江、合江、黑龙江、嫩江、兴安9个省和大连、哈尔滨2个特别市，四平为辽北省的省会。9月上旬，国民党在重庆宣布任命刘翰东为辽北省政府主席，并在重庆成立辽北省政府筹备处。11月中下旬，由于苏军要求中共方面从东北的大中城市撤出并将之交给国民党方面，这样，驻四平的中共领导的辽北省党、政、军机关全部撤出。

1946年1月，曾任国民党军训部炮兵总监的刘翰东，率百余人以国民党政府辽北省主席的名义接收四平，成立了国民党的辽北省政府。随后，刘伙同辽北省保安司令张东凯搜罗日伪残余武装“铁石部队”、日伪时期的警察及土匪等共约3000人，成立了辽北省保安部队和警察总队，企图策应从秦皇岛登陆向东北推进的国民党军正规军。

这时的局势是：一方面，国民党军队不停地向解放区进行蚕食进攻；另一方面，除东北外，关内大规模的军事冲突还没有发生，由国民党、共产党和美国三方组成的军事调处执行部也不断地派人到各冲突地区进行调处。但是，这只是暴风雨前短暂的宁静，蒋介石正是利用这段时间抓紧全面内战的准备。由于蒋介石不承认中国共产党在东北的武装力量的存在，并且企图利用苏联红军撤出东北之机占领整个东北，所以为了在东北停战谈判中赢得主动，中共中央要求东北局和东北民主联军多打几个胜仗，以粉碎国民党军队的军事进攻。

早在1946年2月17日，中共中央就指示东北局："估计国方如不遭受更大打击是不会答应停战，会采取拖延政策的。如此，你们消灭更多敌人，国方当无话可说。你们一方面努力争取和平，但另一方面仍须准备长期战争。"3月5日，中共中央又指示东北局："在东北外交问题尚未解决以前，蒋介石将利用他已进入东北的军队向我军进攻，企图击溃我在东北的军事力量，并想在外交上利用苏联将东北更多城市移交给蒋接收，以便将来在国共谈判中有更多的法律依据来压迫我方让步。因此蒋与我方在东北的军事对抗和冲突，还将继续一个时期。""你们必须迅速准备严重的粉碎蒋军进攻的战斗。"[①]3月12日，中共中央致电东北局："你们必须打几个胜仗，弄得蒋军在东北处于困难的情况之下，蒋军才会在我们所能接受的条件下和我妥协。"[②]

3月13日，苏军从四平撤离。这时，国民党正规军尚在沈阳一带集结，四平的守备兵力相对薄弱，东北民主联军决定趁机拿下四平这个重要的战略要地。为此，集中了主力部队和地方部队共6000余人，以西满军区第三师第十

① 中共中央党史和文献研究院编：《刘少奇年谱》（增订本）第二卷，中央文献出版社2018年版，第185页。

② 中共中央党史和文献研究院编：《刘少奇年谱》（增订本）第二卷，中央文献出版社2018年版，第191页。

旅旅长钟伟为总指挥，保安第一旅旅长马仁兴为副总指挥，于3月15日攻占四平飞机场。16日夜，攻城部队分别从西、东、北三个方向实现对四平的合围。17日4时，总攻开始，至当日下午5时结束战斗，除少量敌人逃脱外，包括国民党辽北省主席刘翰东在内的守敌2000余人被俘。

3月24日，中共中央电示东北局及东北民主联军总司令林彪、西满军区司令员黄克诚和政治委员李富春："我党方针是用全力控制长哈两市及中东全线，不惜任何牺牲反对蒋军进占长、哈及中东路，而以南满西满为辅助方向。……黄李部动员全力坚决控制四平街地区，如顽军北进时彻底歼灭之，决不让其向长春前进。"①

3月25日，中共中央致电林彪、彭真（东北局书记）及李富春、黄克诚等：东北无条件停战的协定可能于日内签字，但执行小组到东北并召集双方代表协议实际停战，还须若干时日。"因此，你们至少还须经一二个星期也许更长时间的恶战，才能实际达到停战。在此时间内，顽方会拼命进攻，企图控制更多的战略资源要地，而你们应尽一切可能，不惜重大牺牲，保卫战略要地，特别保卫北满。"②

能否保卫北满，四平的得失就显得极为重要。3月26日，中共中央致电东北局：应宣布四平为八路军、新四军或民主联军所占领，我东北三省政府应正式执行职务。"在

①《毛泽东军事文集》第三卷，军事科学出版社、中央文献出版社1993年版，第153页。

②中共中央党史和文献研究院编：《刘少奇年谱》（增订本）第二卷，中央文献出版社2018年版，第196页。

两方尚未停战前应如此处理，才能打击顽方的威风，提高我方的声势。也只有如此处理，才能逼使国民党不得不和我们和平合作。如不敢承认我军占领四平，则表示我军软弱，对和平不会有益。现应用一切努力保障四平在我手。”①

3 月 27 日，已进占开原的国民党新一军(辖 3 个师)继续沿中长铁路向北推进；第七十一军的 2 个师沿法库、康平向八面城推进。3 月 28 日，军事三人小组达成《关于派遣执行小组前往东北调处停止冲突的协定》，决定立即组成执行小组派往东北执行停战调处工作。三天后，国民党军队破坏东北停战协议，分四路进犯营口、海城、鞍山、本溪、四平等地。

遵照中共中央的指示精神，东北局拟定了“东北大会战部署”方案。4 月 4 日，林彪到达四平，并于同日致电中共中央和东北局：“集中近六个旅的兵力拟坚决与敌决一死战。”4 月 6 日，中共中央致电林彪并告彭真，指出：“集中六个旅在四平地区歼灭敌人，非常正确。党内如有动摇情绪，哪怕是微小的，均须坚决克服。希望你们在四平方面，能以多日反复肉搏战斗，歼敌北进部队的全部或大部，我军即有数千伤亡，亦所不惜。”②为此，东北民主联军决定将主力集结于四平以南、铁岭以北的中长路两侧地区寻求战机，在运动防御中打击国民党军；四平市区防御由保安第

---

① 中共中央党史和文献研究院编：《刘少奇年谱》(增订本)第二卷，中央文献出版社 2018 年版，第 198 页。

②《毛泽东军事文集》第三卷，军事科学出版社、中央文献出版社 1993 年版，第 159 页。

一旅旅长马仁兴指挥，部署 2 个团，保安第一旅第一团守卫铁路以西，第七纵队第五十六团守卫铁路以东。

4 月 7 日，国民党新一军第三十八师进至四平与昌图北的兴隆岭、柳条湖、兴隆泉地区。东北民主联军主力部队乘北进的国民党军兵力逐渐分散之机，抓住战机，迅速集中 12 个团的兵力，于 4 月 8 日在昌图以北兴隆泉一带，围歼进至该地的国民党新一军第三十八师 4 个连。4 月 15 日，又迅速集中 14 个团的兵力，在四平街西南大洼地区，分割包围了国民党第七十一军第八十七师，激战一昼夜，歼灭其 1 个团，击溃 2 个团。东北民主联军主力部队在四平以南的运动战结束后，转至四平近郊，协助守城部队坚守四平。

4 月 17 日，国民党新一军、第七十一军逼近四平，并形成对四平的弧形包围。从 4 月 18 日起，国民党集中了 8 个军的兵力，其中包括全美械化装备的新一军、新六军和青年军第二〇七师（相当于军），其余的 5 个军也都是半美械化装备，从南面、西南、西北三方面向四平进行了猛烈的包围进攻，我军由此开始了长达一个月的四平保卫战。东北民主联军守城部队经连日英勇顽强作战，击退了国民党军的进攻，巩固了四平阵地。东北民主联军总部为保障四平侧翼安全，阻止国民党军迂回，决定调整部署，将主力逐步向四平东西两侧延伸防御，在东起火石岭、西到八面城 50 公里战线上部署了 6 个师（旅）兵力，敌我双方逐渐形成对峙状态。

在这种情况下，蒋介石急令新六军攻占本溪后迅速北上增援。四平前线的国民党军为等待增援部队，重新组织进攻，一方面抓紧时间加修工事，另一方面采取夜袭和近迫作业战术袭扰东北民主联军，企图逐步推进，寻机突破。

中共中央十分重视四平保卫战。4 月 27 日，毛泽东为中共中央军委起草致林彪电："一、四平守军甚为英勇，望传令奖励；二、请考虑增加一部分守军(例如一个至二个团)，化四平街为马德里。"[①]4 月 30 日，毛泽东又致电林彪"时局正在变化，明后日可能签订停战协定"，希望东北民主联军"死守四平，寸土必争"。[②] 5 月 1 日，毛泽东再次致电林彪："东北战争中外瞩目。蒋介石已拒绝马歇尔、民盟和我党三方同意之停战方案，坚持要打到长春。因此我们必须在四平本溪两处坚持奋战，将两处顽军打得精疲力竭，消耗其兵力，挫折其锐气，使其以六个月时间调集的兵力、武器、弹药，受到最大消耗，来不及补充，而我则因取得长、哈，兵力资材可以源源补充。那时，便可能求得有利于我之和平。"[③]

5 月上旬，由关内增援的国民党军已到东北，由南满地区北调的新六军和第七十一军第八十八师已到达四平以南地区。至此，四平地区的国民党军已达 10 个整师。为此，东北民主联军急令东满、南满、西满、北满各军区的主力火速赶赴四平参战，市区的守军由原来的 2 个团增加至 5 个

---

① 中共中央文献研究室编：《毛泽东年谱(1893—1949)》(修订本)下，中央文献出版社 2013 年版，第 74 页。

②《毛泽东军事文集》第三卷，军事科学出版社、中央文献出版社 1993 年版，第 190 页。

③《毛泽东军事文集》第三卷，军事科学出版社、中央文献出版社 1993 年版，第 195 页。

团，参加整个四平保卫战的总兵力已达 14 师(旅)15 万人，占东北民主联军总兵力的一半以上。

5 月 15 日拂晓，国民党新六军、新一军、第七十一军分东、南、西三个方向，在飞机及猛烈炮火的掩护下，采用波浪式的集团冲锋的方式，向四平再次发动猛烈进攻。5 月 17 日，国民党军集中强大火力，向四平东南 10 公里的塔子山阵地发动猛烈攻击。塔子山为四平防御阵地左翼最后一个制高点，关系到东南阵地的安危。东北民主联军第七纵队第五十八团第一营浴血奋战，连续打退敌军 12 次冲锋，后因伤亡过大，改由西满军区第三师第七旅第十九团防守。18 日拂晓，国民党军再次向塔子山发动猛攻，第十九团虽然打退了国民党军一次又一次的冲锋，终因伤亡过大，塔子山阵地失守。当天晚上，国民党军占领四平东南的哈福，使东北民主联军四平防御处于不利态势。5 月 18 日午夜到 19 日凌晨，东北民主联军撤离四平。

历时一个月的四平保卫战，东北民主联军以伤亡 8000 余人的代价，歼灭国民党军 1.6 万人，不但使国民党军企图占领四平的时间迟滞了 40 余天，为东北根据地的巩固赢得了时间，同时锻炼了部队，促进了东北民主联军由过去的分散游击作战向阵地战、大兵团作战转变，而且使全党充分认识到蒋介石假和平、真内战的面目，彻底打掉当时党内一些人的和平幻想，为即将展开的国共全面内战做了思想准备。5 月 19 日，中共中央致电林彪和彭真：“四平我军坚守一个月，抗击敌军十个师，表现了人民军队高度顽强英勇精神，这一斗争是有历史意义的。”①

三、四平攻坚战和四平收复战

四平保卫战后，东北民主联军大步北撤，5 月 22 日，放弃长春，主力转移至松花江以北休整，一部分部队分别进入西满和东满建设根据地。国民党军队在占领四平、长春后，又占领了梅河口、磐石、德惠、吉林等，逐步控制了松花江以南地区，但由于战线拉长，兵力分散，已难以再组织大规模的进攻。此时，位于南满和东满的东北民主联军发动鞍山海城战役，歼灭国民党军第一八四师一部。5 月 30 日，该师师长潘朔端率师部直属队和第五五二团大部在辽宁海城举行了战场起义。

在这样的情况下，蒋介石接受了马歇尔的建议，暂时停止对东北民主联军的追击和攻击，并向长春派出军事调处执行机构，经协商，国共双方同意在东北暂时停战 15 天。6 月 6 日，蒋介石发表声明，下令各军自 6 月 7 日正午起停战，与中共就有关问题进行商谈。从此时起，东北赢得了 4 个月的停战时间。东北民主联军利用这一有利时机，加紧对部队进行整训，增强部队实力，并加强剿匪斗争和根据地的建设工作。到 1946 年 11 月，东北民主联军总兵力

---

① 中共中央文献研究室编：《毛泽东年谱（1893—1949）》（修订本）下，中央文献出版社 2013 年版，第 84 页。

已达36万人，其中野战军5个纵队；同期国民党在东北的兵力有正规军25万人，连同地方部队约40万人。1946年12月17日至1947年4月3日，东北民主联军经过“三下江南、四保临江”作战，歼敌约5万人，粉碎了国民党军对南满根据地的进攻，并使东北国民党军全面转入守势。

1947年5月13日，东北民主联军发动夏季攻势，在不到20天时间里，相继攻占长春、吉林、四平周围的数十座中小城镇，将中长路和吉长路切断，使长春、吉林和四平处于孤立状态。为进一步扩大战果，东北民主联军总部决定攻打四平。

四平守敌为国民党第七十一军第八十七师、第八十八师，第十三军第五十四师，另有由地方散兵游勇编成的1个杂牌师及数个残缺的保安团等，总兵力约3.4万人，由第七十一军军长陈明仁指挥。陈明仁将四平防卫划分为第一、第二、第三、第四守备区和核心守备区等5个守备区。经过国民党军一年多的经营，四平已建成众多永久与半永久性的工事，在市内和市郊明碉暗堡比比皆是，形成有路皆有沟、有房皆有堡的格局，并且设置了各种复杂的障碍物，成为一座坚固设防的要塞式城堡。

参加四平攻坚战的东北民主联军由攻城和打援两部分组成。以第一纵队、辽吉纵队和第六纵队第十七师、总部直属炮兵团5个营组成攻城集团，由第一纵队司令员李天佑、政治委员万毅统一指挥。攻城部署为：第一纵队第一、第二师从四平西南方向担任主攻，第三师由东南方向助攻；第七纵队从四平西北方向进攻；第六纵队第十七师为预备队。另以4个纵队(欠2个师)、5个独立师和2个骑兵师共计17个师的兵力，配置于四平以南、东南及以北地区，组成打援集团，阻击由沈阳北上和由长春南下之国民党军。

6月9日，东北民主联军攻城部队开始向四平地区集结。6月11日，外围战斗开始。辽吉纵队一部首先攻占飞机场，歼灭守军1个营。6月13日，第一纵队第二师攻占新立屯，歼灭守军4个连。至此，四平近郊的国民党军据点基本被拔除。

6月14日20时，进攻四平的总攻开始。经过40多分钟的炮击，第一纵队第二师从新立屯方向突破守军阵地，第一纵队第一师也从海丰屯方向突破守军阵地，辽吉纵队和第一纵队第三师由于准备不足，突击未能奏效。国民党守军集中兵力、火力拼命反击，第一纵队第一、第二师不断组织后续梯队，连续击退国民党守军十数次反击，巩固了突破口，逐步向纵深推进，但伤亡很大，进展缓慢。至6月18日，辽吉纵队也突破了守军的阵地。至20日，第六纵队第十七师接替第一纵队第一师的任务，并在友邻部队的配合下突破了四平守军的核心守备区，占领了国民党第七十一军军部所在地，担任核心守备区指挥官的第七十一军特务团团长陈明信(陈明仁的胞弟)被俘，陈明仁将指挥所撤至铁路以东市区。

东北民主联军占领四平铁路以西绝大部分地区后，第一纵队第一、第二师因伤亡较大撤出战斗。6月21日，第六纵队第十七师与第一纵队第三师协同从四平南桥洞突入铁东区，向天主教堂外围据点攻击。国民党守军第五十四师一部依托坚固的天主教堂拼死抵抗，双方展开激烈的争夺战。东北民主联军第七纵队在天桥北侧向康德火磨据点冲击，连续奋战 5 个昼夜，突击受阻。这时，东北民主联军了解到四平守敌并非战前判断的 1.8 万人而是 3.4 万余人，虽然四平机场被东北民主联军占领，但国民党军从沈阳给四平守军空投了大量的物资，守军弹药、粮食充足，并全部退守四平铁东区，兵力集中。鉴于这种情况，东北民主联军总部决定将原来担任打援任务的第六纵队第十六、第十八师加入四平铁东区的攻坚战。但是，由于攻城兵力仍未达到绝对优势，加之四平守军顽固抵抗[①]，攻城部队无法分割守敌，攻击再次受挫。

就在东北民主联军发动对四平的攻击之时，东北保安司令长官杜聿明集中主力 10 个师，分别采取稳扎稳打、齐头并进的战法，由沈阳、长春出援，企图在四平城下与东北民主联军主力进行决战。6 月 28 日，国民党军增援部队到达四平同东北民主联军阻援部队交战。东北民主联军总部鉴于继续攻城已无意义，遂下令于 6 月 30 日夜撤离四平战场，向指定地点转移。

四平攻坚战历时 18 个昼夜，东北民主联军以伤亡 1.3 万人的代价，攻占大半四平城，歼敌 1.6 万人，显示出强

① 陈明仁严令守军："不求援，不待援，自力更生，独立死守，打光为止"，"凡转移阵地之命令，仅司令官有权颁布。以次各级指挥官发布是项命令者，一概无效"，"第一线部队不准后退，仅准第二线部队向前补充与增援。凡由前向后退者，即由后方部队射杀之"，"夜间除汽车因公通行外，其余不问匪我，所有行人概行射杀"。陈明仁还立下遗嘱，并抬出为自己准备的棺材示众，还在每条防线都设立了督战队，每个碉堡里都由老兵监视新兵。

大的攻坚作战能力和英勇顽强的战斗精神。这是东北民主联军第一次攻打敌人坚固设防的大中城市，积累了极为宝贵的攻坚作战经验。

四平攻坚战后，东北民主联军经过休整，于9月14日起发动秋季攻势，在为期两个月的作战中，共歼敌6.9万人，迫使敌人退缩在锦州、沈阳、四平、长春、吉林等城市及其附近地区。同年12月，东北民主联军(1948年1月改称东北人民解放军)又发动冬季攻势，重点指向沈阳以南辽阳、鞍山一带国民党军占领区。国民党东北行辕主任陈诚为解沈阳之危，将守备四平的第七十一军军部及第八十七师、第九十一师调到新民地区加强沈阳外围防守，四平仅留受过两次歼灭性打击之后整补起来的第八十八师及第七十一军、新一军的留守人员，另有辽北保安团及骑兵总队等总共1.9万余人担任守备。东北人民解放军决定利用四平守军兵力不足、战力不强和处于孤立的时机再次攻打四平。

经过一战四平后近两年的时间，东北的形势已经实现了根本性的变化，第一次在一个战略区实现了由敌强我弱到我强敌弱的历史性转变，到1948年2月，解放了东北地区97%以上的土地和86%以上的人口，并控制了95%的铁路线；东北野战军已有12个步兵纵队，并组建了炮兵纵队和铁道纵队，共70余万人，另有地方武装33万人，总兵力已达103万人，在数量上大大超过了国民党军队。

1948年2月27日，东北人民解放军集中第一纵队、第三纵队、第七纵队和独立第二师、总部直属炮兵团，从沈阳西部及辽阳、鞍山一带星夜北上，组成攻城部队包围四平，由第一纵队司令员李天佑和政委万毅统一指挥。另以第二、第六、第八、第十纵队及独立第四、第五师进至昌图、威远堡、通江口一带，阻击沈阳北援之国民党军。解放军攻城兵力与国民党守备兵力之比为 4 : 1，大炮数量之比为 10 : 1，在兵力和火力上均占绝对优势，而且通过上次四平攻坚战已经积累较多的经验教训，攻坚作战能力和信心都大为提高。

3 月 4 日，解放军打响攻打四平的外围战。第一纵队在城南方向攻下海丰屯、徐家窑和城西的飞机场，占领了西北师道学校。3 月 7 日，第三纵队扫清了北山据点，占领了刘家屯、义发油坊，逼近四平东大门，第七纵队扫清了城北制高点三道林子的地堡群，占领了红嘴子。经过几天的激战，解放军肃清了四平守军外围据点，攻城部队进到城垣。这时，国民党守军改变防御部署，将指挥机关移至铁东区，兵力也向铁东收缩，攻城部队随之调整了主攻方向，决定第一纵队从正北、西北方向，第三纵队从东北、东南方向担任主攻，第七纵队在城西担任助攻。

3 月 12 日 8 时，进攻四平的总攻正式打响。解放军炮兵数百门大炮以每分钟 500 发炮弹的密度，向国民党守军的据点进行猛烈的炮击。在强大炮火支援下，第一纵队从四平正北铁路两侧及西北师道学校突破，第三纵队从东北角的一面城及东南角的东大门突破，第七纵队从城西南海丰屯突破，各突击部队随即向四平纵深展开攻击。至上午 11 时，第一纵队和第七纵队会师于中山大街，至 14 时，将铁西的国民党守军全部肃清。解放军乘胜向铁东发动新的进攻，打乱了铁东国民党守军防御体系。激战至 3 月 13 日晨，攻城部队通过步炮兵协同，向残余的守军发起最后猛攻。13 日 7 时，战斗全部结束。人民解放军经过 23 小时激战，以伤亡 4931 人的代价，共毙伤国民党军 3780 人，俘虏 15600 余人，使四平回到了人民的手中。

四平的收复，彻底切断了沈阳和长春国民党军之间的联系。在四平收复战期间，驻守吉林市的国民党军因畏惧弃城逃往长春。四平解放后，国民党军驻守在锦州、沈阳、长春几个互不联系的孤立的据点之内，等待他们的将是彻底被歼的命运。1948 年 9 月 12 日至 11 月 2 日，东北野战军发动辽沈战役，共歼敌 47.2 万余人，解放了东北全境。这是第一个获得全境解放的战略区，为全国解放战争的胜利提供了可靠的战略后方基地。

小米加步枪不等于解放军装备落后

人们在讲到解放战争胜利时，总喜欢说"小米加步枪"的解放军打败了"飞机加大炮"的国民党军。这当然是一个形象的说法，意思是共产党用劣势装备打败了装备精良的国民党。在解放战争之初可以说解放军的武器装备确实不如国民党军，但到了解放战争中后期，随着战场缴获的增多和解放区军事工业的发展，解放军除了没有飞机参与作战外，大炮已为数不少，武器装备并不比国民党军逊色。

一、“有些野战军装备，并不亚于蒋之精锐部队”

从总体上看，解放战争之初，国民党军不但数量是解放军的三倍多，装备也远远优于解放军。众所周知，人民解放军主要是由抗日战争时期的八路军和新四军发展而来的，而由红军改编成的八路军、新四军其武器装备水平可想而知。

在抗战过程中，八路军、新四军也很重视装备的改善和特种兵建设。1938 年 1 月，八路军总部成立了一个炮兵团，辖 6 个炮兵连和 1 个观测队。1938 年冬，八路军第一一五师炮兵由 1 个连发展为 2 个连；1939 年年底和 1941 年 8 月，第一二〇师和第一二九师炮兵分别由 1 个连发展为 1 个营；晋察冀军区也组建了炮兵营。抗战中期，山东解放区的鲁南、鲁中、渤海、滨海、胶东等根据地也组建了炮兵连或炮兵营。不过八路军、新四军的炮兵数量有限，总体武器装备也很落后。其中的原因，一则在抗战中八路军、新四军以敌后游击战为主，难以打大的歼灭战，故而武器装备特别是重武器的缴获有限，即使有所缴获也因为游击战争的环境携带不便往往只能弃之不用。二则由于日军对敌后根据地的残酷“扫荡”，加之敌后根据地往往建立在相对封闭落后的农村，没有现代工业基础，因而难以建立较大规模的军工企业进行武器装备的生产；全民族抗战初期，国民党曾给八路军、新四军拨发过一定数量的弹药，但随着抗战进入相持阶段国共关系紧张之后便停止供给。因此，八路军、新四军的装备以轻武器为主，有的部队甚至连枪支都不多，子弹与手榴弹也不够用。

在全民族抗战前期和中期，国民党军队曾与日军开展过多次大会战，投入的兵力往往是日军的数倍，但多以国民党军的惨败而告终，这固然与国民党军的军事训练、战略战术存在问题有关系，但与国民党军的武器装备水平严重落后于日军亦有直接关系。1945 年的湘西会战日军投入约 10 万兵力，国民党军近 20 万兵力，经过两个月的会战，日军伤亡 3 万人左右，国民党军伤亡 2 万人左右，这是国民党军在抗战过程中少有的取得胜利且伤亡比例低于日军的战役，其中一个重要原因，就是参战的国民党军队已经换上了美械装备，火力上已经强于日军。同时，全民族抗战初期，中国空军有限的飞机在与日军的空战中损失殆尽，日军取得了制空权；而到抗战后期，中美空军在对日作战时已经具有绝对优势，掌握了制空权。战争胜负的决定性因素是人而不是武器，但并不等于武器装备不重要。

到全面内战爆发之时，国民党军近半数的军(整编师)已经换用美械装备，重装备火力与机动性大大提高。以其主力整编第十一师为例，配备枪 11520 支(其中冲锋枪 2370 支)，火炮 440 门(其中一〇五榴弹炮 8 门)，汽车 360 辆。

而解放军中装备最好的东北民主联军第一纵队，配备枪13991支(其中冲锋枪92支)，火炮46门(其中七五山炮12门)，没有汽车。国民党军队的后勤补给能力也强于解放军，其下属的18家兵工厂月产步枪9000支、机枪1430挺、火炮875门；而各解放区的65家兵工厂月产步枪只有1000支，不能生产重武器。①

解放战争时期，人民解放军不但有高昂的士气，有各级指挥员的正确指挥，而且也非常注重部队武器装备的改善和部队战术的提高。由于有蒋介石这位“运输大队长”帮忙，解放战争进展到一定程度时，人民解放军的武器装备有了很大的改善，到人民解放军进行战略进攻之后，敌我双方的武器装备恐怕已经不相上下了。

1947年11月27日，西北野战军司令员彭德怀、副司令员张宗逊关于攻打榆林及部队休整情况给中共中央的电报中说：“部队装备大改善(包括三纵在内)，自动火器与重武器大增，除六〇小炮外，相等胡之第一军。”②胡宗南的整编第一军号称“天下第一军”，属于国民党军中装备精良的部队，这也从一个角度说明解放军装备的水平。

同年6月12日，陈毅在与邓子恢联名给中共中央的报告中也说：“在八年抗战中，由于我们的队伍装备很差”，“但在这次战争中就起了基本变化。首先，我们的队伍已有

---

① 军事科学院军事历史研究部：《中国人民解放军全国解放战争史》第一卷，军事科学出版社1997年版，第338页；第二卷，第16、13页。

② 第一野战军战史编审委员会：《中国人民解放军第一野战军文献选编》第一册，解放军出版社2000年版，第576页。

近代化装备，有些野战军装备，并不亚于蒋之精锐部队”。[①] 1948 年 6 月 15 日，贺龙在陕甘宁边区领导机关党员干部大会上做报告时也说：“我军的装备怎样呢？东北的部队装备很好，华北我军也不比蒋军差多少，山东、晋察冀、晋冀鲁豫我军的装备都很好。就拿我们西北地区来说，经过一年零三个月的战争，部队的装备也得到了大大的改善，各战场上都打了胜仗。”[②]

随着解放战争的不断胜利，全国性的胜利已是指日可待，全党的集中统一就显得十分重要。从 1948 年起，中共中央就一再强调要建立请求报告制度，要求各中央局、各野战军前委每两个月向中共中央做一次综合报告。1948 年 9 月 7 日，东北野战军司令员林彪、政治委员罗荣桓、参谋长刘亚楼和政治部主任谭政在给毛泽东关于这年 7、8 两个月的综合报告中说：“根据两年来的经验，像东北我军现时所具有的装备(每个纵队平均三万八千多人、马四千七百余匹。一、二、三、四、六各纵是四万三千人，主力纵队，迫击炮每团六门，六〇炮每营九门)，如果没有比较固定的火车、汽车运输的补给线，几十万大军集中作战比较困难的。”[③]报告中透露出东北野战军的人员装备可见一斑。随后，东北野战军发动辽沈战役，歼灭了蒋介石最精锐、全是美械装备的新一军、新六军以及新三军、新七军，使得东北野战军的武装有了进一步的改善。1948 年 11 月 19 日，

---

①《陈毅军事文选》，解放军出版社 1996 年版，第 460 页。
②《贺龙文选》，军事科学出版社 1996 年版，第 557—558 页。
③《罗荣桓军事文选》，解放军出版社 1997 年版，第 464 页。

罗荣桓在东北野战军政治工作会议上讲话时明确表示："现在我们的装备已经超过敌人的任何美械化部队，比抗战时候日军的装备也有提高。"①

淮海战役结束后，中原野战军第四纵队司令员陈赓、政治委员谢富治在给中原野战军司令员刘伯承、政治委员邓小平、副司令员陈毅的关于四纵军事工作的综合报告中说，淮海战役前四纵最大连队有 137 人，最小连队为 74 人，一般连队百人左右；淮海战役后，最大连队 164 人，最小连队 90 人，一般连队均在 110 人以上。"在武器方面：炮及自动火器较战前增多，步枪减少，因六〇炮增多，太行小炮与掷弹筒在部队全部淘汰了，总之装备较前加强。现团迫炮连五至九门不等（如十旅之 29R 及十一旅之 31R 均为九门，十三旅 38R 为五门），营机炮连一般配重机枪六挺，六〇炮六门，个别配迫炮两门（如十三旅），步兵连一般配轻机枪五挺，少数配四挺或六挺，六〇炮一至两门不等。手提大部配备到班，但不齐全。"②这说明，到这时，人民解放军的装备已完全不逊于国民党军了。

二、解放战争中后期解放军已有相当数量的火炮

人民解放军各野战军都十分重视部队装备的改善，特

---

①《罗荣桓军事文选》，解放军出版社 1997 年版，第 483 页。
②《陈赓军事文选》，解放军出版社 2007 年版，第 460、461 页。

别是注重以炮兵为代表的特种兵建设。在没有海空军的情况下(国民党的海空军也很弱，海军在全面内战中几乎没有发挥多大的作用，空军拥有的飞机数量也不多)，以炮兵为代表的特种兵的数量和水平很大程度上反映了部队的装备情况。

东北野战军特种兵部队的发展，可以从一个侧面反映解放战争时期人民军队装备的改善状况。在中共中央决定创建东北根据地时，各地进入东北的部队，除配有少数迫击炮、六〇炮以外，根本没有重炮，有的部队进入东北时甚至把原有的武器都留在关内而徒步出发，故东北野战军的特种兵几乎是在白手起家的情况下建立起来的。1945 年 11 月，延安炮兵学校大部人员(1000 余人)到达东北，中共中央东北局将这批干部分到各部队和军区，从此，东北民主联军开始有计划地进行炮兵部队的建设。到 1946 年 5 月，经过半年的努力，收集到日军遗留的各种火炮 700 门，炮弹 50 多万发，坦克 12 辆，汽车 23 辆，还有大批火炮零件和器材，组建了炮兵 6 个乙种团(各 2 个营)、4 个丙种团(各 3 至 4 个连)，另有炮兵 6 个营(各 2 至 3 个连)又 20 个连，约合 80 个各种炮兵连，炮兵已初具规模。

1946 年 10 月，东北民主联军组建炮兵司令部，炮兵已开始成为一个独立的兵种。到 1947 年 3 月，东北民主联军炮兵部队已发展到 9 个炮兵团，27 个炮兵营，120 个炮兵连，各种炮 767 门。[①] 同年 8 月，在炮兵司令部下成立炮兵纵队，下辖 3 个野战榴炮团，2 个摩托化重炮团，1 个重迫击炮团，2 个摩托化高炮团，共 8 个团。各野战纵队、师和团的炮兵团、炮兵营和炮兵连，也都得到了加强。此时，东北民主联军拥有山炮、野炮、榴弹炮、加农炮共 618 门，各类小炮 4642 门。[②] 东北民主联军于 1946 年 6 月成立了战车大队(3 个战车队、1 个汽车队)，1947 年 10 月扩编为战车团。到 1948 年 6 月，全团辖 2 个战车营，1 个汽车营，装备各型坦克 30 辆，牵引车 10 多辆，装甲车和汽车 40 多辆。这些表明东北民主联军的特种部队已经有了相当的规模。自然，部队的武器装备不只是体现在特种兵的多少上，但在当时的历史条件下，火炮的多少与威力的大小往往代表着军队武器装备的水平的高低。

全面内战爆发之时，山东军区和各野战纵队，共有野炮 8 门、山炮 41 门、步兵炮和平射炮 12 门、高射机关炮 1 门，与国民党军相比自然差距很大。但随着战胜缴获的增多，由山东野战军和华中野战军合并而成的华东野战军特种兵也不断发展壮大。1947 年 2 月 1 日，粟裕就华东野战军的组成情况给中共中央军委及刘伯承、邓小平及华东局的报告中说："以现有之火器组成特种兵种纵队，以榴弹炮团(第一步完成三十六门)为炮十团，野炮三十门、重战防

---

①第四野战军战史编写组：《中国人民解放军第四野战军战史》，解放军出版社 2017 年版，第 111—112 页。

②第四野战军战史编写组：《中国人民解放军第四野战军战史》，解放军出版社 2017 年版，第 282 页。

炮四门编为五团，另工兵一团、战车一营(可修好几辆)、汽车大队组成，以炮兵团长陈锐霆暂兼任纵队司令。另以鲁中炮兵团(全山炮)为炮二团，胶东炮兵团为炮一团，渤海炮兵团为第三团。”① 1947 年 3 月，华东野战军特种兵纵队正式成立。到 1947 年 7 月解放战争进行一年之时，华东野战军炮兵已有榴弹炮 52 门，野炮 29 门，山炮 108 门(另有 2 个纵队未统计在内)，八二迫击炮 360 门，八一炮 10 门，共 559 门。② 到 1948 年 10 月淮海战役前夕，华东野战军特种兵纵队已拥有 4 个炮兵团、1 个工兵团、1 个骑兵团、1 个坦克大队和 1 所特科学校。

与此同时，其他野战军的特种兵亦有很大发展。1949 年 2 月 3 日，中共中央军委发出了《关于各野战军加强特种兵建设的指示》，要求各野战军在向全国进军的过程中，要特别重视和加强特种兵的建设。至解放战争第三年末，人民解放军已有了强大的炮兵、装甲兵和工兵。第一野战军编有 11 个炮兵团，1 个工兵团；第二野战军编有 1 个特种兵纵队，4 个炮兵团，1 个工兵团和 1 个战车队；第三野战军编有 1 个特种兵纵队，21 个炮兵团，1 个工兵团和 1 个战车队；第四野战军编有 1 个特种兵司令部，3 个炮兵师，1 个战车师，19 个炮兵团，3 个工兵团和 3 个战车团。③ 人民解放军的特种兵部队规模已经相当可观了。

到“三大战役”前后，人民解放军的武器装备已有很大

①《粟裕文选》第二卷，军事科学出版社 2004 年版，第 240—241 页。

②陈锐霆：《走过百年》，中共党史出版社 2007 年版，第 99、123 页。

③冯长松：《中国人民解放军管理史》，国防大学出版社 2013 年版，第 106 页。

改善，虽然还没有飞机参与作战，但大炮已经相当多了，各野战军都有数量不算少的特种兵特别是炮兵部队。“三大战役”之时，朱德说：解放军“在数量上比敌人多一点，质量上比敌人高得多，武器上比敌人也不差”①。

1949 年 1 月 14 日，平津战役中最大规模的天津之战打响，攻打天津的东北野战军不但数量上大大超过天津国民党守军，而且攻城火炮也占绝对优势。参加天津攻坚战的东北野战军炮兵、装甲兵和工兵共 12 个团，其中参战的榴弹炮、加农炮、野炮、山炮和重迫击炮共计 538 门，而天津守敌只有山炮、野炮、榴弹炮 50 余门，我军火炮数为守军数的 10 倍。② 天津之战，东北野战军共发射炮弹 88772 发，出动坦克、装甲车 40 多辆参战。东北野战军仅用 29 个小时就攻下了设防坚固的天津，特种兵部队发挥了重要作用。

三、人民解放军的武器装备来自战场缴获与自造

人民解放军武器装备的改善自然主要来自战场的缴获。在 1948 年 9 月召开的中共中央政治局扩大会议（九月会议）上，周恩来提供了一组数字：“两年歼敌二百六十四万人，其中俘敌一百六十三万人。两年缴获步枪近九十万支、轻

---

①《朱德军事文选》，解放军出版社 1997 年版，第 671 页。

② 苏进：《天津攻坚战中的东北野战军特种兵》，中国人民解放军历史资料丛书编审委员会：《平津战役》，解放军出版社 1991 年版，第 456 页。

重机枪六万四千余挺、小炮八千门、步兵炮五千余门、山野重炮一千一百余门。后方的补充不算，单就两年的俘虏和缴获数目，已足扩大与装备成现时的我军。”①

华东野战军的战场缴获情况便能说明问题。1947 年 1 月，华东野战军在鲁南战役歼灭国民党军两个整编师和一个快速纵队，缴获坦克 24 辆、各种火炮 217 门(其中 105 毫米榴弹炮 48 门)、汽车 474 辆、轻重机枪 1048 挺、电台 13 部、电话机 66 部。② 在 1947 年 2 月的莱芜战役中，共歼敌 7 个师 5.6 万余人，获各种炮 350 门，各种枪 17000 多支。③

1948 年 7 月结束的豫东战役，华东野战军缴获各种口径炮 290 门，火箭筒 19 个，掷弹筒 163 个，火焰喷射器 8 个，枪榴弹筒 2 个，战防枪 2 支，重机枪 195 挺，轻机枪 1020 挺，汤姆、卡宾、加拿大等冲锋枪 711 支，长短枪 7304 支，地雷探索器 1 个，坦克 4 辆，电台 12 部，汽车 50 辆。④

同年 9 月的济南战役中，华东野战军共计毙伤俘国民党官兵 84296 人，另有 2 万国民党军战场起义。在战役中缴获：榴弹炮 17 门；野炮 7 门；山炮 59 门；步兵炮 11 门；战防炮 41 门；臼炮 6 门；高射炮 10 门；机关炮 19 门；迫

①《周恩来军事文选》第三卷，人民出版社 1997 年版，第 428 页。

② 中共山东省委党史研究室：《中共山东编年史》第 6 卷，山东人民出版社 2015 年版，第 32 页。

③ 中共泰安市委党史资料征集研究委员会：《泰安党史资料》总第 17 期，1990 年编印，第 115 页。

④《中共商丘党史资料选——新民主主义革命时期》第一卷文献下，河南人民出版社 1989 年版，第 570 页。

击炮169门；六〇炮485门；小炮68门；火箭筒63个；掷弹筒304个；枪榴筒128个；火焰喷射器8具；高射机枪9挺；重机枪463挺；轻机枪2113挺；冲锋机枪1487挺；战防枪28支；卡宾枪365支；步马枪44848支；短枪2775支；各种炮弹226935发；各种子弹11210299发；各种榴弹28833发；炸药130吨；火车头40个，车厢400余节；飞机4架；坦克13辆；装甲车7辆；铁甲车4列；汽车500辆；骡马741匹；电台34部，电话总机54部；电话机778个；其他军用物资极多。[①] 这些战场缴获都成了人民解放军的装备。特种兵属于技术兵种，无疑其主要来源于国民党军的俘虏即解放战士。用国民党训练的士兵，使用国民党的装备，再去打国民党的军队，国民党军自然越打越少，而解放军则越打越多。

除了战场缴获外，各解放区均有数量不等、规模不一的军工企业，亦能自造一部分武器特别是弹药用于装备。1946年5月，东北民主联军确定以珲春、鸡西、佳木斯、哈尔滨为军工生产基地，在珲春建立了6个直属工厂；鸡西军工办事处辖手榴弹厂、迫击炮弹厂、翻砂厂等3个工厂；在佳木斯设手榴弹厂和军械修理所；在哈尔滨设立军工办事处，主要负责收集购置设备和原材料，并组织哈尔滨可利用的生产能力进行军工生产。1947年10月，中共中央东北局召开东北军工会议，成立东北军区军工部，在分

---

① 中共山东省委党史研究室、山东省中共党史学会：《山东党史资料文库》第二十七卷，山东人民出版社2015年版，第496—497页。

散各地的军工厂执行统一的生产计划和统一的规格标准，组成一个规模较大的军工生产系统，有组织有计划地生产各种武器弹药。“这一时期制造了大量前线所需产品”，共复装各种子弹 824.07 万余发，92 毫米步兵炮弹 4218 发，各种山野榴弹炮弹 11.7 万余发，制造手榴弹 163.5 万余枚，掷弹筒弹 20.59 万余发，60 毫米迫击炮弹 40.29 万余发，81、82 毫米迫击炮弹 50.58 万余发，爆破筒 2.1 万余具，无烟火药 31 吨，信号枪 1483 支，60 毫米迫击炮 1123 门，81、82 毫米迫击炮 48 门，92 毫米步兵炮 4 门，军镐和铁锹 3.99 万余把，马刀 3579 把等。① 到 1948 年 11 月，东北解放区已拥有军工生产企业 55 个，职工人数 23674 人，生产子弹 8240 万发，手榴弹 1600 万枚，迫击炮弹 9200 万发，各种山炮弹 11 万发，92 步兵炮 26 门等。②

其他解放区的军工生产也有一定的规模。晋冀鲁豫解放区形成了以长治为中心的军工生产基地。到 1947 年 10 月时，晋冀鲁豫解放区仅山西境内和临近的兵工厂就有 37 个，职工 2 万余人。到 1948 年年初，这里的“炮弹月产量，已不再是几千发、几万发，而是几十万发。炮弹的品种也由五〇弹、八二弹发展到一二〇弹、一五〇弹，还增加了加重型炮弹和七五山炮弹”。有人回忆说：“在发展炮弹生产的同时，为满足人民解放军进行大规模反攻的需要，我们的火炮厂在生产六〇、八二迫击炮的同时，根据华北野

①第四野战军战史编写组：《中国人民解放军第四野战军战史》，解放军出版社 2017 年版，第 120 页。

②《伍修权传》编写组：《伍修权传》，当代中国出版社 2016 年版，第 116 页。

战军炮兵部队的要求，将在津浦铁路和平汉铁路北段缴获的废火车头轴和车厢车轴，运往工厂，作为制作大口径炮管的原材料，在技术人员和工人们的共同努力下，制造了482门一二〇和一五〇口径的迫击炮。”[①]

山东解放区成立了军工局，到1946年2月，山东已经有兵工厂27个，职工有6000余人。[②] 1948年10月和1949年1月济南及徐州解放时，山东解放区已有37个兵工厂、1.7万名员工。[③] 到1949年新中国成立前夕，山东解放区仅胶东军事工业就有10多个厂，工人到1万多人，每月可生产步枪300支，各式迫击炮100门，轻机枪10挺，各种迫击炮弹30万发，子弹37万发，山炮、野炮、榴弹炮弹1000余发，无烟火药万余斤，各种高级炸药16万余斤。[④]

1946年6月，全面内战爆发后，陕甘宁边区部分兵工企业和设备转移到晋绥解放区。到1948年晋绥军区工业部已拥有17个军工厂，2943名职工，军工生产由原来的9种发展到16种。[⑤] 到1947年年底，晋察冀边区工业局所属的军工企业有32个，此外冀晋、察哈尔两个二级军区兵工管理处和冀热辽军区军工部所属的企业还有20多个厂，职工

---

①中国兵器工业历史资料编审委员会编：《华北解放区军工史料》，1994年编印，第239页。

②刘明逵、唐玉良主编：《中国工人运动史》第六卷，广东人民出版社1998年版，第102页。

③王兆春：《中国火器通史》，武汉大学出版社2015年版，第566页。

④武衡：《延安时代科技史》，中国学术出版社1988年版，第295页。

⑤刘明逵、唐玉良主编：《中国近代工人阶级和工人运动》第十四册，中共中央党校出版社2002年版，第4页。

近万人。[①]

除了战场缴获与解放区兵工企业自造之外，东北解放区由于特殊的条件，通过各种方式从苏军手中获得了一部分缴获的日伪武器。对于苏军提供给东北解放区武器装备的数量，学术界曾有不同的看法。比如有人提出，有关战后苏联远东军向东北民主联军提供的日本关东军武器数量，约为步枪 70 万支，机枪 12000—14000 挺，各种炮 4000 门，坦克约 600 辆，汽车 2000 多辆，另有弹药库 679 座、飞机 800 余架和炮艇若干。同时已知 1948 年前后苏军将绝大部分日本关东军武器提供给中共军队以后，还曾向东北的中共军队提供过一定数量的苏联制造和捷克制造的武器装备。也有人认为这些数字出自中苏关系恶化时苏联方面的宣传，自然不足采信。

上述这些数字恐怕当时出于宣传的需要会有夸大其词的地方。比如，其中提到苏军向东北民主联军提供了 800 余架飞机，应该说这个数字颇为巨大。据军事科学院军事历史研究部编撰的《中国人民解放军全国解放战争史》第一卷所载：全面内战爆发时国民党军共有各种飞机 443 架。亦有材料说国民党空军有飞机 900 余架。[②] 就算国民党有飞机 900 余架，而苏军向东北民主联军提供了 800 架飞机，那国共之间飞机的数量差距应该不大。可是，对于解放战争，不论是根据海峡两岸出版的相关战史还是各种亲历者的回

---

① 中国兵器工业历史资料编审委员会编：《华北解放区军工史料》，1994 年编印，第 301 页。

② 王文政：《汤恩伯年谱》，上海人民出版社 2009 年版，第 206 页。

忆，国民党空军参与作战的记载不难找见，却鲜有解放军空军参与作战的记载。固然飞机的使用离不开飞行员的培养，而飞行员的培养需要一个过程。1946年3月，东北民主联军成立航空学校，简称“东北老航校”，开始了对航空人才的培养工作。如果东北民主联军拥有如此众多的飞机，不至于把这些飞机弃之不用。当然，有不少回忆材料表明，苏军曾以各种方式向东北民主联军提供过部分武器，这应该是一个可以确认的事实。

虽然过去常讲是小米加步枪的解放军打败了飞机加大炮的国民党军，但并不等于说解放军的武器装备就比国民党军低劣许多。全面内战之初双方在装备上无疑有很大的差距，但到解放战争中后期应该说这种差距并不明显，如果说国民党军有优势，那就是人民解放军还没有空军，不过考虑到国民党军队的空军也不甚强大，因而对战争的影响并不大。因为有蒋介石这位“运输大队长”的支持，人民解放军获得了与国民党基本相同的武器装备，加上高昂的士气、人民群众的支持、战略决策的正确，等等，国民党军自然摆脱不了失败的命运。因此，过去说“小米加步枪”打败了国民党，不是说人民解放军不重视武器装备的建设，不重视武器装备在现代战争中的作用。实际上，自开展武装斗争以来，中国共产党就十分重视部队武器装备的改善，只是很长时间囿于各种条件，人民军队的装备长期落后于敌人，这种状况到了解放战争中后期已经得到了明显的改变，与同期的国民党军队相比，解放军的武器装备并不落后。

其实，所谓小米加步枪更应该从人民加军队的角度去理解。对此，1947 年 5 月 6 日，贺龙在晋绥军区建军会议上的总结报告中曾做过这样的解释：“群众是我们力量的源泉，我们依靠群众来建党、建政、建军，来战胜一切敌人。没有阶级性、群众性的单纯建设军队，是不行的。毛主席说：‘我们的力量就是小米加步枪，如果看不见小米，即群众力量，这支步枪，一定不会有任何作用。’”①同年 8 月 10 日，贺龙在绥德分区县委书记联席会议上的报告中又说：“我们胜利的原因在哪里呢？就是毛主席讲的：小米加步枪这个‘无敌将军’。小米是群众，步枪是军队。”②贺龙把小米加步枪的含义讲得很清楚了。国民党的飞机加大炮固然说明其武器装备好，但同时也说明他们的战争只有军队参加而没有人民支持。因此，小米代表人民、步枪代表军队的解释，应该说更接近“小米加步枪”的含义，是人民和军队的密切配合打败了国民党军队。

---

①《贺龙军事文选》，解放军出版社 1989 年版，第 304 页。
②《贺龙军事文选》，解放军出版社 1989 年版，第 323 页。

毛泽东曾说过：“胡宗南进攻延安以后，在陕北，我和周恩来、任弼时同志在两个窑洞指挥了全国的战争。”周恩来也说：“毛主席是在世界上最小的司令部里，指挥了最大的人民解放战争。”①为什么这个世界上最小的司令部凭借一封封电报，就能够指挥千军万马取得一个又一个胜利？这一方面得益于毛泽东娴熟的领导与指挥艺术，另一方面也得益于中国共产党高度的集中统一和各级干部对中共中央决策的自觉并且创造性地贯彻执行。

① 中共中央党史研究室一室：《〈中国共产党历史（上卷）〉注释集》，中共党史出版社 1991 年版，第 369 页。

一、“不遥制”“甚慰”体现出的高度信任

人民解放战争能够迅速取得胜利，与中国共产党有一个坚强有力的中央领导集体，人民解放军有一个英明的统帅是分不开的。当时，全党自觉维护以毛泽东为核心的中共中央权威，与中共中央保持高度一致，而毛泽东和中共中央对各战略区负责人高度信任，充分发挥其积极性和主动性、创造性。

1947年2月莱芜战役之后，国民党军吸取了以往分路进攻易被分割歼灭的教训，对华东野战军采取“密集靠拢、加强联系、稳扎稳打、逐步推进”的新战法，使华东野战军无法将其分割和各个击破。这年5月初，为了寻找战机，华东野战军主力主动后撤至莱芜、新泰、蒙阴以东地区等待时机，让国民党军放胆前进。果不其然，5月10日，国民党军集结15个整编师近30万人由临沂、泰安一线，分三路北犯，进至莱芜、新泰、蒙阴、汤头之线，为华东野战军迎来了等待已久的歼敌机会。5月12日，毛泽东指示陈毅、粟裕，指出：“你们须聚精会神选择比较好打之一路，不失时机发起歼击。究竟打何路最好，由你们当机决策，

立付施行，我们不遥制。”①毛泽东的高度信任给陈毅、粟裕以很大的信心，他们原计划先歼击已进入沂水以南地区的敌第七军及第四十八师，在得知国民党“五大主力”之一的整编第七十四师孤军冒进后，决定先围歼整编第七十四师，并获得中央军委的批准。随后，华东野战军发动孟良崮战役，以对敌5∶1的绝对优势兵力，将该敌全歼，也由此打破了国民党军对山东解放区的重点进攻。

1948年6月中旬，华东野战军发动豫东战役。战役发动之前，华东野战军原计划在鲁西南地区歼灭国民党军整编第五军。该军是国民党“五大主力”之一，是国民党的第一支机械化部队，有很强的战斗力，中原野战军和华东野战军曾多次同其交过手，但一直未给予其歼灭性打击。6月13日，华东野战军代司令员粟裕和副参谋长张震向中共中央军委报告说，计划分三步歼灭国民党军整编第七十五师、第五军和整编第八十三师，决定于6月16日晚完成对第七十五师的分割包围，发起歼灭整编第五军的战役。此电发出后，粟裕发现第五军与第七十五师靠拢，打整编第五军的条件不具备，遂决定先打河南的省会开封再打援敌。6月15日，粟裕、张震致电中央军委，提出国民党军正寻求与华东野战军在鲁西南决战，我军不宜在正面与敌对峙。因此，决定以一个兵团包围开封而攻占之，他们率3个纵队到曹县及其东南地区，阻击第五军等部西援，以掩护攻打

①《毛泽东军事文集》第四卷，军事科学出版社、中央文献出版社1993年版，第70页。

开封的我军完成攻歼开封守敌任务。这是对作战计划的一个重大改变。电报发出一天后，不见中央军委回复，粟裕又于16日致电中央军委，再次请示先打开封后打援敌的问题。6月17日，中央军委复电粟裕、张震："完全同意十六日午电部署。这是目前情况下的正确方针。""情况紧张时独立处置，不要请示。"①华东野战军随即发动豫东战役，一举攻克开封，攻城加打援歼敌4万人，这也是全面内战爆发后人民解放军攻占的第一座省会城市。接着，又在豫东的睢县、杞县地区，再歼国民党军5万人。

1948年9月，济南战役临近结束时，粟裕就建议立即进行淮海战役，并得到了中共中央的批准。10月31日，粟裕在给中央军委并陈毅、邓小平、华东局和中原局的电报中提出，战役将于11月8日晚发起。然而，就在此时，蒋介石也正在组织所谓"徐蚌会战"，企图在淮海地区同人民解放军决战，并派参谋总长顾祝同至徐州做具体部署。在徐州召开的军事会议上，国民党军各兵团负责人纷纷报告说在他们防区的正面发现解放军重兵集结，解放军主力将由鲁西南南下。于是，顾祝同决定放弃海州和连云港，固守徐州，将兵力集结于津浦路徐蚌段做攻势防御。粟裕了解这些情况后，决定将战役发动的时间提前两天，即由11月8日夜晚改为11月6日夜晚，粟裕、陈士榘(华东野战军参谋长)、张震等向中共中央军委和陈毅、邓小平等报告作战部署。第二天，毛泽东为中共中央军委起草致粟裕等并

①《粟裕文选》第二卷，军事科学出版社2004年版，第498页。

告陈、邓电，完全同意他们在战役开始后的具体作战部署，并指出：“望你们坚决执行。非有特别重大变化，不要改变计划，愈坚决愈能胜利。在此方针下，由你们机断专行，不要事事请示，但将战况及意见每日或每两日或每三日报告一次。”①

11 月 22 日，淮海战役第一阶段结束，黄百韬兵团 12 万人被歼。这时淮海战场上国民党军仍有杜聿明集团、黄维兵团、李弥兵团和刘汝明兵团等军事集团。还在淮海战役发动之前，刘伯承、邓小平、陈毅就提出先打孤军冒进的黄维兵团。歼灭黄百韬兵团的第二天，刘、陈、邓请示中共中央军委：“歼灭黄维之时机甚好”，“只要黄维全部或大部被歼，较之歼灭李、刘更属有利。如军委批准，我们即照此实行”。第二天，毛泽东为中共中央军委起草的复电是，不但完全同意刘、陈、邓提出的先打黄维兵团的作战计划，而且明确表示“情况紧急时机，一切由刘陈邓临机处置，不要请示”②。11 月 25 日，中原解放军完成对黄维兵团的合围，开始淮海战役第二阶段的作战，围歼黄维兵团。到 12 月 15 日，全歼黄维兵团 12 万人。中原野战军参谋长李达就此回忆说：“军委、毛主席善于采纳前线指挥员的建议，及时修改计划，适应已经变化的情况，并再次重申给予总前委刘陈邓‘临机处置’之权，这是淮海战役所以能顺

①《毛泽东军事文集》第五卷，军事科学出版社、中央文献出版社 1993 年版，第 177 页。

②《毛泽东军事文集》第五卷，军事科学出版社、中央文献出版社 1993 年版，第 269 页。

利发展并取得全胜的一个重要原因。”[①]很显然，这种“临机处置”之权，是建立在下级对上级权威的自觉维护、上级对下级能力的高度认同上的，这也是中国共产党上下团结一心的生动体现。

在解放战争中，毛泽东为中共中央、中共中央军委起草了大量的电报，其内容自然是作战指示的下达和前线指挥员请示的回复，许多电文已收入公开出版的多卷本《毛泽东军事文集》。翻阅毛泽东起草的这些电文，就会发现“甚念”“甚慰”成为电文中的高频词，前者往往是对战况的询问，后者则是对前文请示的回电。文字虽短，但充分体现了当时党内团结和谐的良好氛围，体现了中共中央对前线指挥员的关心与信任。

反观蒋介石，一方面要求部下忠诚于他，另一方面对手下将领又缺乏基本信任，指挥部队作战“遥制”是常态，并且喜欢超级指挥，弄得下级无所适从。白崇禧评价说：“蒋老总指挥作战连一个交警大队、一个步兵营也要干涉，弄得前方将领束手束脚，动弹不得。”[②]李宗仁也说：“我方指挥系统的毛病亦多。最重大的一个缺点，便是蒋先生越级亲自指挥。”[③]蒋介石这种指挥方式可以说是费力不讨好，不但使前线指挥官失去主动性，变成被动执行的机器，而且弄得自己十分辛苦。他的重要谋士张群说：“领袖无论在

①《李达军事文选》，解放军出版社 1993 年版，第 291 页。

②政协广西壮族自治区委员会文史资料委员会：《新桂系纪实》下集，1990 年编印，第 344 页。

③《李宗仁回忆录》，广西师范大学出版社 2005 年版，第 681—682 页。

清晨，或午夜，有时甚至通宵，时时均有电话，或是接前方报告，或是给前方指示，不但在政治上要日理万机，而且还要管军事。”蒋介石自己为此感到甚为委屈。他说：“现在有很多人批评，以为统帅部对各级将领限制太多，拘束过严，这是不合事实的。如果我们一般将领能够彻底奉行命令，誓死达成任务的话，那我何至像今天这样的辛苦？”① 不检讨自己的责任，反而指责属下无能和不听指挥，是蒋介石一贯的作风，其结果是上下互相埋怨指责，内部离心离德。蒋介石缺少应有的领袖风范，喜揽权不善放权，对下级好指责而不为其担责，结果自己的忙碌换来的却是国民党的失败。

二、下级仗没打好不指责而是宽慰

毛泽东曾说过，打三个仗，两个打胜了，一个打了败仗，就算好的将军。邓小平也说：“没有常胜将军，没有不打败仗的队伍。”②与蒋介石在指挥作战时总是对部属进行指责，并且多方推卸自己的责任不同的是，中共中央对各战略区取得战役的胜利总是及时予以肯定与表扬，对偶尔的作战失利也予以充分的体谅。

1947 年 5 月的孟良崮战役之后，为了配合刘邓大军渡

---

① 转引自朱宗震、陶文钊：《中华民国史》第三编第六卷，中华书局 2000 年版，第 40 页。

②《邓小平文集》下卷，人民出版社 2014 年版，第 334 页。

黄河南进，华东野战军于7月初实行分兵作战，由陈士榘、唐亮率3个纵队进军鲁西南，叶飞、陶勇率2个纵队向鲁南出击，陈毅、粟裕、谭震林直接指挥5个纵队继续在鲁中寻找战机进行内线作战，这便是华东野战军历史上的“七月分兵”。这次分兵使得华东野战军内线作战部队的实力明显下降，加之孟良崮战役之后产生了一定的骄傲轻敌思想，使得南麻战役和临朐战役打成了消耗战，未能歼灭敌人，且使敌人占领了胶济线，使华东野战军重要后方物资基地胶东有被敌人占领的危险。同时，进行外线作战的5个纵队由于离开了根据地，在多雨的夏季经过一个多月的连续作战，非战斗减员十分严重。

由于仗没有打好，具体负责战役指挥的粟裕于8月4日向中共中央和华东局发电做了检讨，请求处分。粟裕在电报中说：“自五月下旬以来，时逾两月，无战绩可言。而南麻、临朐等役均未打好，且遭巨大之消耗，影响战局甚大。言念及此，五内如焚。此外，除战略指导及其他原因我应负责外，而战役组织上当有不少缺点及错误，我应负全责。为此，请求给予应得之处分。”①充分体现了一个前线指挥员主动担责和自觉的自我批评精神。

8月6日，华东局复电粟裕，非但没有责备粟裕，反而对其进行了充分肯定，强调在过去20年的革命战争中，“你对党对人民贡献很大”，并勉励“只要善于研究经验，定能取得更大胜利”。同一天，作为华东野战军的主要负责人

①《粟裕文选》第二卷，军事科学出版社2004年版，第332页。

的陈毅也为此致电中共中央军委和华东局说：“我认为我党二十多年来创造杰出军事家并不多。最近粟裕、陈赓等先后脱颖而出，前程远大，将与彭［德怀］、刘［伯承］、林［彪］并肩前进，这是我党与人民的伟大收获。”又说：“最近几仗，事前我亦无预见，事中亦无匡救，事后应共同负责，故力取教训以便再战。”①陈毅同样对粟裕做了高度评价，而且主动承担了责任。作为华东野战军的主要领导人，陈毅不居功，不诿过，放手让粟裕具体负责作战指挥，使粟裕的军事指挥才能得到充分的发挥。粟裕则十分尊重陈毅。1948 年 5 月，中共中央决定让陈毅去中原军区和中原野战军工作，粟裕得知后请求中共中央保留陈毅的华东野战军的职务，并且得到了中共中央的同意，充分体现了中共高级干部间的精诚团结，与国民党内部的尔虞我诈形成鲜明的对比。

中共中央军委也在这天复电刘（伯承）邓（小平）、陈（毅）粟（裕）：“目前整个形势对我有利，敌已分散，我已集中。”“此次华东各部虽有几仗未打好，但完成了集中兵力、分散敌人之巨大任务。”“中央特向你们致慰问之意，并问全军将士安好。”②不但未对前方指挥员进行指责与批评，反而给予充满温暖的安慰与鼓励。

在作战问题上，蒋介石不但亲自指挥而且常常越级指挥，结果老打败仗，且打了败仗还不承认自己的失误，而

①《粟裕文选》第二卷，军事科学出版社 2004 年版，第 332—333 页。
②《毛泽东文集》第四卷，人民出版社 1996 年版，第 281 页。

是诿过于人，指责属下。1947 年上半年，国民党军在山东战场上连吃败仗。这年 1 月，鲁南战役失败，被歼 5.3 万人；2 月，在莱芜战役中国民党军被歼 5.6 万人，连同南路和胶济路作战，共被歼 7 万余人；5 月，在孟良崮战役中国民党军“五大主力”之一的整编第七十四师 3 万余人被歼。对于鲁南战役的失败，蒋介石指责的对象是薛岳(时为国民党徐州绥署主任)，他在日记中写道：“此乃伯陵(即薛岳，引者)指挥错误，对战车重炮皆置于最前方突出部，且其时甚久，此无异送精械与匪部，违反战术原则所致也。”而对莱芜战役的失败，蒋介石找到的替罪羊是陈诚(时为国民党军参谋总长)，他在日记中说：“临沂收复以后，辞修(即陈诚，引者)以为匪已向黄河北岸溃窜，故对剿务一若已完者，故其自徐州回来请病休假，且时现自足之骄态。”对于孟良崮战役的失败，蒋介石埋怨的对象是指挥这次战役的国民党陆军总司令部徐州指挥所主任顾祝同，说是“顾总司令对先攻莒县不攻沂水，使我进攻坦埠之第七十四师孤立被围，其指导错误，殊乏常识，其愚拙不可恕谅”。[①] 总之，打了败仗就因为高级将领无识、无能，但他从不反思如此多的将领无能，岂不说明他这个统帅亦无能？“能领兵者，谓之将也”；“能将将者，谓之帅也”。国民党内不乏能领兵作战的将才，但缺少一个虚怀若谷的帅才，导致上下不能同心，左右难以合作。

① 转引自蒋永敬、刘维开：《蒋介石与国共和战(1945—1949)》，山西人民出版社 2013 年版，第 136、138、139 页。

三、高度重视前线指挥员的意见

解放战争时期，毛泽东和中共中央不但充分信任前线指挥员，而且善于采纳吸收前线指挥员的意见建议，及时调整作战方针和重大决策。

在全面内战即将爆发之际，为了变被动为主动，通过战胜国民党军队从而使其停止大打，实现国内和平，1946年6月22日，中共中央就全局破裂后晋冀鲁豫和山东的战略任务致电两战略区负责人，要求晋冀鲁豫以豫东地区为主要作战方向，集中主要兵力尽可能攻取长垣、考城、民权等十几个县城，主要着重在野战中消灭敌军有生力量，相机占领开封；山东以徐州地区为主要作战方向，集中山东主要力量配合苏皖北部各区，攻取黄口、砀山、虞城等各点，主要着重调动徐州之敌于野战中歼灭之，相机占领徐州。同时要求“如形势有利，可考虑以太行、山东两区主力渡淮河向大别山、安庆、浦口之线前进”①。其战略意图是在外线出击中大量歼灭敌人有生力量，建立和扩大新解放区，保卫老解放区，并保障中原解放军的安全。就是在全面内战爆发之时，人民解放军主动出击，进行战略进攻开展外线作战。

为了实施晋冀鲁豫和山东主力向南出击的计划，6月

---

①《毛泽东文集》第四卷，人民出版社1996年版，第128页。

26 日，中共中央致电华中分局，要求以华中野战军一部在苏中吸引并牵制(南)通扬(州)线上之敌，华中野战军司令员粟裕和政治委员谭震林率领不少于 15 个团之主力部队，兵出淮南，与山东野战军主力配合，一举占领蚌埠、浦口间铁路，彻底破路，歼灭该地区之敌，恢复淮南解放区，准备打大仗，歼灭由浦口北进之敌；并限于 7 月 10 日以前完成一切准备，待命攻击。①

粟裕接到中共中央的指示后，“对可能产生的各种情况进行了认真的分析研究”，认为淮南地区人口少，抗日战争后期，这里环境比较安定，转入战时状况需有一个过程，如果华中野战军主力在淮南作战，后勤供应则仍需要苏中供给。而且由于华中野战军主力离开，苏中有可能被国民党军占领。苏中紧邻南京、上海，如果不战而弃不但政治影响不好，而且苏中地富人稠的有利条件将被敌人所用。同时，淮南之敌有国民党军“五大主力”中之第五军和整编第七十四师一个旅，兵力较强，而苏中之敌较弱。基于这个情况，粟裕于 6 月 27 日致电中央军委和陈毅，建议华中野战军主力先在苏中打一仗之后再西移。随后，粟裕又从驻地海安赶到华中分局所在地淮安，在同华中分局领导会商后，于 6 月 29 日致电中共中央和新四军军部，再次建议先在苏中打一仗后再西移。②

粟裕的建议引起了中共中央的高度重视，同意华中野

①《毛泽东军事文集》第三卷，军事科学出版社、中央文献出版社 1993 年版，第 301 页。

②《粟裕回忆录》，解放军出版社 2007 年版，第283 页。

战军暂缓调动。7月初，中共中央从各方面了解到“胶济、徐州、豫北、豫东、苏北之顽可能同时向我进攻”，于是明确指示“先在内线打几个胜仗再转至外线，在政治上更为有利”。[①] 7月13日，中共中央进一步指出：“苏北大战即将开始”，“在此情况下，待敌向我苏中、苏北展开进攻，我苏中、苏北各部先在内线打起来，最好先打几个胜仗，看出敌人弱点，然后我鲁南、豫北主力加入战斗，最为有利”。这实际上改变了原来的敌进我进、外线作战的计划，而是先在内线歼敌再转到外线。

这是一个重大的战略调整。不但赢得了政治上的主动，内线作战也表明是蒋介石挑起内战，人民解放军不得不进行自卫反击，有利于获得社会理解与同情，而且能够利用解放区的有利地理和群众条件歼灭敌人，以达到初战必胜的目标，鼓舞解放区军民的士气和胜利的信心，对于解放战争的胜利起到了重要作用。做这么大的战略方针的调整是很不容易的，这也说明当时毛泽东和中共中央虚怀若谷、从善如流的胸襟。解放战争之所以取得一个又一个胜利，是集全党智慧的结果。

人民解放军从战略防御转入战略进攻后的半年时间里，刘伯承、邓小平率领的晋冀鲁豫野战军主力千里跃进大别山地区，初步在这里站住了脚；陈赓、谢富治率领晋冀鲁豫野战军一部自晋南强渡黄河出豫西，在豫陕

---

①《毛泽东军事文集》第三卷，军事科学出版社、中央文献出版社1993年版，第320页。

鄂边地区实施战略展开；陈毅、粟裕率领的华东野战军主力转战豫皖苏地区。刘邓、陈粟、陈谢三路大军挺进中原，对蒋介石的长江防线和南京、武汉构成严重威胁。蒋介石为了摆脱战略上的被动地位，决定将全面防御改为重点防御。1947 年 12 月，蒋介石在九江设国防部前线指挥所，由其国防部部长白崇禧负责，调集 33 个旅的兵力对大别山开展大规模的“围剿”。在整个中原战场的敌我兵力对比上，国民党军还有一定的优势，共 34 个整编师、79 个旅，除用一部分兵力担负重点点线的防御，还可以集中较大的机动兵力在各要点之间往返驰援，对解放军进行战略进攻，“国共两军在整个中原地区，基本上处于胶着相持的状态”①。

为打破中原战场的这种僵局，迫使蒋介石改变战略部署，吸引国民党军 20 至 30 个旅回防江南，1948 年 1 月 27 日，中共中央军委致电粟裕(陈毅因参加十二月会议此时尚在陕北)：由粟裕率华东野战军外线兵团第一、第四和第六纵队渡江南进，“执行宽大机动任务问题”，从湖北择地南渡长江进入湖南、江西，在这里与国民党军周旋半年至一年的时间，然后“以跃进方式分几个阶段达到闽浙赣，使敌人完全处于被动应付地位”。② 至于渡江的时间，可在 2 月、5 月或秋季。

---

① 中共中央文献研究室编：《毛泽东传(1893—1949)》，中央文献出版社 1996 年版，第 842 页。

② 中共中央文献研究室编：《毛泽东年谱(1893—1949)》(修订本)下，中央文献出版社 2013 年版，第 271—272 页。

接到中共中央军委的指示后，粟裕从驻地河南临颍立即率华东野战军第一、第四和第六纵队北渡黄河，于3月16日到达濮阳地区休整并做南渡长江的准备。与此同时，粟裕也在考虑究竟是分兵南下渡江作战有利，还是集中兵力在中原作战有利的问题。经过一个多月的反复思考，粟裕认为要改变中原战局，进而彻底打败蒋介石，华东野战军和中原野战军必须打几个大歼灭战，尽可能多地把国民党军主力消灭在长江以北地区。至于派3个纵队南渡长江进入江南，固然会给国民党产生相当的震惊、威胁和牵制，但3个纵队渡江到江南达不到打大的歼灭战的目的，而且会面临国民党军的围追堵截，又无后方依托，因而面临兵员补充、粮弹供应、伤病员安置困难等不利条件，并可能造成南下部队大幅减员。而在中原黄淮地区，打大歼灭战的条件却正在成熟，这里国民党虽然集结了重兵，但需要守备的点线多，其机动兵力相对减少；黄淮地区交通发达，固然便于国民党军互相支援，但也有利于解放军实施广泛的机动作战，迅速集中兵力，实现战役上的速战速决；这里虽属外线，但背靠山东和晋冀鲁豫老解放区，可以及时得到大批人力物力的支援，而且新开辟的解放区各项工作已有初步基础，已有一定的支援战争的力量。①

在经过反复考虑并征得陈毅和刘伯承、邓小平的同意后，4月18日，粟裕致电中共中央说，我大兵团远离后方作战，得不到群众较好配合，行动不易保密，伤病员难安

---

①参见《粟裕回忆录》，解放军出版社2007年版，第426—427页。

置，补给困难，重装备不能发挥作战能力，变成拖累。如我军南进未能调动国民党军在中原的几个最强的整编师南下，会使中原地区遭到摧残而难于恢复。因此，粟裕建议在中原刘邓、陈粟、陈谢三路大军依托后方作战，以便得到足够的炮弹、炸药等补给，发挥现有装备之作用而大量歼灭敌人，求得在中原地区打几个较大规模的歼灭战，使战局得到较快与较大的发展。[1] 同一天，刘伯承和邓小平也致电中共中央军委，认为“如果粟部迟出，加入中原作战，争取在半后方作战情况下多歼灭些敌人，而后再出亦属稳妥，亦可打开中原战局”[2]。

毛泽东和中共中央对粟裕及刘、邓的建议十分重视。4月21日，中共中央军委致电陈毅、粟裕，要其尽快到中共中央当面汇报。4月30日，陈毅和粟裕到达当时中共中央所在地河北阜平县的城南庄。在听取陈毅、粟裕的汇报后，毛泽东和中共中央同意了粟裕提出的方案。5月5日，中共中央致电刘伯承、邓小平并华东局指出：“目前粟裕兵团（一、四、六纵）的任务，尚不是立即渡江，而是开辟渡江的道路，即在少则四个月多则八个月内，该兵团加上其他三个纵队在汴徐（即开封和徐州，引者）线南北地区，以歼灭五军等部五六个至十一二个正规旅为目标，完成准备渡

---

① 中共中央文献研究室编：《毛泽东年谱（1893—1949）》（修订本）下，中央文献出版社2013年版，第303页。

② 中共中央文献研究室编：《邓小平年谱（1904—1974）》，中央文献出版社2009年版，第730页。

江之任务。”[①]由派部分主力先遣江南作战转变为决战中原，这是一个重大的战略转变，“对需要高度集中的军事指挥来说，这可以说是决策民主化和科学化的典范”[②]。对如此重大的战略决定提出改变建议，对这样的建议大胆予以采取，这对建议者和采纳建议者都是需要很大的勇气的。随后，依照在中原打几个较大的歼灭战的方针，华东野战军在粟裕的指挥下(陈毅、粟裕到中共中央汇报后，中共中央决定陈毅任中原军区、中原野战军第一副司令员，并根据粟裕的建议，仍兼任华东野战军司令员及政治委员，陈毅在华东野战军的职务由粟裕代理)，相继发动豫东战役、济南战役，并与中原野战军一起发动了淮海战役，将南线的国民党精锐部队消灭在中原战场上，大大加速了解放战争胜利的进程。

粟裕后来就此评价说，毛泽东“总是既通观和掌握战争全局，又处处从战场实际情况出发。他十分重视战场指挥员的意见，给予应有的机动权和自主权，充分发挥战场指挥员的能动作用”，“主要是对作战方针和战役中的关键性问题进行及时明确的指导，至于其他具体作战部署和战场处置，就由战役指挥员依据战场上千变万化着的实际情况去作出决定。这种英明的统帅方法和作风，同‘左’倾错误

①《毛泽东军事文集》第四卷，军事科学出版社、中央文献出版社 1993 年版，第 459 页。

② 中共中央文献研究室编：《毛泽东传(1893—1949)》，中央文献出版社 1996 年版，第 847—848 页。

统治时期的那一套，形成了鲜明的对照”。[1] 正是毛泽东和中共中央对前线指挥员的高度信任，使他们能够根据敌情的变化及时调整作战方针，达到在最有利的时机最大限度歼灭敌人的目的，从而使中共只用三年多的时间就从根本上打倒了蒋介石集团，取得了解放战争的彻底胜利。

①《粟裕回忆录》，解放军出版社2007年版，第108页。

土地改革研究中的几个问题

1946年至1949年的解放战争，与土地改革紧密联系在一起。以往党史界在讨论这一问题时，总是对土地改革及土地改革运动的意义做以充分肯定，认为土地改革彻底消灭了封建剥削，实现了亿万农民的翻身解放，也极大地调动了农民参军参战的热情，为解放战争的胜利奠定了基础。但近些年来，社会上开始出现一些对土地改革持否定性的声音。因此，怎样重新审视土地改革和土地改革运动，仍是当下中共党史研究中不能忽视的问题。

一、问题的提出

中国共产党的全部历史，可以分为新民主主义革命时期和全国执政时期两个阶段。从1921年成立至1949年革命成功在全国执政，中共为之奋斗了28年。这28年中，又有22年即1927年至1949年主要是在农村进行的，走的是农村包围城市的道路。长期在农村开展革命，毫无疑问，革命的主要依靠对象只能是农民，如何组织动员农民参加和支持革命，就成了中共最为重要的问题。而要组织动员农民，就必须给农民以看得见的物质利益。于是，改变旧的土地关系以满足农民对于土地的要求，就成了中共组织动员农民革命的最重要的方式。因此，十年国共内战时期的“打土豪、分田地”的土地革命，抗日战争时期的减租减息，以及解放战争时期的土地改革，都是围绕土地问题做文章。其实，不论是“打土豪、分田地”，还是减租减息，本质上都属于土地改革的内容。

这些年来，关于中共党史的通史性著作很多。在这类著作中，得到学界普遍认可的当属胡绳主编的《中国共产党的七十年》。该书在谈及解放战争时期解放区开展的土地改革运动时认为：在如此广阔的范围内进行土地改革，是中国几千年历史上一次翻天覆地的社会大变革。它从根本上废除了在中国大地上盘根错节的封建制度的根基，使长期遭受地主阶级残酷压迫和剥削的农民大众翻身做了主人。中国共产党领导中国人民，不仅在反对帝国主义的斗争中，而且在反对封建主义的斗争中，创造出了过去中国任何政党不曾有过的丰功伟绩。①

作为“当代中国丛书”之一的《当代中国的土地改革》一书则认为，解放区进行的土地改革，“在中国历史上第一次大规模地废除封建土地制度，使农民和土地直接结合，这就从根本上动摇了旧中国半殖民地半封建的社会基础”，“土地改革是人民战争的基础，土改的各个阶段都反映着战争的形势变化，而解放战争的伟大胜利正是中共中央土地改革政策成功的集中体现”，“土地改革的胜利还为新民主主义政权的建立奠定了经济基础，提供了干部队伍”。②

但是，近些年来，社会上开始出现一些对土地改革的不同评价。例如，有人写文章说找到了小说《半夜鸡叫》中地主周扒皮的原型，此人本名周春富（小说中周扒皮本名就叫周春富），家居辽东半岛中西部的复县（今瓦房店市）黄店屯（小说中的周扒皮是黄家店人）。周春富的祖辈也是“闯关东的”，周家到了周春富这一辈，并不算富裕，虽然从父辈继承了一些土地，但不多。由于周春富不注重浮财的积累，

---

①胡绳主编：《中国共产党的七十年》，中共党史出版社1991年版，第277页。

②《当代中国》丛书编辑部编：《当代中国的土地改革》，当代中国出版社1996年版，第260页。

而是认为"只有土地才是结结实实的保障，地里出一家人的吃喝，子孙也能受益。于是，这个勤俭、精明的农家子弟，开始一点点地攒钱、置地。他的勤俭甚至到了苛刻的程度"。据说周春富吃穿都很寒碜，裤腰带都不舍得买，是用破布条搓的。

与《半夜鸡叫》中的周扒皮不同的是，周春富并没有半夜装过鸡叫，也不是那种只督促长工干活的东家，自己也从不闲着，且"他家人养成了习惯，冬天天没亮点了火油灯，家里人做饭的做饭，喂牲口的喂牲口"，东家人都起来了，伙计们自然也不能赖在被窝里了，而且"周家人和长工一样干活，一大早就赶马车出去，回来挂一胡子霜"。周春富有五个儿子，"大儿子干农活，二儿子管家，三儿子赶车，几个儿子都有分工，个个勤快。脑子也灵，都能挣钱"。多年的努力之下，原本地不多的周春富到 1947 年的时候，已经有了约 240 亩土地，雇用了三五个到七八个长工，但没有出租土地，并且还有油坊、磨坊、染坊、粉坊以及一个杂货铺。据说，周春富对长工并不像高玉宝笔下的周扒皮那样苛刻，一个长工一年能挣八石粮食，够养活全家，给短工的工钱也是一天能买十斤米，而且周春富"不是恶人，不霸道"。1947 年 12 月，黄店屯来了土改工作队，在划阶级成分时，周春富被定为地主，随后被"镇压"了。①

这篇文章发表之后，引起了不小的社会反响，用某些媒体的话说"颠覆了以往的地主形象"，与此相伴随的是引

---

①杜兴：《"周扒皮"的 1947》，《先锋国家历史》2008 年第 15 期。

发了一些人对于土地改革的必要性与正当性的质疑。有人认为，地主并非以往宣传的那样丑恶，他们恰恰是乡村社会的精英，他们中的许多人是勤劳俭朴、经营有方而发家致富的，地主的负面形象都是以往的宣传杜撰出来的，以至于有人提出要为地主们“平反”。

2010 年第 8 期的《书屋》杂志发表了一篇题为《地主：一个百年难尽的话题》的文章，其中写道：其实，地主在那个社会不是完全阻碍社会发展的力量，他们本身有许多积极因素。绝大多数地主们青少年时期都受过严格的教育，是农村中文化素质较高的群体，他们读的是四书五经，“孔孟之道”，“己所不欲，勿施于人”，“老吾老以及人之老，幼吾幼以及人之幼”，新一代或者上新式大学，或者到外国留学，有的儒家思想深入骨髓，有的民主自由思想铸造人格，成为新的绅士，百分之九十五以上具有怜贫恤老、救济鳏寡孤独、助教兴学、救灾赈灾、修桥补路、兴修水利、调解纠纷、倡导文化活动(舞龙灯、赛龙舟、唱大戏等)的善举，举凡农村中一切需要钱、物的公益事业、慈善事业，他们带头发起，热情赞助，并充当捐资、献物、出力的主角。经过较好教育进入官场、文坛、教育界、商场、工厂等上层社会的，大多数是地主家的子弟。因此，当年的地主阶层，集政治精英、经济精英和文化精英于一体，理所当然地成为社会的主流。

该文又说，那些读书不多无意于仕途的读书人，回到乡梓后，因其品德、学问，主持正义，办事公平，往往被推举为地方领袖，掌握着村、乡、区地方事务的管理权。

而当年的政府(县级以上)是那样软弱，既没有“社会救济”概念，又没有过问地方事务的经济实力。因此，大量地方事务便责无旁贷地落在本乡本土有声望的富绅(地主)的肩上。当年地主将土地出租，解决了贫苦农民的就业问题，与资本家办工厂，给城市贫民提供了就业机会，与当今外资进入中国解决城乡富余劳动力的就业问题是一码事。地主收租是土地投资的回报，工商企业利润提成是资本的回报，同样是一码事。总之，“当年，地主阶层以其财富、道德、学识和声望，责无旁贷地担负起了政府职能缺失部分的职责，在农村中起着稳定社会的砥柱作用”。而土地改革的结果，“流氓、地痞、盗贼这些在‘土改’中跻身‘干部’队伍，使农村基层领导彻底恶质化”，成为新中国成立以来农业生产长期搞不好的根源。[①]

提出要为地主“平反”的，更多的是一些网络博文。如有博文说：“土地改革的实质是剥夺中国存在近2000年的士绅阶级的合法财产，无偿得到了土地的混混和无赖抽大烟的自然要跟着共产党闹革命了。”还有人在网上发表公开信，“呼吁中共拿出勇气面对土改的历史错误，还地主及其后代以公道”，并且认为中国农村的贫困和中共的土改有着直接的关系。当年农村的地主其实是乡土中国的精英，用现在的话说，至少也都是“种田能手”。对他们的斗争和剥夺表面上看是把土地“公平”地分给了农民，但实际上严重破坏了中国农村的生产力。中国的农村改革和土地经营权

①王宏任：《地主：一个百年难尽的话题》，《书屋》2010年第8期。

流转等于承认了当年“土改”政策的失败，实际上是经过多年后又转回了原点。

还有人认为，地主其实是当时农村先进生产力的代表，地主集中土地，更有利于农业的集约经营和规模化生产，比将土地分散给农民耕作更有效率，更有利于现代农业的发展。土地改革固然是一个国家实现工业化的重要前提，但没有必要使用革命即暴力的方式去解决农民的土地问题，可以用一种和缓的非暴力的方式，比如由政府出面将地主的土地加以征购，然后以有偿的方式分配给农民。这样，地主得到土地价款可以投资工商业，农民也由此可以得到土地，这是一种地主与农民双赢而且有利于工业化进程的方式。而中共采取的是以没收地主土地无偿地分配给农民的方式，并且在土改过程中发生了激烈的阶级斗争，造成了历史的遗憾。

土地改革是中国共产党当年进行革命的重要方式，也是革命过程中组织动员农民的重要手段，对土地改革如何评价，在很大程度上关联到中国革命是否有其必要性和正当性，是中共党史研究中一个不可回避的问题。

二、地主、富农的界定

毫无疑问，进行土地改革的前提是农村阶级成分的划分。20 世纪 40 年代后期和 50 年代初期中国大陆进行的土地改革运动，主要的内容是没收地主阶级的土地并分配给无地或少地的农民。要研究土地改革运动的是非得失，就必须首先对何为地主做一点讨论。

农村主要有两大对立的阶级，即地主与农民，而农民又分为不同的阶层，其中可以细分为富农、中农、贫农和雇农。什么人应划为地主和富农，中农、贫农的划分标准是什么，1933 年 10 月，毛泽东写作的《怎样分析农村阶级》一文，对此分别做了这样的界定：

占有土地，自己不劳动，或只有附带的劳动，而靠剥削农民为生的，叫做地主。地主剥削的方式，主要的是收取地租，此外或兼放债，或兼雇工，或兼营工商业。但对农民剥削地租是地主剥削的主要方式。有些地主虽然已破产了，但破产之后仍不劳动，依靠欺骗、掠夺或亲友接济等方法为生，而其生活状况超过普通中农者，仍然算是地主。军阀、官僚、土豪、劣绅是地主阶级的政治代表，是地主中特别凶恶者。富农中亦常有较小的土豪、劣绅。帮助地主收租管家，依靠地主剥削农民为主要的生活来源，其生活状况超过普通中农的一些人，应和地主一例看待。依靠高利贷剥削为主要生活来源，其生活状况超过普通中农的人，称为高利贷者，应和地主一例看待。

富农一般占有土地。但也有自己占有一部分土地，另租入一部分土地的。也有自己全无土地，全部土地都是租入的。富农一般都占有比较优裕的生产工具和活动资本，自己参加劳动，但经常地依靠剥削为其生活来源的一部或大部。富农的剥削方式，主要是剥削雇佣劳动（请长工）。此外，或兼以一部土地出租剥削地租，或兼放债，或兼营工商业。富农多半还管公堂。有的占有相当多的优良土地，除自己劳动之外并不雇工，而另以地租债利等方式剥削农民，此种情况也应以富农看待。富农的剥削是经常的，许多富农的剥削收入在其全部收入中并且是主要的。

中农许多都占有土地。有些中农只占有一部分土地，另租入一部分土地。有些中农并无土地，全部土地都是租入的。中农自己都有相当的工具。中农的生活来源全靠自己劳动，或主要靠自己劳动。中农一般不剥削别人，许多中农还要受别人小部分地租债利等剥削。但中农一般不出卖劳动力。另一部分中农（富裕中农）则对别人有轻微的剥削，但非经常的和主要的。

贫农有些占有一部分土地和不完全的工具；有些全无土地，只有一些不完全的工具。一般都须租入土地来耕，受人地租、债利和小部分雇佣劳动的剥削。中农一般不要出卖劳动力，贫农一般要出卖小部分的劳动力，这是区别中农和贫农的主要标准。①

按照这个标准，作为周扒皮原型的周春富虽然一家有土地200余亩，但从他自己及家人参加劳动且雇用长工数人，而土地不出租且经营油磨坊等情况看，他应当划为富农兼工商业者（在农村进行阶级成分的划分是一个复杂的问题，很容易将地主与富农混淆，以至于简单地以土地财产的多少作为划分阶级的标准，从而本应划为富农的农民被当作地主看待）。至于小说中的“周扒皮”，作者没有交代他

---

①《毛泽东选集》第一卷，人民出版社1991年版，第127—128页。

家的土地占有情况，但从小说一开篇所说的30来户人家的黄家店有一半是周家的佃户判断，其成分应当属于地主。

可见，地主与富农的共同点是对农民进行剥削，其不同之处在于地主剥削的主要方式是收取地租，富农剥削的主要方式是雇工。同时，地主与富农还有一个更重要的差别，那就是地主不劳动，或只有附带劳动，而富农自己劳动，这是区别地主与富农的主要标准。这里所说的劳动，指在普通情形下，全家有一人每年有三分之一时间从事主要劳动，叫作有劳动；全家有一人每年从事主要劳动的时间不满三分之一，或每年虽有三分之一时间从事劳动，但非主要劳动，均为附带劳动。富农虽然属于农民阶级的范畴，但这个阶层带有剥削性质，所以人们习惯将之与地主并列，称之为地主富农，其实富农与地主并不是同一个阶级。

说起地主，人们自然容易联想到四个人，即小说《半夜鸡叫》中的周扒皮、歌剧《白毛女》中的黄世仁、泥塑《收租院》中的刘文彩、芭蕾舞剧《红色娘子军》中的南霸天(《半夜鸡叫》和《收租院》曾进了小学课本，《白毛女》《红色娘子军》拍成了电影，产生了广泛的社会影响)。这是当年文艺作品塑造出来的四个典型的地主形象，也是相当多的中国人对于地主最深刻的记忆。

应当指出的是，恶霸与地主是两个不同的概念。按照1950年8月20日公布的《政务院关于划分农村阶级成分的决定》的规定，恶霸是指“依靠或组成一种反动势力，称霸一方，为了私人的利益，经常用暴力和权势去欺压与掠夺人民，造成人民生命财产之重大损失，查有实据者”[①]。恶霸横行乡里，欺男霸女，为非作歹，无恶不作，恶霸尤其是恶霸地主最为农民所痛恨，但恶霸并非都是地主，地主也不是人人都是恶霸，那种同时具有地主和恶霸两种身份者，便是通常讲的恶霸地主。毛泽东在1948年初曾有过推算，“地主和旧式富农占全国人口的十分之一，全国共有三千六百万人”[②]。如果其中地主占一半，那么全国的地主总数在1800万人左右，其中可称为恶霸地主者毕竟是少数。据当年的调查，在农村中恶霸地主一般只占地主的十分之一。

从阶级属性看，地主是剥削阶级，这些人在土地改革中之所以被划为地主，主要是因为他们利用自己所占有的土地，对农民进行剥削。但是，作为个体的地主，作为个体的人，自然是千人千面。因此，地主的品行是恶还是善，人品是好还是坏，无须说是各不相同的。人作为具体的社会个体，不论他出身属于哪个阶级，个人品行与人品可能是千差万别的，即使是同一个阶级的人，也不可能千篇一律，如从同一个模子倒出来的。有的地主为非作歹、欺男霸女、鱼肉乡邻，成为恶霸地主。也有的地主，一方面出租土地剥削农民，另一方面又办学堂、修道路，从事某些社会公益事业，甚至在灾荒之年还做点办粥厂施舍穷人之类的善事。刘文彩一方面利用其担任川南禁烟查缉总处长、

---

①中共中央文献研究室编：《建国以来重要文献选编》第一册，中央文献出版社1992年版，第406页。

②参见《毛泽东文集》第五卷，人民出版社1996年版，第24页。

川南捐税总局总办等职务时搜刮来的钱财，大肆购置土地成为远近闻名的大地主，另一方面又花巨资创办有名的文彩中学，甚至还设立“清寒补助金”，定向资助家境贫寒的学生。但有一个基本的事实不能否定，刘文彩有良田万顷，家中珍宝无数，生活奢华富足，他的大量财富既非劳动所得，也非靠经营工商业而来，而是通过占有大量土地过着不劳而获的生活。

当然，地主并非清一色，农民中也有少量好逸恶劳、偷鸡摸狗之类的“二流子”。但从总体上看，因为地主占有土地，可以凭借土地收取地租而剥削农民，而贫雇农由于缺少土地或根本没有土地，不得不租种地主的土地而接受地主的剥削，所以二者之间构成了剥削与被剥削的关系，土地改革的根本目的就是要改变这种社会关系。

其实，地主与农民的身份不是固定不变的。大体说来，除了那种祖、父辈本身是地主，靠继承上辈的土地财产成为地主者外，一个人地主身份的形成，大致可以分为这样几种情况。

一是在科举时代出身贫寒(非地主家庭)的普通知识分子，通过获取功名得到官职，“一年清知府，十万雪花银”，由此积累一定数量的财富，在官场失意或告老还乡后购买土地成为地主。当然这种情况随着科举制度的废除不再出现。

二是进入近代以来，中国出现了大大小小的各类军阀，他们倚仗军事实力和政治特权，强占或用极低的价格购买大量土地成为大地主。袁世凯在河南彰德、辉县等地有田产4万亩。徐世昌在河南辉县也有田5000亩。山东军阀靳云鹏在邹县、济宁一带占有土地3万亩。直系军阀王占元在鲁西北和冀南占有土地5万亩。阎锡山在山西省占有土地不下20万亩。西北军阀马鸿逵有土地10万余亩。[①] 各类军阀的属下、亲信或家人也用同样的办法搜刮或购置土地。刘文彩就是倚仗其弟刘文辉(曾任川军第一混成旅旅长、第九师师长、国民革命军第二十四军军长等职)积累财富并购置土地成为大地主的。不过，这类地主占有的土地数量虽大，但人数并不多。

三是普通农民上升为地主者。这些人原本就是普通农民，由于某种机缘，慢慢积累一些财富，购进了若干土地，随着土地的增多自己耕种不了，乃将土地出租给其他农民以收取地租，当地租剥削达到一定量的时候，这样的农民也就演变为地主了。

对于这个问题，毛泽东1930年进行寻乌调查时，就已经做了剖析。据毛泽东的调查，在江西寻乌县，大地主只占地主全数的1%，中地主占19%，小地主占80%。寻乌的小地主包含两部分。一部分是从所谓老税户传下来的，这部分人的来源多半是由大中地主的家产分拆，所谓“大份分小份”，即由大中地主分成许多小地主。这部分的人数在整个地主阶级中占32%。除上述老税户部分外，另有一个占地主全数48%的不小的阶层，那就是所谓“新发户子”。“这

---

①参见章有义：《中国近代农业史资料》第二辑，三联书店1957年版，第13—19页。

一个阶层的来历，与从老税户破落下来的阶层恰好相反，是由农民力作致富升上来的，或由小商业致富来的。他们的经济情形是一面自己耕种（雇长工帮助的很少，雇零工帮助的很多），一面又把那窎远的瘦瘠的土地租与别人种而自己收取租谷。他们看钱看得很大，吝啬是他们的特性，发财是他们的中心思想，终日劳动是他们的工作。他们的粮食年有剩余，并且有许多不是把谷子出卖，而是把谷子加工做成米子，自己挑了去大圩市，甚至去平远的八尺等处发卖，以期多赚几个铜钱。他们又放很恶的高利贷，……所有放高利贷，差不多全属这班新发户子。”①

这说明，农民与地主的身份并非固定不变的。地主如果破产，就有可能下降为贫农乃至雇农；即便祖辈是大中地主，但经过诸子继承家产分拆之后，大地主变成中地主，中地主变成小地主，小地主再分家就可能变成一般农民。普通农民也有可能由于“力作致富”或“由小商业致富”而上升为地主。小说《半夜鸡叫》中的周扒皮的原型周春富其实就是这种人。像周春富这样由农民上升为地主者，在中国农村并非个别现象。但一个农民一旦上升为地主，其本人可能仍过着勤俭的生活，但其必定将土地出租给农民以收取地租，而且主要生活来源是依靠剥削，其家中有劳动能力的人不再从事生产劳动，或者不从事主要劳动，其身份也就由普通劳动者演变成剥削阶级了。

当下有人认为，从生产力发展的角度看，土地集中在

---

①《毛泽东文集》第一卷，人民出版社1993年版，第197页。

地主手中，有利于集约经营和规模化生产，有利于农业生产效率的提高。因此，地主阶级不应该被打倒，旧的土地制度没有必要改变。

对于这个问题，毛泽东在《寻乌调查》中已做了解答。他在调查中发现："收租二百石以上的中等地主，收租五百石以上的大地主，他们对于生产的态度是完全坐视不理。他们既不亲自劳动，又不组织生产，完全以收租坐视为目的。固然每个大中地主家里都多少耕了一点田，但他们的目的不在生产方法的改良和生产力的增进，不是靠此发财，而是为了人畜粪草堆积起来了弃之可惜，再则使雇工不致闲起，便择了自己土地中的最肥沃者耕上十多二十石谷，耕四五十石谷的可以说没有。这种地主家中普通都是请一个工人，只有'万户'以上的大地主而又人丁单薄的方才请两个工人。为使工人不致'闲嬲'（'嬲'，当地读廖，'东走西走'或'玩下子'的意思），除开做杂事外，便要他耕点田。"①由此可见，这种以收租坐视为目的之地主，集中在他们手中的土地并非为了集约经营与规模生产，而是"以收租坐视为目的"，即将土地出租给他人耕种，否则就不成为地主了。至于说地主是种田能手，不能说完全没有种田能手出身的地主，但一个人成为地主之后，就不再从事生产劳动或不从事主要劳动而是剥削他人的劳动。

其实，关心土地改良和生产工具改进的不是地主而是富农。因为地主占有土地的目的，不是自己耕种，而是将

①《毛泽东文集》第一卷，人民出版社1993年版，第192页。

其出租给农民，然后收取一定数量的地租。既然土地已经租给他人耕种，他自然不必关心土地的经营状况，也不会关心土地改良与生产工具改进的情况，他所关心的是地租的收取。与地主将土地租给他人耕种不同，富农则是雇用长工或短工到自己的土地上进行劳作，如果土地得到了改良，生产工具得到了改进，生产效率得到了提高，土地的收益也就会相应增多，而他付给雇工的工钱是一定的，这就意味着富农的收入也会增多。从这个角度看，虽然地主与富农都集中了一部分土地在自己手中，而且都是通过占有他人的劳动进行剥削，但地主集中土地并非为了集约经营和规模化生产，所关心的仅是地租的收取而非农业生产的改进，客观上有利于农村生产力发展的不是地主而是富农。正因为如此，不论是1946年5月中共中央发出的《关于清算减租及土地问题的指示》(即五四指示)，还是1950年6月通过的《中华人民共和国土地改革法》，对于地主与富农都采取了区别对待的政策。从是否有利于生产力发展这个角度来看，在革命的过程中该不该将地主阶级打倒，答案似乎不难得出。

从阶级属性上讲，地主属于剥削阶级，是革命的对象。通过土地改革，地主赖以剥削他人的土地已被没收(同时也须留给一定数量的土地以利地主生存)分配给农民，被剥夺了土地的地主身份发生了变化，他们同样依靠自己的劳动获取生活来源，逐步向劳动者转化。因此，在土地改革完成、地主经过一段时间的改造之后，应给予其应有的公民权利。

对于这个问题，政策本来是明确的。1948 年 1 月 15 日，毛泽东在西北野战军前委扩大会议上的讲话中明确指出："我们对封建剥削要非常恨，但地主本人还是劳动力，经过改造过几年还有选举权。对地主要安置好，安置不好会出乱子，我们就不可能取得胜利。"①在这次会议上，任弼时更是具体提出："地主劳动五年、富农不剥削三年即可改变成分"，"因为他们的土地财产（富农的是征收其多余财产，不是全部财产）已经平分了，又有这许多年的劳动，是可以把人加以改造的"。② 当时，一些解放区也明文规定，地主在经过一定的年限之后可以改变其成分。1948 年 2 月 1 日，中共晋冀鲁豫中央局发出《关于土地改革整党与民主运动的指示》，其中提出："关于成分转化问题，地主在当地民主政权成立以前，已经转入劳动，或其他成分满一年者，或在当地民主政权成立以后，已经转入劳动或其他成分满五年者；旧富农在当地民主政权成立以前已经转变为其他成分满一年者，或在当地民主政权成立以后已经转变为其他成分满三年者，应依其转变后的情况，改变其成分。"③

1950 年 8 月 4 日，政务院第四十四次政务会议通过了《中央人民政府政务院关于划分农村阶级成分的决定》，其中规定：凡地主成分，在土地改革完成后，完全服从政府法令，努力从事劳动生产，或作其他经营，没有任何反动

①《毛泽东文集》第五卷，人民出版社 1996 年版，第 24 页。
②任弼时：《土地改革中的几个问题》，《人民日报》1948 年 3 月 28 日。
③《中共晋冀鲁豫中央局关于土地改革整党与民主运动的指示》，《人民日报》1948 年 2 月 29 日。

行为，连续五年以上者，经乡人民代表大会通过，县人民政府批准后，得按照其所从事之劳动或经营的性质，改变其地主成分为劳动者的成分或其他成分。其不努力从事劳动生产或作其他经营，或有任何反动行为，或有违抗人民政府法令行为者，则不在此例。老解放区的富农在土地改革完成后合于上述条件满三年者，亦得以同样的方式改变其成分。不合于上述条件者，则不得改变。①

1951 年 5 月 10 日，中共中央致电有土地改革任务的各中央局，提出“在土地改革业已完成、对地主的斗争已经相当彻底的地区，领导上应该说服农民主动地向那些表示服从的地主和缓一下，以便争取多数地主参加劳动，耕种自己所分得的土地，维持自己的生活。对于地主阶级中的知识分子或有其他技能，可能从事教书或其他职业者，应允许他们从事其他职业，或分配教书工作给他们。对于确实没有农业劳动力，而能做生意者，可以允许他们做生意”。“在他们从事农业劳动时，如有实际困难，亦应帮助他们解决，他们的底财，可以允许他们挖出来，投资生产，不再没收，他们以后生产所得，不论多少，均不再没收。”②在此之前，中共中央华北局提出：“新区富农，一律按人民待遇。老区富农，一般应经过群众同意恢复其公民权。地主中如有劳动积极、表现进步者，或已具备改变成分条件者，

①《中央人民政府政务院关于划分农村阶级成分的决定》，《人民日报》1950 年 8 月 21 日。

② 中共中央文献研究室、中央档案馆编：《建国以来刘少奇文稿》第二册，中央文献出版社 2005 年版，第 325—326 页。

经群众同意亦可恢复其公民权，并可吸收其中有代表性者参加各界代表会议，以利团结和生产。”①应当说，这些规定对于改造地主富农，促进社会的稳定和生产的发展都是有益的。

在1957年反右派运动之前，对地主富农的政策基本上是和缓的。1953年起，农村掀起了大规模的农业合作化运动，对于地主富农也规定在“本县和本乡的劳动农民已经有四分之三以上参加了合作社的时候，对于已经依照法律改变成分的过去的地主分子，和已经多年放弃剥削的富农分子，可以经过社员大会审查通过、县级人民委员会审查批准，个别地接受他们入社”②。到1956年，全国大多数地区的地主富农被批准加入农业合作社。据有关资料统计，老解放区原来的地主富农被评为正式社员的一般占50%左右，候补社员占40%左右，管制生产的占10%左右。新解放区原来的地主富农被评为正式社员的一般占20%左右，候补社员占60%左右，管制生产的占20%左右。③

遗憾的是，20世纪60年代初，由于中苏关系的破裂，毛泽东日益注重反修防修的问题，并且认为苏联党变修国家变色，是赫鲁晓夫不重视阶级斗争造成的，因此日益强调阶级斗争的重要，并且在1962年的中共八届十中全会上提出阶级斗争要“年年讲，月月讲”。从1963年起，又在全

---

①《中国的土地改革》编辑部、中国社会科学院经济研究所现代经济史组编：《中国土地改革史料选编》，国防大学出版社1988年版，第642页。

②《农业生产合作社示范章程草案》，《人民日报》1955年11月11日。

③参见冯建辉：《党对地主富农及其子女政策的变迁》，《炎黄春秋》2000年第12期。

国城乡开展以阶级斗争为主要内容的社会主义教育运动，即城市的“五反”和农村的“四清”。本来，农村“四清”的重点是解决一部分干部出现特殊化和腐败的问题，但当时却认为部分干部的腐化变质是阶级斗争的反映，是地主富农对这些干部的腐蚀拉拢造成的。1963年5月中共中央《关于目前农村工作中若干问题的决定(草案)》(即“前十条”)在强调必须高度重视阶级斗争问题时，列举了阶级斗争的诸种表现，如“被推翻的剥削阶级，地主富农，总是企图复辟，伺机反攻倒算，进行阶级报复，打击贫农、下中农”；“被推翻的地主富农分子，千方百计地腐蚀干部，篡夺领导权。有些社、队的领导权，实际上落在他们的手里。其他机关的有些环节，也有他们的代理人”等。[①] 因此，社会主义教育运动固然主要是为了解决基层干部存在的问题，但由于将地主富农当作部分干部腐化变质在下面的根子，于是在“追根子”的过程中，使一部分地主富农受到了冲击。有的地方还开展“民主革命补课”，补划了一些所谓“漏网的地主富农”。不过，相对而言，社会主义教育运动还是在局部进行的。进入“文化大革命”后，“以阶级斗争为纲”的观念进一步被强化，地主富农企图“变天”被严重夸大，为了防止阶级敌人“复辟”，地主富农成为专政即“革命”的对象，再度遭受打击与斗争，这就将阶级斗争进一步严重扩大化。地主富农固然曾剥削农民，但经过长时间的改造之

---

① 中共中央文献研究室编：《建国以来重要文献选编》第十六册，中央文献出版社1997年版，第315页。

后，他们中的大多数早已放弃了剥削，成为自食其力的劳动者，就应该具有基本的公民权利而不应再对其加以歧视。

中共十一届三中全会恢复了实事求是的思想路线，随后对社会关系进行重大调整。1979 年 1 月 11 日，中共中央做出《关于地主、富农分子摘帽问题和地、富子女成分问题的决定》，规定凡是多年来遵守政府法令、老实劳动、不做坏事的地主、富家分子，经过群众评审，县革命委员会批准，一律摘掉帽子，给予农村人民公社社员的待遇。地主、富农家庭出身的农村人民公社社员，他们本人的成分一律定为公社社员，享有同其他社员一样的待遇。从此，地主、富农成为一个历史概念。

三、旧中国土地占有情况

土地改革本身不能增加新的土地，只能是对现有土地进行再分配。所以，进行土地改革的前提，是农村的土地占有状况不合理，人口占少数的地主富农占有大量的土地，并通过出租土地或雇工耕种而剥削他人劳动，贫雇农却因土地不够甚至没有土地，只得租种他人的土地或出卖劳动力而受人剥削。如果说农村的土地并不集中，地主没有集中较大数量的土地，贫雇农也并非无自己的田可耕，自然没有必要进行一场几乎涉及农村全部人口的土地改革运动。

很长一段时间，在论证土地改革必要性时，基本上认为不到农村人口百分之十的地主富农占有百分之七十至八十的土地，而占人口百分之九十的雇农、贫农、中农，只占有百分之二十至三十的土地。

1947 年 12 月，中共中央在陕北米脂县的杨家沟召开扩大会议。此时各解放区的土地改革正在如火如荼地开展，毛泽东在其《目前形势和我们的任务》的报告中，用了很长的篇幅谈及土地改革问题，并且指出：“地主富农在乡村人口中所占的比例，虽然各地有多有少，但按一般情况来说，大约只占百分之八左右(以户为单位计算)，而他们占有的土地，按照一般情况，则达全部土地的百分之七十至八十。”①对于这个比例数，毛泽东早在 1930 年所作的《兴国调查》中已经得出，他当时了解到的情况是，兴国第十区即永丰区土地的分配情况是地主 40%，公堂 10%，富农 30%，中农 15%，贫农 5%，而其中的公堂土地又实际掌握在地主富农手中；而该区的人口成分，地主占 1%，富农占 5%，中农、贫农、雇农、手工工人、小商人、游民共占 94%，故而得出结论：“真正的剥削阶级(地主富农)，人数不过百分之六，他们的土地却占百分之八十，公堂土地又许多在富农掌握中，若不平分富农的土地，多数人土地不足的问题便难解决。”②

1950 年 6 月，中共中央决定在新解放区开展土地改革，中央人民政府为此制定了《中华人民共和国土地改革法》。刘少奇在中央人民政府会议上就这部法律的内容做说明时

---

①《毛泽东选集》第四卷，人民出版社 1991 年版，第 1251 页。

②《毛泽东农村调查文集》，人民出版社 1982 年版，第 199—200 页。

指出："就旧中国一般的土地情况来说，大体是这样：即占乡村人口不到百分之十的地主和富农，占有约百分之七十至八十的土地，他们借此残酷地剥削农民。而占乡村人口百分之九十的贫农、雇农、中农及其他人民，却总共只占有约百分之二十至三十的土地，他们终年劳动，不得温饱。这种情形，经过了最近十余年来的抗战和人民解放战争之后，是有了一些变动，除开已经实行了土地改革的地区不说外，有一些地区的土地是更加集中在地主的手中，例如四川及其他地区，地主占有土地约占百分之七十至八十。而在另外一些地区，例如长江中游和下游地区，土地占有情况则是有一些分散的。根据我们最近在华东及中南一些乡村的调查材料来看，一般的情况大体是这样：地主占有土地及公地约占百分之三十至五十，富农占有土地约占百分之十至十五，中农、贫农、雇农占有土地约占百分之三十至四十，小土地出租者占有土地约占百分之三至五。乡村中全部出租土地约占百分之六十至七十。富农出租土地约占百分之三至五，富农自耕土地约占百分之十。这就是说，乡村中百分之九十的土地是中农、贫农及一部分雇农耕种的，但他们只对一部分土地有所有权，对大部分土地则没有所有权。"①

那么，当年地主富农占有的土地是否果真那么集中？实际上，对于农村土地的占有情况，早在20世纪20年代和30年代，就有机构和学者进行过调查，当然结果不完全

①刘少奇：《关于土地改革问题的报告》，《人民日报》1950年6月30日。

相同。

据国民党农民部土地委员会1927年6月发布的对全国土地占有概况的估计，当时占人口总数的6.3%的地主，占有土地总数的62%；占人口总数8.1%的富农，占土地总数的19.44%；占人口总数10.8%的中农，占土地总数的13.26%；占人口总数55%的贫农、雇农等其他劳动人民，只占有土地总数的6.16%。按照这个统计，全国地主富农占人口总数的14.4%，占有的土地为81.44%。[①] 这大概是地主富农占有80%的土地之说的最初来源。

根据陈翰笙20世纪30年代初组织的调查，河北定县，自耕农占70%，佃农仅占5%，然而经过调查的14617农家之中，有70%的农家占有耕地不到全数的30%。其中无地可耕的农户占11.8%；全家土地25亩以下者占59.7%，每家平均数10.9亩；25亩以上50亩以下者占18.3%，每家平均数32.8亩；50亩以上100亩以下者占7.9%，每家平均数68.6亩；100亩以上300亩以下者占2.1%，每家平均数153.5亩；300亩及以上者只占农村户数的0.2%，每家平均数469.1亩。保定调查的10个村1565户农家中，65%的农家不是无地可耕就是耕地不足，其中地主富农占农户总数的11.7%，占有41.3%的土地，而88.3%的中农、贫农及雇农只占有58.7%的土地。在江南，土地集中的情况也很严重。无锡的地主仅占农村户口的6%以下，却占耕地47%，占户口69%的贫农和雇农，占有的土地仅为14.2%。

①《第一次国内革命战争时期的农民运动资料》，人民出版社1983年版，第4页。

在浙江临安县，贫农占人口的48%，所有耕地仅占13%。而在中原的河南南阳县，有65%的人口都是贫农，他们所有的耕地，仅占全部农地的五分之一。广东占74%的贫农，占有耕地不及五分之一，同时2%的人家，却占有耕地二分之一以上。[①]

此后，钱俊瑞、薛暮桥等人也相继对全国的土地占有情况做过调查与分析。1934年钱俊瑞以陶直夫的笔名发表《中国现阶段的土地问题》一文，估计全国有耕地为14亿亩，全国耕地有直接所有权耕作关系的户数为6000万户(甚至连拥有亩产的氏族，寺庙，公共团体也都当作户计)，其中地主240万户，占全国总户数的4%，占有土地7亿亩，占全国土地的50%；富农260万户，占户数的6%，占有2.52亿亩，占全国土地的18%；中农1200万户，占户数的20%，占有土地2.1亿亩，占全国土地的15%；贫农及其他阶层4200万户，占户数的70%，占有土地2.38亿亩，占全国土地的17%。地主富农占全国总户数的10%，占全国土地的68%。[②]

1935年，薛暮桥根据国民政府农村复兴委员会等机关1933年对广东、广西、浙江、江苏、河南、陕西6省的调查，对各类农户占有土地的情况做了推算，结论是地主占全国总户数的3.5%，土地的45.8%；富农占总户数的6.4%，土地的18%，二者合起来人口占约10%，土地占

①《陈翰笙集》，中国社会科学出版社2002年版，第37—41页。

②《钱俊瑞选集》，山西人民出版社1986年版，第225页。

63.8%。中农占总人口的19.6%，占土地的17.8%；贫农及雇农占总人口的70.5%，占土地的18.4%。中农及以下各阶层占总人口的90.1%，而只占有土地的36.2%。[①]

新中国成立后，为启动新解放地区的土地改革，华东、中南、西南及西北等有土改任务的各大区，均组织了大规模的农村土地情况调查。据中南土改委员会的调查，中南地区的土地占有可分为三种情况，一是土地最分散的地区。根据湖北沔阳县小河口村，武昌县黄土坡村、石山村，河南宝丰县官营村、洛阳孙村，江西高安10个乡、弋阳县复兴乡等21个村的调查，地主占人口的3%，占有全部土地的15%(包括学田、族田、会社田等公田)；富农占人口的5%，占土地的15%；中农以下阶层约占人口的92%，占有土地的60%。二是土地集中程度一般的地区。根据湖北汉阳三区第一行政村、黄陂县石桥村，河南洛阳冢头村，江西宜春新坊村，湖南沅陵信平乡，广东龙川水背村等25个村的调查，地主占人口的3%强，占土地的30%(包括公田)；富农占人口的5%至6%，占土地的15%；中农以下阶层占人口的90%以上，占有土地的50%。三是土地集中地区。根据湖北黄陂新义村，河南潢川罗弯地村，江西南昌一个村，湖南湘阴县和丰乡等23个村的调查，地主占人口的3%至4%，占土地的50%(包括公田)，最多的达到90%(包括公田)；富农占人口的5%，占土地的15%以上；中农以下阶层占人口的90%以上，占土地的20%—30%。在中

① 薛暮桥：《旧中国农村经济》，农业出版社1980年版，第19页。

南各省中，湖南、广东两省的土地集中程度最大，其土地集中地区约占全省农村人口的70%至80%；次为湖北省，土地集中地区约占全省人口的40%；江西、河南两省的土地则比较分散。[①] 根据这个调查，在土地最集中的中南地区，地主富农占人口的8%，占土地的70%至80%，而在土地最分散的地区，地主富农的人口亦占有8%左右，而占有的土地为30%。

又据华东区的统计，全华东地区共有地主485428户，占总户数的3.07%，人口2612643人，占总人口的4%，共有土地37265955.29亩，占有土地的26.17%，平均每人占有土地14.26亩。半地主式的富农50924户，占总户数的0.32%，人口271102人，占总人口的0.41%，共有土地1952643.21亩，占土地总数的1.37%，人均占有土地7.20亩。富农306061户，占总户数的1.94%，人口1794629人，占总人口的2.75%，共有土地8321251.86亩，占土地总数的8.84%，人均占有土地4.64亩。地主富农占总户数的5.33%，总人口的7.16%，占土地的36.38%，人均土地10.73亩。中农、贫农、雇农共有13572677户，占总户数的85.83%，人口55734914人，占总人口的85.3%，共有土地74263893.01亩，占土地总数的52.15%，其中中农人均占有土地2.01亩，贫农人均占有土地0.86亩，雇农人均占有土地0.34亩。其余的土地分别为工商业者、小土地出租、手工业工人占有，或为公田。华东地区的公田占全部

① 张根生：《从中南区农村情况看土地改革法》，《人民日报》1950年9月6日。

土地的10.32%。[1]

情况比较特殊的是陕西关中地区。这里“农村土地不很集中，地主占农村户口不到百分之一，加上富农共占百分之六左右，共占土地百分之二十左右；中农占户口百分之四十到五十，占土地百分之五十到六十”[2]。

由此可见，虽然当时中共领导人在其报告中做了不到10%的地主富农占有80%的土地，占90%人口的中农及以下社会阶层只占有20%的土地的估计，但通过各地的具体调查，除了少数土地特别集中的地区地主占有土地的70%至80%外，大多数地区地主富农占有的人口少于10%，占有的土地在30%至50%之间。

从20世纪80年代后期开始，有学者对地主富农占有80%的土地提出疑问，认为抗战以前全国土地分配的基本轮廓为：无地户约占农村总户数的30%至40%，有地户中地主富农占有土地的50%至60%，中贫农占40%至50%。稳妥一点说，地主富农占地60%左右，中贫农占40%左右。[3]

此后，陆续有学者就此发表自己的意见。有研究者提出，中国地域广阔，情况复杂，但就多数地区看，约占人口总数10%的地主、富农，占有土地总数的50%至52%左右，约占人口总数90%的劳动人民，占有土地总数的48%

---

①中国社会科学院、中央档案馆：《1949—1952中华人民共和国经济档案资料选编》（农业经济体制卷），社会科学出版社1992年版，第10页。

②《关中新区工作的检讨和当前任务——习仲勋同志在关中新区地书联席会上的总结报告》，《人民日报》1949年8月30日。

③章有义：《本世纪二三十年代我国地权分配再估计》，《中国社会经济史》1988年第2期。

至50%左右，在新中国成立前几十年间，各地区地权变化的情况很复杂，但总的来说，地权是越来越分散，并非越来越集中。[①]

亦有研究者指出，就全局看土地分配大体有两种不同情况：第一类是土地不太集中区，地主、富农占农户总数的6%至10%，占有耕地28%至50%。第二种情况是土地高度集中区，占农户9%的地主富农，占有65%的土地。但是，这种土地高度集中区包括的范围很小，户数甚少，没有代表性，不能反映全国问题。从全局看，旧中国之地主、富农只占全国28%到50%的耕地，他们从来没占有60%以上之耕地，但个别县、乡是例外。[②]

还有学者通过对20世纪30年代以来的中国农村调查统计资料进行分析，提出地主占有土地的比例多在30%至40%间(简单平均是36%)，而且其中还包括了族田、学田等公田，因而60%以上的土地是掌握在自耕农的手中。在某些地区(主要是在北方)，地主占有土地的比重还不到30%。鉴于地主实际取得的地租只占与佃农约定租额的七八成左右；同时，由于地租额并不像通常所说占有产量的50%，而只有40%左右，实际地租率则只有单位面积产量的30%左右。地主所得仅为农业总产出的12%或更低些，那么农业无疑就是一个“低效益”或“低质行业”；购买土地也不一定是为了“盈利”或赚取“高额地租”，在一些地方，

---

①郭德宏：《旧中国土地占有状况及发展趋势》，《中国社会科学》1989年第4期。
②乌廷玉：《旧中国地主富农占有多少土地》，《史学集刊》1998年第1期。

甚至不过是一种“保值”的手段。[①]

有研究者通过对1920年至1940年代东南地区的土地占有情况进行研究，发现该地区占人口7%左右的地主、富农占地达30%—40%，而占人口一半左右的贫苦农民仅占土地的20%左右。地主与贫农占地比普遍在10倍以上，相当多的农民拥有的土地无法维持自身的生存。而由于这一地区复杂的地权结构，尤其是公田的大量存在，一半左右的农民为维持生存不得不和地主、富农及公堂土地发生租佃关系，承受着40%—50%的租佃负担。[②]

有研究者利用关中地区的土地改革资料对20世纪40年代后期关中农村经济社会进行研究，提出封建社会的“关中模式”，认为清初至民国的较长时期内关中地区的经济社会状况和土改前一致，即“关中无地主”“关中无租佃”“关中有封建”[③]。还有研究者认为，20世纪30、40年代的一些乡村调查，特别是陈翰笙所领导的中央研究院社会科学研究所的无锡调查，总是强调土地占有的集中化与土地使用的分散化同时并存，以此说明当时土地制度的不合理。由于土地占有集中与分散的标准不一或研究方法不同，所得结论也不同。但无论如何，对于农地经营规模的细小化，时人一般是认可的。1933年春，中国农村经济研究会在中央

---

①高王凌：《租佃关系新论——地主、农民和地租》，上海书店出版社2005年版，第179页。

②黄道炫：《1920—1940年代中国东南地区的土地占有——兼谈地主、农民与土地革命》，《历史研究》2005年第1期。

③秦晖、金雁：《田园诗与猜想曲——“关中模式”与前近代社会的再认识》，语文出版社2010年版。

研究院社会科学研究所无锡 11 个村调查的基础上，又进一步对孙巷、庄前、大鸿桥、北靡、庙庵、谈家 6 个村的农业经营进行了调查，事后对 3 个村的材料进行了分析，发现“全部使用土地有 80%左右属于中农、贫农，他们每户平均使用土地不到 10 亩；另一方面，地主富农使用土地只占 20%，而且他们每户平均使用土地也还不到 20 亩”。因此，“所谓的地主富农家庭土地经营面积也十分狭小，已经说明土地占有的集中化是不存在的”。①

土地的占有关系是一个复杂的问题。有的地区土地集中的程度高，有的地区土地则相对分散。对于这个问题，不论是 20 世纪 30 年代学者们的调查，还是 50 年代初各地为配合土地改革而进行的调查，均有材料说明。特别是具体到某一个局部地区，有的村庄或许一户地主也没有，而有的村庄可能集中了一批地主。

实际上，地主富农所占有的土地远远多于中农，更不用说贫农，恐怕是一个历史事实。地主富农占有 30%至 40%的土地，是多数学者认可的数字，考虑到地主富农所占的人口一般在 10%以内，仅此简单推算，地主富农的土地也是三四倍于普通农民。问题在于中农及以下各阶层占有的人口达 90%，而且并非这 90%的人口占有地主富农之外的 60%—70%的农村土地，如果除掉其中 10%左右的公田和城镇工商业者在农村占有的土地，中农及以下各阶层占有的土地可能在 50%至 60%之间。而在中农、贫农和雇农

① 张佩国：《近代江南的农家生计与家庭再生产》，《中国农史》2002 年第 3 期。

三者间，据华东地区的统计，中农占全部农村人口的36.4%，占全部土地的33.65%；贫农占全部人口的45.71%，全部土地的18.01%；雇农占全部人口的3.19%，全部土地的0.49%。也就是说，占全部人口近50%的贫雇农，所占有的土地不到20%。如此推算，地主富农占有的土地应10倍于贫雇农。所以，即使地主富农占有的土地根本没有达到以往所说的80%而是减半，中国农村的土地占有状态仍不能说是合理的。正如有学者所指出的："在土地分配存在着相当不平衡的情况下，作为基本的生存要素，拥有更多的可以自主的土地是农民衷心的期盼。所以，当土地革命广泛开展后，没收地主土地在农民中平分，对农民具有极大的吸引力。"①

农民除了占有的土地远远少于地主富农之外，其他生产资料亦严重不足，如没有耕畜或者畜力很少，造成生产效率的低下。而且农民的生产资金普遍短缺，常常需要借贷才能解决生产、生活中遇到的困难，当年农村的借贷又往往是高利贷形式，使得许多农民背上沉重的债务负担。经济地位决定社会地位。农民特别是贫雇农由于土地不足，收入有限，一年辛苦劳作勉强维持温饱，遭到天灾人祸时日子则更加艰难。他们的这种经济地位决定了他们生活在乡村社会的底层，基本处于没有话语权的状态。但是，每个生活在社会底层的人都渴望改变自己的经济地位，都希

① 黄道炫：《1920—1940年代中国东南地区的土地占有——兼谈地主、农民与土地革命》，《历史研究》2005年第1期。

望获得社会地位的平等和应有的尊严，即在乡村社会有自己的“话语权”。中共最初的成员主要是知识分子，他们果断地脱下自己的长衫，深入农村组织动员农民。对于当时的中国农民来说，他们不但希望得到土地，也盼望得到平等与尊严，中共的工作就是告诉他们，只要他们与自己一起革命，就能够得到这些盼望已久的东西，以农民为主体的中国革命也就由此发生。

四、土地改革的意义

土地改革最主要的目的是解放农村生产力，为国家工业化扫清道路。只有消灭了封建土地制度，才能实现国家的工业化，这个历史过程对世界各国皆然。当然，封建土地制度的改变方式可以多种多样，既可以用革命的暴力的方式，也可以用和平的改良的方式。如果从给社会带来的震荡而言，后者的影响肯定要小于前者。

中国大陆之所以用革命的方式完成土地制度的变革，很大程度上与国共内战有关。五四指示制定之时，解决农民土地问题的方式主要是清算、动员地主献田和由政府征购地主的土地，其中的清算虽然也有斗争的成分，但这几种方式总体上讲还是和平土改。当时的考虑也是国共内战还没有全面爆发，国共之间的谈判还在进行，中共方面对和平还抱有希望，故而没有采取土地革命时期那种直接没收地主土地的政策，还有一条重要的原因就是不愿因土改而过分刺激国民党政府。1946 年 10 月国民党军队占领晋察冀解放区的首府张家口，随后又不顾中共与民盟的反对宣布将召开所谓的“国民大会”。1946 年 11 月中旬，周恩来率中共代表团从南京返回延安，历时一年多的国共谈判彻底破裂，在土改问题上也就不再存在刺激国民党政府的问题，所以土改的方式也就由清算等形式转变为直接没收地主的土地。

一个不能回避的问题是，土改的目的是解放生产力，可是老区土改之后有的地方生产并没有马上发展，甚至有的地方还有所下降，对于这个现象如何解释？有研究者认为：“由于政策不明确、指导思想不对头、组织引导不当以及流氓分子的煽动等等原因，一些地方在土地改革中发生了破坏工商业、破坏生产设施等过火现象。由于对地主、富农特别是富农打击过重，造成了中农的恐慌，也曾使一些中农乱宰杀牲畜，毁坏生产工具。至于地主、富农由于抗拒或报复，有意地进行破坏，那更是必然发生的现象。所有这些对生产力的直接破坏和损害，不能不影响生产力的发展。”①这个分析是有道理的。

不但如此，由于土地改革运动延续的时间过长（从五四指示发布到 1948 年上半年结束，大体两年时间），运动的过程过多（经过清算、复查、平分土地、纠“左”到最后确定地权），结果农民把许多本应用于生产的时间与精力放到参加运动上。发动群众参加运动是必要的，但运动的目的是

---

①郭德宏：《土地改革史若干问题论纲》，《近代史研究》1987 年第 3 期。

开展土地改革，而土地改革的目的最终是解放和发展生产力，所以不能把运动本身当作目的，如果运动的时间过长、耗费的人力物力过多，必定会影响生产生活。而且由于当时土地改革运动始终在进行当中，地权没有确定，农民对于土地没有归属感，也不愿在已分得的土地上有较大的投入。由于“左”倾错误的影响，一些地方对地主富农实际上没有区别对待，将富农的土地财产也没收了，甚至将中农“长余”的土地也拿了过来，这就不能不影响富农及中农的生产，而这两个阶层在农业生产中有着极其重要的地位。

另外，由于1947年全国土地会议通过的《中国土地法大纲》决定：乡村中一切地主的土地及公地，由乡村农会接收，连同乡村中其他一切土地，按乡村全部人口，不分男女老幼，统一平均分配；地主及其家庭，分给与农民同样的土地及财产。这样，乡村一些原来不从事或者较少从事农业生产的地主、手工业者以及少量的无业游民，也分得了同等数量的土地，他们中的有些人并没有多少农业生产的经验与能力，他们经营土地的产出自然会低于原租种地主土地的贫雇农。

还应看到，解放区进行土地改革时，正是国共内战最激烈的两年，解放战争经历了由战略防御到战略反攻的转变，与此相伴随的是解放区承担着极其繁重的战争勤务，大量的青壮年劳动力除被动员参军之外，还被作为支前民工直接开赴前线，这就意味着从事农业生产的劳动力大为减少，从而影响农业生产的发展。所以，土改之后，有的地区农业生产短期内没有大的发展，甚至还有下降，是由许多原因造成的。

中国半殖民地半封建社会的特殊的国情，决定了中国共产党进行的革命，不能以城市暴动的方式一举取得政权，而只能在农村积聚革命力量，走农村包围城市的道路。因此，自 1927 年国共合作破裂，确立武装反抗国民党反动统治的总方针后，中共长期在农村开展武装斗争，农村成为中国革命的主要区域。

既然革命的重心在农村，革命的参加者自然主要是农民。能否有效地组织动员农民参加革命，成为革命成功的先决条件。虽然那是一个产生革命激情的年代，也是一个产生革命理想主义者的年代，对于革命的组织者、发动者而言，革命是为了实现自己崇高的理想，他们中的许多人可以为了自己心目中的理想而献出一切。然而，长期劳作于偏僻农村的农民，则不可能有革命组织者那种崇高的理想和坚定的信念，更不会有天然的革命自觉性。中国农民在通常情况下总是惯于忍受，历史上农民揭竿而起的事例虽然屡有发生，但这种情况往往出现于农民走投无路之时。以蒋介石为首的南京国民政府建立后，农民的处境没有丝毫的改善，但客观而言，农村的现状也并未因南京国民政府的建立而迅速恶化。于是一个重大的问题摆在革命的组织者和领导者面前：怎样才能动员农民参加革命？

农民能否参加革命，启发他们的阶级觉悟固然重要，但农民考虑更多且更直接的，则是参加革命能否带来实际的利益。如果革命带来的只有危险与牺牲，而不能改善其经济条件与政治地位，农民是不可能投身革命的。同时，革命的目的虽然是解放生产力并最终发展生产力，但革命本身是对现存社会制度的冲击与摧毁，因而在革命的进程中可能会造成对生产力的破坏。也就是说，革命本身不能促进生产，发展经济，增加社会财富。革命的组织者和领导者，所拥有的仅是革命的勇气、胆识和信念，而除此之外别无长物，要让农民从革命中得到物质利益和政治权益，就只能对现有的社会经济资源和政治资源进行再分配。唯一可行的办法，就是把地主阶级的土地和其他财产，没收之后分配给农民，同时打破旧有的农村社会秩序，剥夺地主阶级(乡绅)原来在农村的社会控制权，让参加革命的农民分享对乡村社会的领导权力。

对于这个问题，1930 年毛泽东进行兴国调查时就发现，中农和贫农之所以参加革命很勇敢，就中农而言，这个阶层在土地革命中是得利的：平分土地后他们的土地不但不受损失，而且多数还分进了部分土地；过去娶亲要花很多钱，几乎等于中农的全部财产，土地革命后，婚姻自由，娶亲不要钱；过去办丧事要花很多钱，有些中农由此负债破产，土地革命后破除了迷信，这个钱也不用花了；土地革命后地主和富农的部分权力被取缔，中农不再向他们送情送礼了，也可节省一项费用。更重要的是，“过去，中农在地主富农统治之下，没有话事权，事事听人家处置；现在却和贫雇农一起有了话事权”。贫农在土地革命中则是得利最大的阶层，因为他们分了田(这是根本利益)，分了山，革命初起时，分了地主及反革命富农的谷子，物价便宜了能吃便宜米，废除了买卖婚姻可以娶到老婆，最根本的是

“取得了政权”，成为“农村政权的主干”和“农村中的指导阶级”。[①] 可见，农民为什么拥护革命，是因为革命给他们带来了物质利益和政治权力。所以 1927 年至 1936 年的国共内战中，土地关系的变动就成了中共动员农民参加革命的最有效方式，而这段历史也就被称为土地革命战争。

进入抗日战争时期，中共的土地政策发生了重大改变，由十年内战时期没收地主土地的政策转变为减租减息政策。因为抗日战争是一场民族战争，需要动员全民族抗日，即使地主，只要他不愿当亡国奴，有抗日要求，也要团结争取他参加抗日民族统一战线，使其为抗战出力。这样一来就出现了一个难题：要农民抗日，必须给农民物质利益；要地主抗日，不能再沿用过去没收地主土地的政策。于是，中共提出了减租减息的政策。土地还是地主的，但要减轻农民的负担。这样，地主的根本利益没有受到损害，农民也从减租减息中得到了实际的好处，因为减轻了负担，并且地主不得随意退佃。

1945 年 8 月抗战胜利后，虽然全国人民热切地盼望和平，不希望再发生战争，但国共两党的领导人都清楚，战争是不可避免的。自抗战进入相持阶段后，国共之间已是磨擦不断，有时甚至快到了重新内战的边缘。经过全民族抗战，国共两党的力量其实都得到了发展。虽然人民希望和平，中共也为和平付出了巨大的努力，但无奈醉心于专制独裁的蒋介石一心要用战争的方式解决共产党问题，因

---

①《毛泽东农村调查文集》，人民出版社 1982 年版，第 217、221 页。

而抗战一胜利，内战的硝烟便再起。到了 1946 年春夏之际，形势已经基本明朗了，中共也只得在力争和平的同时加紧做应对全面内战的准备。在经过长期的战争之后，如何动员解放区农民继续参军参战，成为中共领导人不得不考虑的首要问题。而抗战期间在土地问题上实行的减租减息这种地主与农民都能接受的政策，显然不能再维持下去了，因为租息其实已没有可再减的空间，农民的要求是从地主手中得到土地。1946 年 5 月发布的五四指示，虽然名义上还是利用减租减息做文章，但其目的是实现“耕者有其田”，变革土地关系。

在全面内战即将爆发之际，土地改革的启动，就显示出了特别重大的意义。一方面，它满足了农民的土地要求，使他们深切地感到，只有中国共产党，才能使他们真正成为土地的主人，从而坚定了他们跟共产党走的决心。另一方面，广大农民亦明白，要保卫自己刚刚获得的土地，保卫胜利果实，仅仅推翻了本村的地主还不够，还要打倒地主阶级的总后台蒋介石。对于当时解放区的普通农民来说，他们对于国民党与蒋介石的印象是相对抽象的。那么，怎样将抽象的蒋介石变成具体的蒋介石，除了广泛宣传战争的自卫性质外，还通过土地改革运动使农民认识到，其实他们身边的地主及其爪牙，就是南京的蒋介石在本村本乡的代理人，就是一个个小蒋介石。不彻底打倒南京的蒋介石，村里的小蒋介石就会组织“还乡团”进行反攻倒算。而要打倒蒋介石，就必须武装起来保卫解放区，大家都去参军参战，打败来犯的国民党军队。因此，伴随着土地改革运动的深入，各解放区掀起了参军参战的热潮。

不可否认，在中共领导的解放区，由于卓有成效的宣传鼓动工作，农民有着较高的政治觉悟，但是，国内战争毕竟不同于反侵略战争，已经不能再用民族战争为旗帜动员农民。要使解放区农民参军参战，就必须揭示这场战争的必要性和正义性，必须使他们明了这场战争的胜败，不仅关系到共产党的成败，而且与他们自身的利益密切相关。要让农民参加战争必须给其以看得见的物质利益，中国共产党除了土地关系的重新调整和社会财富的重新分配，并无其他资源可供利用，于是，进行土地改革就显得尤为必要。这次国共内战，以国民党的彻底失败而告结束，其结果，国民党失去了在大陆的统治，中共赢得了全国执政地位。其中，当然有诸多的原因，但最重要的还在于通过土地改革，使解放区的亿万农民成为中共的坚定支持者。

土地改革还实现了中共基层组织与农村基层政权的有机融合，使党的基层组织植根于中国社会的最底层。自古以来，中国的国家权力基本上只延伸到县一级单位，即“皇权不下县”，至于县以下的广大农村并无政权组织。南京国民党政府建立后，国民党曾大力推行保甲制度，并以此为依托，开始了对中国基层政权的建设，企图使国家权力下移至乡村。但国民党在这方面的努力并不成功，“即使从国民党的角度出发，保甲制的实行也是完全的败笔”。“从实行的效果看，只是将国家政权在形式上延伸到了每家每户，但实际上则是将原来土豪劣绅地方势力的恶行合法化，并且背在了国家政权的身上。”[①]至于国民党组织自身，虽然在抗战期间“党机器的组织触角延伸到了县以下乡村基层社会，其组织扩张和渗透能力达到了它建党和执政以来的鼎盛。然而，由于国民党党机器长期以来所积淀的组织功能障碍和内在积弊并没有得到很好的疏理和清除，战时党组织在量上的膨胀和扩张，不仅没有展示出党力的强健和壮大，相反组织的涣散随着组织的扩充而同步增长”[②]。这就意味着国民党不论党的组织还是其控制的政权组织，其实都没有在广大乡村生下根来，对中国社会的控制基本上止于县一级，其社会动员能力在乡村甚为微弱，以至于征兵都不得不用抓壮丁这种拙劣而极易引起民怨的办法。

中国共产党自从建立农村根据地之后，就十分重视根据地基层政权建设。早在十年内战时期，就曾规定县以下设区、乡、村工农兵代表大会(即苏维埃)，分别为区、乡、村最高权力机关。抗日战争和解放战争时期，各解放区在县以下也普遍设立区、村政府。与此同时，在区(乡)、村各级亦相应地建立党的组织，但在土地改革运动前，村一级的党组织和党员身份基本不公开，普通民众虽然知道村中有党的组织，但往往不清楚村中究竟何人是党员，党员和党组织只在暗中发挥作用。各解放区在进行土地改革的同时，还开展了对原来乡村政权的改造。1947 年在土改复查和平分土地的过程中，曾一度建立以贫农团为核心的农

① 张鸣：《乡村社会权力和文化结构的变迁(1903—1953)》，陕西人民出版社 2008 年版，第 112 页。

② 王奇生：《战时国民党党员与基层党组织》，《抗日战争研究》2003 年第 4 期。

会，取代了原村一级基层政权班底，并对原来的乡村干部用“搬石头”的方式进行整肃，这自然扩大了打击面。中共中央很快意识到“搬石头”的严重后果，发现将原有的干部当作阻挠土改的“石头”全部搬掉并不妥当，于是立即进行了纠偏，在老区和半老区将贫农团改组为贫雇农小组，建立县以下各级农民(或人民)代表会作为土地改革运动的领导机关，然后在此基础上实行普选，成立乡村人民代表会议或代表大会，并改选乡村政府。同时，在土地改革运动的后期决定结合土改开展整党，并将原来长期处于秘密状态的党组织和党员身份公开。这样，党支部不再隐于乡村政治活动的幕后，而是直接活跃于前台，形成了基层政权组织和基层党的组织并行的乡村权力运行机制。随着党组织的公开，党支部逐渐取代村政府在乡村的权威。这种体制的出现，大大强化了中共对乡村社会的领导能力。

土地改革运动不只是农村以土地为核心的社会财富的重新分配，同时也是在变动土地所有关系的过程中进行各种社会资源的再分配，是一次前所未有的乡村社会改造。近代以来，中国农村的领导权控制在乡绅阶层手中。乡绅阶层“主要由科举及第未仕或落第士子、当地较有文化的中小地主、退休回乡或长期赋闲居乡养病的中小官吏、宗族元老等一批在乡村社会有影响的人物构成”①。普通的农民特别是其中的贫雇农，除了整日考虑自己的温饱生计，在乡村社会基本上没有地位，也没有话语权，这些人占了农

①沈葵：《近代中国乡绅阶层及其社会地位》，《光明日报》2001年11月13日。

村的大多数。随着土地改革的进行，原有的乡绅阶层多被划为地主阶级，变成了要被打倒的目标，而一向生活于农村社会底层的贫雇农，组织了贫农团，一时成为乡村社会的主宰。土地改革运动用革命的形式，释放了农民对地主的阶级仇恨，使他们产生了改天换地的感觉。

曾亲历过解放区土改的美国友人韩丁在他的《翻身——中国一个村庄的革命纪实》一书的扉页中，曾写了这样一段话："每一次革命都创造了一些新的词汇。中国革命创造了一整套新的词汇，其中一个重要的词就是'翻身'。它的字面意思是'躺着翻过身来'。对于中国几亿无地和少地的农民来说，这意味着站起来，打碎地主的枷锁，获得土地、牲畜、农具、房屋。但它的意义远不只如此。它还意味着破除迷信，学习科学；意味着扫除文盲，读书识字；意味着不再把妇女视为男人的财产，而建立男女平等关系；意味着废除委派村吏，代之以选举的乡村政权机构。总之，它意味着进入一个新世界。"

自然，"翻身""解放"这样的词汇，并不是农民的创造，但农民很快接受和认同了土改等于"翻身""解放"的阐释，并将其变成内心的认知与感受。各解放区在组织、发动这场运动之初，就将土改赋予了"解放""翻身"的含义，一些地方的土改工作队被称为"翻身队"，土改运动又被称为"翻身运动"，随后进行的土改复查则被称为"翻身大检查"。土改等同于"翻身""解放"的话语阐释，是土改运动能够成功发动、广大农民踊跃参加的重要原因。农民们清楚，他们的翻身与解放，固然离不开自己起来同地主阶级斗争，而他们之所以有能力、有权力进行这种斗争，则是因为背后有中国共产党这个强大的支持者。于是，农民也就很自然地将“翻身”“解放”同党联系起来，认为这一切都是党带来的，必须听党的话，跟着党走。正是这种认识的产生，使中国共产党获得了农民对自己执政地位的充分认同。从这个意义上讲，土地改革运动获得了巨大成功。

土地政策的转换与五四指示

全民族抗战时期，中共的土地政策由土地革命战争时期的“打土豪、分田地”转变为减租减息，以适应建立和巩固抗日民族统一战线的需要。尽管减租减息使农村的土地关系发生了很大变化，但在全面内战有可能爆发的情况下，如何给解放区农民带来新的物质利益，使之积极支持和参加战争，成了中共的当务之急。为此，中共中央决定对土地政策做重大调整，于 1946 年 5 月 4 日出台《关于清算减租及土地问题的指示》(即五四指示)，明确提出要实现“耕者有其田”。

一、减租减息政策评估

十年内战时期，没收地主土地分配给无地少地的农民，是中国共产党最重要的经济政策，当时开展革命最响亮的口号是“打土豪、分田地”，所以这个历史阶段又叫土地革命战争时期。进入全民族抗战时期后，中共政策上最大的改变，就是提出建立广泛的抗日民族统一战线，以团结包括地主在内的全国各阶级、各阶层的人们共同抗日。在这种情况下，十年内战时期没收地主土地的政策显然不能再延续下去。

1937 年 2 月，在《中共中央给国民党三中全会电》中，就明确提出停止没收地主土地的政策。但是，随着全民族抗战局面形成，红军将改编为国民革命军开赴抗日前线，这就面临一个如何改善农民生活以调动农民抗日积极性的问题。为此，中共中央提出在全民族抗战时期实行减租减息政策，并列入了 1937 年 8 月在洛川召开的扩大的政治局会议通过的《抗日救国十大纲领》之中。从此，减租减息就成为中共在全民族抗战时期主要的农村政策。

全民族抗战初期，各抗日民主根据地刚刚建立，工作重点尚放在抗战的发动与战勤动员，同时改造旧政权上，对于农民负担的减轻，主要通过反对贪污，废除苛捐杂税，实行合理负担等方式解决，至于减租减息政策，多数还停留在宣传动员阶段。1939 年抗战进入相持阶段，国民党挑起第一次反共高潮，各抗日民主根据地也开展了大规模的减租减息，但这时，一些人把少数顽固派发动的反共磨擦，看作整个地主阶级的动向，认为地主难有继续抗日的可能，于是变相地没收并分配地主的土地，“把减租减息合理负担变成土地革命”①。在晋西北、冀南、鲁西等地区的反顽固斗争中，甚至提出“无地主不顽固，无顽固不汉奸”的口号，对地主乱打乱斗乱没收，从而出现把地主逼往敌区顽区，与我尖锐对立的现象。针对这种情况，1940 年 12 月，中共中央明确提出：“必须向党员和农民说明，目前不是实行彻底的土地革命的时期，过去土地革命时期的一套办法不能适用于现在。现在的政策，一方面，应该规定地主实行减租减息，方能发动基本农民群众的抗日积极性，但也不要减得太多。地租，一般以实行二五减租为原则；到群众要求增高时，可以实行倒四六分，或倒三七分，但不要超过此限度。利息，不要减到超过社会经济借贷关系所许可的程度。另一方面，要规定农民交租交息，土地所有权和财产所有权仍属于地主。不要因减息而使农民借不到债，不要因清算老账而无偿收回典借的土地。”②

---

① 中共中央文献研究室、中央档案馆编：《建党以来重要文献选编(1921—1949)》第十七册，中央文献出版社 2011 年版，第 629 页。

②《毛泽东选集》第三卷，人民出版社 1991 年版，第 766 页。

为使减租减息政策得到正确的贯彻，1942 年 1 月，中共中央做出《关于抗日根据地土地政策的决定》，承认农民是抗日与生产的基本力量，也承认大多数地主有抗日的要求，强调现在只能减轻封建剥削而不能消灭封建剥削，既要减租减息又要交租交息，并且要奖励富农生产和联合富农。决定强调，对于地主与农民双方的合理要求必须满足，但双方都应服从整个民族抗战的利益。在处理农村纠纷中，党与政府的工作人员，不是站在农民或地主的某一方面，而是根据上述基本原则，采取调和双方利益的方针。政府法令应有两方面的规定，不应畸轻畸重。一方面，要规定地主应该普遍地减租减息，不得抗不实行。另一方面，又要规定农民有交租交息的义务，不得抗不缴纳。一方面要规定地主的土地所有权与财产所有权仍属于地主，地主依法有对自己土地出卖、出典、抵押及做其他处置之权。另一方面，又要规定当地主做这些处置之时，必须顾及农民的生活。一切有关土地及债务的契约的缔结，须依双方自愿，契约期满，任何一方有解约之自由。2 月 4 日，中共中央又发出《关于如何执行土地政策决定的指示》，强调“联合地主抗日，是我党的战略方针。但在实行这个战略方针时，必须采取先打后拉，一打一拉，打中有拉，拉中有打的策略方针”，并且明确“减租是减今后的，不是减过去的，减息则是减过去的，不是减今后的，大体上以抗战前后为界限”。[1] 随后，各抗日民主根据地开展了广泛深入的减租减息运动。

减租减息政策在不破裂与地主关系的前提下，减轻了农民负担。陕甘宁边区土地租佃条例规定，活租按原租额减25%至40%，减租后租率不得超过30%，土地副产物归承租人。华中解放区的淮北区规定，原来对半分即租率为50%的，减为租率35%，减租率为30%；原租率为40%的，减为30%，减租率25%；原租率为30%的，减为25%，减租率17%。[2] 据晋察冀根据地北岳区第二、五专区统计，1940年减租额即达12290余石。[3] 据晋绥根据地1941年10个县统计，一年内共减租1002149大石(1石等于300斤)，减租佃户17812户，平均每户减租57大斗。[4] 又据对晋绥根据地的兴县、河曲等19个县的不完全统计，从1943年冬到1945年秋两年中，减租农民达5617户，减租50970石，每户平均减租0.91石。[5] 减租前与减租后的租率比较，晋察冀根据地一般减少三分之一以上。晋冀鲁豫根据地的晋东、晋中、冀西、黎城、漳北等地区，战前租率最高达收

① 中共中央文献研究室、中央档案馆编：《建党以来重要文献选编(1921—1949)》第十九册，中央文献出版社2011年版，第53页。

② 陈廷煊：《抗日根据地经济史》，中国社会科学出版社2007年版，第144—145页。

③ 冀察冀边区财政经济史编写组、河北省档案馆、山西省档案馆：《晋察冀边区财政经济史资料选编》(农业编)，南开大学出版社1984年版(内部发行)，第50页。

④ 续范亭：《晋西北行政公署成立三周年》，中共吕梁地委党史资料征集办公室编：《晋绥根据地资料选编》第一集，1984年编印，第42页。

⑤ 财政科学研究所编：《革命根据地的财政经济》，中国财政经济出版社1985年版，第143页。

获量的72%，最低的也达40%，平均为54%，实行减租减息后，最高的为37.5%，最低的为30%，平均为33.3%，减率比此前大为减少。[①] 与此同时，农民所受的高利贷剥削也有所减轻。据1940年6月北岳区对15个县统计，利息减少额为320600余元。据1941年统计，晋西北12个县共减息8842元(银圆)，山西、河北、山东三省战前利率多在三分左右，减息之后一般只有一分左右，降低了三分之二。[②]

减租减息政策不但减轻了农民负担，而且还使抗日民主根据地的土地关系发生了很大变动，通过各种形式使地主的一部分土地转移到农民手中。据陕甘宁边区1945年调查，葭县(今佳县)高家寨子村1941年以来，全村贫农、中农共买进土地72垧，卖出土地9垧，净进土地63垧，典进、赎回土地163垧，典出、抽走土地101垧，净进土地62垧。1940年地主占有全村耕地71.66%，至1943年地主占有的耕地下降到66.27%。[③] 绥德县杨家塔村13户地主，四年中卖出土地619亩，占土地总数的31%。相反，农民大量买地，米脂县印斗区三乡某村41户农民，中农3户有土地130垧，其他38户贫农都是租种地主的土地，自有土地只有40垧，1943年、1944年两年共买入土地180垧，增

①黄韦文：《关于根据地减租减息的一些材料》，《解放日报》1942年2月11日。

②中华人民共和国财政部《中国农民负担史》编辑委员会：《中国农民负担史》第三卷，中国财政经济出版社1990年版，第193页。

③陕甘宁边区财政经济史编写组、陕西省档案馆：《抗日战争时期陕甘宁边区财政经济史料摘编》第二编(农业)，陕西人民出版社1981年版，第347—348页。

加土地4至5倍。[①]

据中共中央晋绥分局调查研究室1945年冬至1946年春对老区9个县20个村7年来(新政权建立以来)土地及阶级关系的调查,“地主分化没落,人数减少,经济力量大大削弱”。这20个村原有地主62户,占总户数的5.2%,调查时减少至27户,占总户数的2%,地主占总户数的比重下降了3.2%。原有的62户地主中,能够保持地主地位的只有22户,约占1/3,其余的40户改变了原来的经济地位,其中6户转为富农,29户变为中农,3户变成贫农,1户变为其他,还有1户绝户。这20个村地主占有的土地总量,也由1939年的38.5%,下降到1946年的5%,减少了33.5%,每户平均减少土地416.2亩。与地主人数减少相伴随的是中农大量增加。这20个村原有中农375户,占当时总户数的31.3%,调查时增加到795户,占总户数的59.9%,在总户数中,中农的比重增加了28.6%。这些新增加的中农中,有240户是由贫农上升的,占现有中农总数的30%,由雇农及工人上升的25户,占3.2%。这充分说明,经过减租减息,晋绥地主的土地已有相当一部分转移到了农民手中。[②]

据晋察冀边区北岳区28个县88个村的调查,全民族抗战前占农村总户数将近大半的贫雇农,每户平均有2.5亩

---

①贾拓夫:《关于边区土地政策问题的报告》(1945年3月15日),《抗日战争时期陕甘宁边区财政经济史料摘编》第二编(农业),陕西人民出版社1981年版,第348页。

②晋绥分局调查研究室:《农村土地及阶级变化材料》,1946年编印,第3—4页。

至7.5亩的耕地，而只占总户数2.02%的地主，占有土地平均每户达97亩。地主富农在农村总户数中占9.29%，占有的土地为38.04%，占有的水地为45.7%，而中农、贫农、雇农和工人占总户数的85.34%，占有土地61.01%，占有水地52.93%。经过减租减息，据对其中24个村的调查，1937年至1942年，当出的834.57亩土地中，地主富农599.04亩，贫雇农和中农235.53亩；在当入的1019.87亩土地中，地主富农90.2亩，而中农及以下阶层929.67亩。据北岳区的典型调查，地主的总户数从战前2.42%下降到1942年的1.91%，占有的土地从战前的16.43%下降到1942年的10.17%。[①]

又据对晋察冀的北岳，晋冀鲁豫的太行、晋绥，华中的盐阜和山东的滨海五个解放区的统计，战前各阶级阶层的户数是，地主占3.6%，富农占7.2%，中农占28.4%，贫农占54%，雇农占5%，战后地主与富农分别下降为2.4%和6.7%，中农上升到38%，贫农下降到47%，雇农下降到2.5%。各阶级阶层占有土地的情况是，战前地主占29.5%，富农占21%，中农占29.5%，贫农占19%，雇农占0.8%，战后则是地主占13.5%，富农占17.5%，中农占42.5%，贫农占22.5%，雇农占0.6%。[②] 其他解放区的老区的情况也大体差不多。这说明，经过减租减息，地主不

①《中国的土地改革》编辑部、中国社会科学院经济研究所现代经济史组编：《中国土地改革史料选编》，国防大学出版社1988年版，第200—204页。

②《中国的土地改革》编辑部、中国社会科学院经济研究所现代经济史组编：《中国土地改革史料选编》，国防大学出版社1988年版，第224页。

但户数在减少，占有的土地也大幅度下降，中农的数量和占有的土地都有较大幅度的上升，贫农的数量在下降而占有的土地略有上升。

虽然减租减息使各解放区的土地占有关系发生了很大变化，但从总体上看，减租减息后农民的土地仍少于地主富农，封建土地关系依然存在。例如，苏北的淮海区在反奸清算、减租减息之后，全区有地主11052户，占有土地1342950亩，平均每户120亩；以每户8口人计算，人均拥有土地15亩多，相当于中农的5倍。晋冀鲁豫的太行区反奸清算、减租减息后，地主人均土地仍有13.7亩，中农为3.1亩，而贫农只有2.1亩，地主人均土地相当于中农的4.4倍、贫农的6.5倍。[①] 苏北解放区阜宁县钱庄乡全乡542户，地主仅1户，占全乡户数的0.2%；富农27户，占5%；中农217户，占40%；贫农297户，占54.8%。该乡各阶级人口的比例与户口相同，而在土地占有上，贫农仅占全乡土地的29.3%，平均每户8.53亩，每人1.83亩；中农土地占46.9%，平均每户18.8亩，每人3.78亩；富农土地虽然只占全乡的11.9%，但平均每户有38亩，人均6.5亩，为贫农的3.5倍；地主尽管只有1户，但占有土地1021.2亩，占全乡土地的11.9%，人均占有土地87.6亩，约为全乡贫农人均土地的47.9倍。[②]

---

①中央档案馆：《解放战争时期土地改革文件选编》，中共中央党校出版社1981年版，第20页。

②《中国的土地改革》编辑部、中国社会科学院经济研究所现代经济史组编：《中国土地改革史料选编》，国防大学出版社1988年版，第279页。

实现“耕者有其田”是中国共产党的一贯主张。十年内战时期实行的土地革命，是用直接没收地主土地的方式来解决农民的土地问题。全民族抗战时期，为了团结地主一道抗日，采取了相对温和的减租减息政策，但并不意味着中国共产党放弃了“耕者有其田”的理念。1940 年 1 月，毛泽东发表著名的《新民主主义论》一文，其中指出：“这个共和国将采取某种必要的方法，没收地主的土地，分配给无地和少地的农民，实行中山先生‘耕者有其田’的口号，扫除农村中的封建关系，把土地变为农民的私产。农村的富农经济，也是容许其存在的。这就是‘平均地权’的方针。这个方针的正确的口号，就是‘耕者有其田’。在这个阶段上，一般地还不是建立社会主义的农业，但在‘耕者有其田’的基础上所发展起来的各种合作经济，也具有社会主义的因素。”①

1945 年 4 月的中共七大上，毛泽东在《论联合政府》中又重申：“抗日期间，中国共产党让了一大步，将‘耕者有其田’的政策，改为减租减息的政策。这个让步是正确的，推动了国民党参加抗日，又使解放区的地主减少对于我们发动农民抗日的阻力。这个政策，如果没有特殊阻碍，我们准备在战后继续实行下去，首先在全国范围内实现减租减息，然后采取适当方法，有步骤地达到‘耕者有其田’。”②

①《毛泽东选集》第二卷，人民出版社 1991 年版，第 678 页。

②《毛泽东选集》第三卷，人民出版社 1991 年版，第 1076 页。

为什么要解决农民土地问题，最终实现“耕者有其田”？1944年7月14日，毛泽东在会见英国记者斯坦因时的一段谈话，便是很好的说明。斯坦因问毛泽东：“你所考虑的新民主主义经济和新民主主义社会的主要内容是什么？”毛泽东回答说：“新民主主义的主要经济特征是土地革命。即使是现在抗日是我们的主要任务的时期，也是如此。因为中国的农民是主要的被剥削者，他们不仅受中国反动派的剥削，在敌占区还受日本帝国主义者的剥削。正是由于在我们作战的区域实行了新民主主义，我们才从一开始就在各地成功地抵抗了日本军队，因为新民主主义的各项改革符合农民大众的利益，而农民大众构成了我们作战力量的基础。”毛泽东同时强调：“在没有进行土地改革的中国其他地区，仍然是封建土地所有制下的分散的个体小农经济，农民被土地束缚着，没有自由，彼此很少往来，过着愚昧落后的生活。这种经济是中国古代封建主义和独裁专制的基础。未来的新民主主义社会不可能建立在这样的基础上，中国社会的进步将主要依靠工业的发展。”“因此，工业必须是新民主主义社会的主要经济基础。只有工业社会才能是充分民主的社会。但为了发展工业，必须首先解决土地问题。没有一场反对封建土地制度的革命，就不可能发展资本主义，西方国家许多年前的发展已十分清楚地表明了这一点。”①

由此可见，中共进行土地改革（从广义上讲，没收地主

①《毛泽东文集》第三卷，人民出版社1996年版，第183—184页。

土地分配给农民和实行减租减息都是土地改革的形式）的目的，实际上具有两个层面，一是以此调动农民参加中共领导的革命的积极性，二是为实现国家的工业化扫清道路。土地改革并非仅是“中共为了与国民党争天下进行社会动员的手段”，从根本上讲是中共革命理念使然。

二、五四指示前夕的中国政局

1946年年初，随着政治协商会议的召开和国共两党停战令的下发，一度出现和平的曙光，但局势很快恶化，先是蒋介石以停战令不包括东北为由，在东北地区大举进攻中共领导的东北民主联军，造成关内小打、关外大打的局面；继而又不断地蚕食、进逼、压迫中原解放区。到这年春夏之际，种种迹象表明，蒋介石正在做全面内战的准备，战争已不可避免。这年5月1日，中共中央发出关于练兵的指示，指出：“国民党反动派除在东北扩大内战外，现正准备发动全面内战，在此种情况下，我党必须有充分准备，能够于国民党发动内战时坚决彻底粉碎之。”①既然蒋介石准备发动全面内战，中共除了要加强军事斗争（如练兵）准备之外，还面临一个如何进一步组织动员解放区群众（主要是农民）参加与支持战争的问题。

战争是大量人力物力的消耗。经过全民族抗战，中国

①《毛泽东文集》第四卷，人民出版社1996年版，第114页。

共产党及其领导的人民武装力量有了巨大的发展，但敌强我弱的基本态势没有根本改变。到 1946 年 7 月，国民党方面拥有总兵力 430 万人，其中正规军 200 万人；共产党方面总兵力约 127 万人，其中野战军 61 万人，双方总兵力之比约为 3.4∶1。国民党统治着全国约 76%的面积、3.39 亿人口，还控制着所有的大城市和绝大部分的铁路交通线，拥有几乎全部近代工业和雄厚的人力物力资源；而解放区的土地面积只占国土总面积的 24%，人口约 1.36 亿，近代工业很少，基本上处于经济比较落后的农村。

在全民族抗战中，各抗日民主根据地的群众做出了巨大的贡献，也付出了很大的牺牲。尽管实行了减租减息，根据地的军队、机关、学校开展了大生产运动，但根据地的群众仍承担了较重的战勤责任。同时，经过长期的战争之后，广大群众希望有一个和平的环境安心发展生产，不希望看到新的战争，但是战是和决定权并不在中共一方面，而是取决于蒋介石集团，战争的危险客观存在，不能不做战争的准备，而且在双方实力不对等的情况下，战争有可能是长期的。这时，中共虽然控制了少数中小城市(如张家口、烟台、临沂)，但活动的区域仍然主要是在农村，主要的依靠力量也自然是农民。因此，一旦国民党发动大规模内战，如何动员解放区广大群众特别是农民参加与支持战争，就成为中国共产党人的头等大事。[①]

对于农民来说，土地是他们赖以生存的基础。1927 年大革命失败之后，中共长期以农村为主要活动舞台，组织动员农民的主要方式也是围绕土地做文章出政策。在当时中共领导的解放区中，除了陕甘宁边区等部分地区曾在十年内战时期进行过土地革命分配过土地之外，其他地区都只实行过减租减息。减租减息只是削弱了封建剥削但没有从根本上消灭封建剥削，实行减租减息之后，解放区的土地关系发生了很大的变化，相当多的农民由于减租减息减轻了负担增加了收入，因而赎回或购进了部分土地，但由于各种原因，仍有一部分农民没有土地或土地不足，相当一部分地主的土地也因为减租减息和实行合理负担(地多意味着负担尤其是缴纳公粮多)被变卖，但相对而言其土地的占有量仍远远多于一般农民。因此，即使是经过多年减租减息的老解放区，虽然封建土地占有关系受到了很大的削弱，但“它仍然影响着广大农民的生产情绪和革命积极性的发挥”[②]。

例如，山东解放区乳山县 1942 年就实行了减租，但到

---

① 对于这个问题，有学者认为，五四指示发出不久，中共中央于这年 6 月 1 日做出“全国内战不可避免”的判断，但真的到了“大战在即”的时刻，在要不要利用激烈的土改方式来动员农民问题上，却变得犹豫起来。原因在于，其一，毛泽东相信中共尚未做好全面战争的准备，故一方面坚持寸土必争、寸步不让，另一方面却不希望马上开战；其二，毛泽东从战争需要和新区巩固的重要性出发，认为解决土地问题至关重要，但由于他此时的基本思想还是和，而非想战，故深知维护统一战线和联合中间势力的重要性，因而中共中央一度提出发行土地公债，有代价地征收地主土地分配给农民这种温和的土改方案，并且在陕甘宁边区试行了和平赎买土地。

② 杜润生：《中国的土地改革》，当代中国出版社 1996 年版，第 172 页。

1946年年初，农民仍普遍要求合理解决土地问题。其原因：一是1942年减租的租约将要期满，农民担心失去这部分租地难以生活；二是在减租清算中，地主恶霸抵还给农民的土地财产多未订立转权契约，农民顾虑没有保障，要求政府给予证据，以防地主抵赖倒算；三是减租减息过程中，部分地主愿将其出租的土地低价卖给农民，但村干部考虑到减租政策，再三劝说双方保持租佃关系，农民要求政府妥善处理；四是相当多的农民将投入自卫战争，希望参战前解决家庭的土地问题。①

抗日战争胜利后，各解放区开展大规模的反奸清算，不但没收大汉奸的土地财产，而且还对一般地主是否切实进行了减租减息予以清算并开展退租退息，有的地主由于无法退出租息只能以土地相抵偿。所以，随着反奸清算、减租减息的群众运动进入高潮，“农民要求突破减租减息所规定的具体政策，直接分配土地。这种情况的出现，其直接原因是新区在除奸反霸斗争中收回了一批土地。新区几年来土地关系变动中又有许多不合理的因素需要调整。但更为重要的因素是减租减息是党在抗日战争时期中的土地政策，日本侵略者被打败了，干部群众便要求突破它，以便更直接满足农民的土地要求”②。

1941年延安整风之后，中国共产党对自己成立以来的历史曾进行过系统的回顾与总结，可以说延安整风就是以

---

①杜润生：《中国的土地改革》，当代中国出版社1996年版，第173页。

②太行革命根据地史总编委：《太行革命根据地史料丛书之五——土地问题》，山西人民出版社1987年版，第33—34页。

历史问题为突破口的运动。延安整风的一个重要成果，便是1945年4月中共六届七中全会通过的《关于若干历史问题的决议》。这个决议对大革命后期和十年内战时期的中共历史做了政治结论，其中认为1927年大革命之所以失败，就在于陈独秀等人“拒绝执行共产国际和斯大林同志的许多英明指示，拒绝接受毛泽东同志和其他同志的正确意见，以至于当国民党叛变革命，向人民突然袭击的时候，党和人民不能组织有效的抵抗”①。这里所说的毛泽东的正确意见，主要指他在《湖南农民运动考察报告》中对农民运动的高度赞扬和对农民在革命中重要性的充分肯定。自中国革命必须走农村包围城市道路成为全党共识之后，党内对于农民问题始终高度重视，尤其是经历过大革命失败的中共领导人，自然对当年陈独秀消极对待农民运动造成的严重后果记忆犹新。

在1945年4月中共七大上，毛泽东在口头政治报告中，一再提醒全党必须注意农民问题。他指出：“所谓人民大众，主要的就是农民。不是有一个时期我们忘记过农民吗？一九二七年忘记过，当时农民把手伸出来要东西，共产主义者忘记了给他们东西。抗战时期，这种差不多相同性质的问题也存在过。靠什么人打败日本帝国主义？靠什么人建立新中国？力量在什么地方？有些人在这个时候弄不清楚，给忘记了。”毛泽东还说：“无产阶级领导，主要应当领导农民，他不要农民，当农民伸出手来的时候，就泼冷水，

①《毛泽东选集》第三卷，人民出版社1991年版，第954页。

因为地主也伸出手来了。地主说：共产党，你可不行！于是乎，共产党就夹在地主与农民中间，最后接受了地主的影响，向农民泼冷水。反帝反封建不要农民，还有什么反封建？没有反封建，还有什么反帝呢？”①

1946 年春夏之交的中国政局，中共与国民党的关系在一定程度上类似于大革命后期，两党的关系表面上还在维系，国共谈判还在进行，但国共关系究竟走向何方，有没有彻底破裂的可能，这是中共领导人不得不考虑的重大问题。如果国共关系最终破裂，国共之间的矛盾只得通过战争的方式才能解决，就必须争取农民成为中共坚定的支持者，没有农民的参与与支持，解放区就难以巩固，战争所需要的人力物力就难以保证，甚至兵员的扩充都成问题。而要争取农民，在经过多年的减租减息之后，单靠这一政策，已经难以调动农民的积极性，而中共手中并没有其他资源，唯有围绕土地所有权去做文章。

毛泽东曾经说过：“一切空话都是无用的，必须给人民以看得见的物质福利。”②农民是讲实际的。经过八年的全民族抗日战争，解放区农民已经付出了巨大牺牲。他们之所以愿意付出这样的牺牲，一方面，抗击外敌是每个中国人的责任，凡是有爱国心的中国人，应该有钱出钱有力出力，尽自己的一份力量去抵御外侮，维护民族尊严；另一方面，在抗日民主根据地实施减租减息、精兵简政、大生产运动

---

①《毛泽东文集》第三卷，人民出版社 1996 年版，第 305、307 页。

②《毛泽东文集》第二卷，人民出版社 1993 年版，第 467 页。

等政策与举措，减轻了农民的负担。为了应对可能发生的国共内战，迫切需要进一步地组织动员农民。即将到来的战争毕竟是国内战争，实际上也是国共两党之间的斗争，需要有新的动员组织群众的方式，除了1945年大反攻后新解放的地区，经过多年减租减息的老解放区的租息减少空间已很小。这时，唯一可做文章的就是土地所有权的转换，只有以此作为“看得见的物质福利”，才能使解放区农民能够坚定地站在中共一方。在这种情况下，怎样解决农民的土地问题，日益严重地摆到了共产党人面前。因此，中国共产党“不能没有坚定的方针，不能不坚决拥护广大群众这种直接实行土地改革的行动，并加以有计划的领导，使各解放区的土地改革，依据群众运动发展的规模和程度，迅速求其实现”①。可以说，这是五四指示决定解决农民土地问题、实行“耕者有其田”的根本动因。

对此，参与过五四指示讨论的薄一波回忆说，一方面“群众已经提出了自己的实际要求，并且为实现这些要求已开始自发地行动起来”，中共中央必须对群众的这种要求将采取何种态度和政策做出明确的回答；另一方面，“一些地方出现了新的要求和新的做法(如当时一些根据地农民已不满足于减租减息，而是迫切要求分给土地)，而另一些地方可能还暂时没有出现这种新的要求和做法，或者虽已经有了，但具体的要求和做法上不尽相同”，这就需要中共中央

①《刘少奇选集》上卷，人民出版社1981年版，第377页。

决策层出台一个统一的政策。[1] 五四指示就是在这种背景下制定出来的。

五四指示的制定，是中国共产党土地政策的重大转变。这一政策的制定，是抗日战争胜利后国内主要矛盾转化的产物。

全民族抗战时期，民族矛盾上升为主要矛盾，阶级矛盾下降为次要矛盾。当时，摆在中国共产党人面前的任务，是如何团结各阶级、各阶层一切可以团结的人们，结成最广泛的抗日民族统一战线，将日本帝国主义驱逐出中国。在中华民族面临亡国灭种的危急状态下，地主阶级作为中华民族的成员，他们中的大部分人同样不愿做亡国奴，亦有抗日的要求，有参加抗日民族统一战线的可能。在这种情况下，中国共产党主动地放弃了土地革命战争时期的没收地主阶级土地财产的政策，代之以减租减息的政策。

抗战胜利后，阶级对立再一次凸显出来。蒋介石最不愿也是万万没有想到的是，在全民族抗战中坚持敌后抗战的共产党人和人民军队不但没有被日本人消灭，反而比抗战前壮大了几十倍，因而他也就下定决心在抗战胜利后要彻底解决中共问题。这时，阶级的对垒已经分明。一方是代表广大工人、农民、小资产阶级和民族资产阶级利益的中国共产党，一方是代表地主和大资产阶级利益的国民党蒋介石集团。这时，国共双方都在争取力量。就地主阶级

---

① 薄一波：《七十年的奋斗与思考》上卷，中共党史出版社 1996 年版，第 403—404 页。

整体而言，他们抗战胜利后的政治立场无疑倾向国民党蒋介石(尽管他们中仍有一部分开明绅士反对蒋介石的独裁统治)。对农民阶级来说，他们所要求于中共的最大的愿望就是得到祖祖辈辈梦寐以求的土地。因为只有有了土地，才能改变他们受剥削、受压迫的境地，才能得到自由和解放。抗战时期，为了打倒民族敌人，他们接受了减租减息的政策。但日本帝国主义被打倒后，他们已不再满足于这个政策，而是要求实现“耕者有其田”了。如果他们的要求得不到满足，中共就会失去农民这个人口最多的阶级的支持。

消除封建剥削制度本是中国资产阶级应该完成的历史使命。但中国软弱的资产阶级无力完成这个使命，只好由无产阶级及其政党共产党来完成。解决农民的土地问题，不但是动员广大农民支持革命战争的需要，也是中国发展资本主义，最终实现现代化的需要。在一个封建剥削占统治地位的国度里，资本主义是无法充分发展的，更谈不上实现现代化。因此，满足农民的土地要求，实现“耕者有其田”，不但是完全正义的，也是合乎中国历史发展要求的。

到1946年3月，中共中央开始考虑将减租减息发展到直接解决农民土地问题，实现“耕者有其田”。这年3月15日，中共中央政治局举行会议，着重研究时局和对策问题。讨论解放区的土地政策和经济政策，是此次会议的内容之一。会上，中共中央书记处书记任弼时说：华北和华中各地农村的群众运动已经起来了。如果按照抗战时期的减租减息办法，目前运动中许多地方妨碍了中农利益，对富农和中小地主斗争过火了，是“左”了；但是群众要求解决土地问题，若限于减租减息的办法，又右了。问题不是责备同志，而是中央是否批准。为此，任弼时主张在彻底减租清算的名义下，克服某些过火斗争现象，争取今年内基本上解决农民的土地要求。他强调，这是巩固解放区的一个重要步骤。毛泽东对任弼时的主张表示赞同，他说：国民党不能解决土地问题，所以民不聊生。这方面正是我们的长处。现在有了解决的可能，这是我们一切工作的根本。①

但到这时，中共中央虽然开始意识到仅靠减租减息难以从根本上解决农民土地问题，但还没有公开提出实行“耕者有其田”的主张。中共领导人自然清楚，要组织动员群众，就必须给予群众新的物质利益，各解放区特别是其中的老区在经过比较彻底的减租减息之后，农民的愿望与要求实际上已经超越了减租减息，而是希望能进一步解决土地问题。但同时也应看到，虽然当时和平民主的可能性正在丧失，中共领导人已将其注意力更多地转到准备应对内战方面，但此时全面内战毕竟还未发生，和平与战争的两种可能都存在，人们对于形势仍是两种估计。因此，在和平仍有可能争取的情况下，既要调动农民继续支持中共的积极性，又不能对曾在抗战过程中有过一定合作的地主阶级以过分打击。要解决这一矛盾，中共领导人认为，还是只能通过彻底的减租减息去满足农民要求，调动他们的积极性。

---

① 中共中央文献研究室编：《任弼时传》，中央文献出版社、人民出版社 1994 年版，第 585 页。

3月26日，中共中央机关报《解放日报》发表《减租减息是一切工作的基础》的社论，认为如果不实行减租减息，就不可能从经济上削弱封建势力的根深蒂固的基础，就不可能使农民真正得到民主革命的利益，就不能使农民体会到解放区的民主政府和国民党一党专制的政府的根本差别，就不能使解放区的民主政府得到广大人民的更热烈的拥护，就不能提高群众的积极性来参加解放区的生产运动及一切民主建设工作。所以，减租减息成为一切工作的基础。

4月11日，毛泽东就如何纠正群众工作中的错误问题致电中共中央华东局副书记、新四军军长兼山东军区司令员陈毅，指出："首先应当注意的是侵犯中农利益，一经发现，必须迅速纠正；其次是除减租减息外过分地打击了富农与中小地主，亦必须注意于适当时机加以纠正。""至于给汉奸、豪绅、恶霸、反动分子以严重打击，只要是真正群众的行动，则不是错误而是必需。大城市中豪绅地主的大声叫喊是必然现象，我们绝不应为其所动。但是到了群众斗争已经胜利、清算减租已经实现之时，党便应当劝告群众，对地主阶级由打的政策改变为拉的政策。例如让逃亡地主还乡，给地主以生活上的出路，并联络开明绅士参加某些工作等。拉的政策，其目的在于减少反对力量，使紧张空气和缓下来，因此是必需的。但应注意不要拉得过早，损害群众利益与影响群众情绪。"①当时中共中央一方面意识到发动组织群众的重要，但同时也不希望破裂与地主的关

①《毛泽东文集》第四卷，人民出版社1996年版，第103—104页。

系，注意不要因过火的政策导致地主走向对立面。

如何使解放区的减租减息运动进一步深化，中共中央决定召开一次有各中央局、中央分局领导人参加的工作会议，就此问题进行专题研究。4月初，中共晋冀鲁豫中央局副书记薄一波、华中分局书记邓子恢和山东分局副书记黎玉到了延安。

邓子恢来延安之前，华中分局曾在淮安县石塘区搞了发动农民向地主算账的试点，组织了全区4000多名佃户，到淮安城里“请”了五六十个地主下乡，清算他们在敌伪统治时期的非法敲诈。毛泽东和刘少奇在听取邓子恢关于清算试点的汇报后认为：“目前各地发动的算账运动，对大地主、恶霸及汉奸化了的地主是可以进行的，但不要普及到中小地主及富农。”①

4月20日，邓子恢在给华中分局的电报中说：“今天我们主要口号是减租减息，至于清算旧账，一般是对汉奸及少数恶霸来提，不要向一般中小地主普遍算旧账。这会引起整个地主阶级之恐慌，而感到无所底止。”因为地主的所有财产，差不多都是非法剥夺农民而来，如果普遍向地主算旧账，可能使大多数地主倾家荡产。减租减息有一定的限度，而算旧账无所底止，会使地主感到不知如何是好，从而造成恐慌，因此，“今后各地对算账斗争应慎重其事”。②

①《邓子恢传》编辑委员会：《邓子恢传》，人民出版社1996年版，第315页。

②《中国的土地改革》编辑部、中国社会科学院经济研究所现代经济史组编：《中国土地改革史料选编》，国防大学出版社1988年版，第245页。

由此可见，尽管此时中共领导人已经意识到，解决农民土地问题必须摆上议事日程，但同时又认为，对于地主富农还只能限于减租减息，除此之外不能对其“过分打击”，还没有下决心实现从减租减息到“耕者有其田”的转变。

随后，中共中央召开一系列的汇报会，在刘少奇主持的汇报会上，薄一波、邓子恢、黎玉汇报了各地发动群众反奸清算、彻底减租减息的情况。在汇报中，各解放区负责人提出：第一，在反奸清算、彻底减租减息的群众运动中，贫雇农迫切要求解决土地问题，超过了减租减息的范围。只要批准群众的这一要求，今年内基本上可以解决土地问题，实现“耕者有其田”，消灭封建土地制度。第二，根据一些地方出现的“左”倾错误，需要从政策上规定一系列的照顾。比如：照顾中农利益，分给中农斗争果实；照顾富农的自耕部分；照顾“军干属地主”(抗日军人及抗日干部之家属中属于地主成分者)，多留一些土地，政治上替他们保留面子；照顾中小地主，多留一些土地；照顾开明绅士；照顾被汉奸恶霸利用人员中的贫苦出身者；照顾地主富农开设的工商业，除大汉奸大恶霸开设的由行署以上政府没收外，其他一律不动；照顾一切可以团结的知识分子，家庭是地主者多留一点土地，家庭是劳动人民者多分点斗争果实；照顾地主人员的生活出路，对豪绅、恶霸、大地主，除依法处死者外，也要留给土地，给他们饭吃，对逃亡地主应争取其回家并给以生活出路。第三，鉴于敌我斗争异常尖锐，对外宜不讲土地改革，仍以减租清算名义实现“耕者有其田”。

在听取汇报后，刘少奇说："批准农民土地的要求，事关重大，须改变中央关于土地政策的决定(即1942年1月中共中央政治局会议通过的《关于抗日根据地土地政策的决定》)，因而请你们来延安汇报情况，进行讨论。现在，群众要求土地，而且实际做了。但不能各搞各的，须要有一个统一的政策。应发一个指示，以便各地有所遵循。"①

薄一波等人的汇报，促使中共中央下决心改变以往的土地政策，由减租减息转变为直接解决土地问题。4月26日，中共中央致电晋察冀中央局并程子华(时任中共冀热辽中央分局书记、冀热辽军区司令员兼政委)："现在山西、河北、山东、华中均有极广大群众在清算及减租斗争中直接解决土地问题，我党不能不拥护群众此种土地改革行动，现中央正召集各区负责同志讨论这个问题。"②邓子恢也于同一天致电华中分局其他领导人："华中目前群众发动应大胆放手，不应束手束脚，不要过早纠正过左，不要害怕改变土地关系。"③

在刘少奇的主持下，薄一波、邓子恢、黎玉等参与讨论，由胡乔木执笔起草《关于清算减租及土地问题的指示》。

5月4日，刘少奇主持召开中共中央会议。参加会议的有毛泽东、任弼时、林伯渠、徐特立、康生、薄一波、邓子恢、黎玉、胡乔木等。

① 薄一波：《七十年的奋斗与思考》上卷，中共党史出版社1996年版，第400页。
② 中共中央文献研究室编：《刘少奇年谱》下卷，中央文献出版社1996年版，第38页。
③《邓子恢传》编辑委员会：《邓子恢传》，人民出版社1996年版，第316页。

会上，任弼时首先发言，他重申了3月15日中央政治局会议上关于土地问题的看法。

刘少奇在发言中说："土地问题今天实际上是群众在解决，中央只有一个一九四二年土地政策的决定，已经落在群众的后面了。今天不支持农民，就要泼冷水，就要重复大革命失败的错误，而农民也未必'就范'。失去农民又依然得罪了地主，对我们将极不利。另一方面，要看到这是一个影响全国政治生活的大问题，可能影响统一战线，使一部分资产阶级民主派退出与我们的合作，影响我们的军队、干部与国民党军队的关系，影响国共关系与国际关系。要说服群众，使他们了解只有遵守各项正确的原则，才能得到真正巩固的利益。除中农必须坚决联合，富农不可侵犯，一切必须要照顾的地方都要照顾到，以便运动得以正确的进行。土地问题的方针，今天就作这样的决定，实行耕者有其田。"①

林伯渠、徐特立也都表示赞成改变以往的土地政策，实行耕者有其田。

这时，毛泽东要薄一波、邓子恢、黎玉发言。薄一波说：这个文件，在晋冀鲁豫解放区不会引起什么大的波动，因为实际上群众已经做了。有了这个文件，"左"的错误可以减少，特别是党内思想可以统一起来。邓子恢、黎玉也谈了各自的看法。

---

①中共中央文献研究室编：《刘少奇年谱》下卷，中央文献出版社1996年版，第42页。

会议的最后，毛泽东做了发言。他主要讲了八个方面的问题。

（一）解决土地问题的方针，七大讲的是减租减息，寻找适当方法实现耕者有其田。当时七大代表多数在延安太久，各地新的经验没有能够充分反映。现在中央的这个指示，就是群众所创造的适当方法，为中央所批准的。

（二）国民党统治地区人多，有大城市，有外国帮助，他大我小。但是，他有一大弱点，即不能解决土地问题，民不聊生。我们只有依靠人民同他们作斗争。如能在一万万几千万人口中解决土地问题，即可长期支持斗争，不觉疲倦。

（三）解决土地问题，是一个最根本的问题，是一切工作的基本环节，全党必须认识这一点。

（四）不要怕农民得到土地，推平平均分配一次不要紧。农民的平均主义，在分配土地以前是革命的，不要反对，但要反对分配土地以后的平均主义。平均分配土地一次不要紧，但不能常常平分下去。旧式富农实际上要侵犯一些的，新式富农则不应侵犯。

（五）现在类似大革命时期，农民伸出手来要土地，共产党是否批准，今天必须表明态度。

（六）土地改革时期，不要怕自由资产阶级动摇，只要我们实行了土地改革，农民得到土地，我们的力量更强大，则更能巩固地团结他们。

（七）暂不宣传“耕者有其田”，仍叫反奸清算、彻底减租减息，将来一定要宣传。

(八)对工商业政策和工人运动与此不同，应该是劳资合作、劳资两利口号，工人与厂方共同订出生产计划，做到原料足，成本低，产品多，销路广，实现发展生产、繁荣经济。解放区的工厂，不论是公营的，还是私营的，利润必须比国民党区域高才行，否则，解放区外面的资本家不来。只管工人眼前的、片面的利益，不顾资本家乃至公营工厂的死活，那是自杀。这个道理，希望各地同志切实说明。[①]

三、五四指示的内容

会议经过讨论，通过了《关于清算减租及土地问题的指示》(因是5月4日通过的，故简称五四指示)。五四指示开宗明义：各地党委在广大群众运动面前，不要害怕普遍地变更解放区的土地关系，不要害怕农民获得大量土地和地主丧失土地，不要害怕消灭农村中的封建剥削，不要害怕地主的叫骂和诬蔑，也不要害怕中间派暂时的不满和动摇。相反，要坚决拥护农民一切正当的主张和正义的行动，批准农民获得和正在获得土地。中共中央要求各地党委必须明确认识到，解决解放区的土地问题是目前最基本的历史任务，是目前一切工作的最基本的环节。必须以最大的决

① 中共中央文献研究室编：《毛泽东年谱(1893—1949)》(修订本)下，中央文献出版社2013年版，第80页。

心和努力，放手发动与领导群众来完成这一历史任务。

那么，怎样实现“耕者有其田”呢？五四指示没有沿袭土地革命战争时期没收地主全部土地的办法，提出应采取多种多样的方式解决农民的土地问题，如：没收和分配大汉奸土地；减租之后，地主自愿出卖土地的，佃农以优先权买得其土地；由于在减租后保障了农民的佃权，地主乃自愿给农民七成或八成土地，求得抽回三成或二成土地自耕；在清算租息、清算霸占、清算负担及其他无理剥削中，地主出卖土地给农民来清偿负欠。五四指示认为，使用上述种种方式来解决土地问题，使农民站在合法和有理地位，各地可以根据不同对象，分别采用。所以，五四指示虽然明确提出了“耕者有其田”的口号，但除了直接没收大汉奸土地之外，对于地主土地并不是简单地加以没收之后分配给农民，而是“在广大群众要求下，我党应坚决拥护群众在反奸、清算、减租、减息、退租、退息等斗争中，从地主手中获得土地，实现‘耕者有其田’”。这也就是说，主要通过算账而非直接的面对面斗争的方式，将地主的土地转移给农民。

由于制定五四指示之时，“和平要破坏，内战要爆发，和平似乎还能争取，我们没有放弃争取暂时和平的企图，但同时用极大的力量，甚至用全力准备战争，所以当时的方针，是争取和平，准备战争”①。在这种情况下，为了争取一切可能争取的社会力量，减少变革农村土地关系中的

①《刘少奇在全国土地会议上的报告记录》，1947 年 8 月 20 日。

阻力，巩固并扩大反蒋统一战线，五四指示强调在实现“耕者有其田”的运动中，必须“坚决用一切方法吸收中农参加运动，并使其获得利益，决不可侵犯中农土地。凡中农土地被侵犯者，应设法退还或赔偿。整个运动必须取得全体中农的真正同情或满意，包括富裕中农在内”，“一般不变动富农的土地。如在清算、退租、土地改革时期，由于广大群众的要求，不能不有所侵犯时，亦不要打击得太重。应使富农和地主有所区别，对富农应着重减租而保存其自耕部分”。五四指示明确指出：“如果侵犯中农土地或打击富农太重，或不给应该照顾的人们以必要的照顾，那会使农村群众发生分裂，因而就不能保持百分之九十以上人口和我们党一道，就要使贫农、雇农和我们党陷于孤立，就要增加豪绅、地主和城市反动派的力量，就要使群众的土地改革运动受到极大的阻碍，这对于群众是很不利的。”①

五四指示还规定，对于抗日军人及抗日干部的家属之属于豪绅地主成分者，对于在抗日期间，无论在解放区或在国民党统治区，与共产党合作而不反共的开明绅士及其他人等，在运动中应谨慎处理，适当照顾，一般应采取调解仲裁方式，给他们多留下一些土地，替他们保留面子。对于中小地主的生活应给以相当照顾，对待中小地主的态度应与对待大地主、豪绅、恶霸的态度有所区别，应多采取调解仲裁方式解决他们与农民的纠纷。集中精力同汉奸、

① 中央档案馆编：《解放战争时期土地改革文件选编（1945—1949）》，中共中央党校出版社1981年版，第1—6页。

豪绅、恶霸做坚决的斗争，使他们完全孤立，并拿出土地来；但仍应给他们留下维持生活所必需的土地，即给他们饭吃。对于汉奸、豪绅、恶霸所利用的走狗之属于中农、贫农及其他贫苦出身者，应采取争取分化政策，促其坦白反悔，不要侵犯其土地；在其坦白反悔后，须给以应得利益。对一切可能团结的知识分子，必须极力争取，给以学习与工作的机会。

保护民族工商业是中国共产党在新民主主义革命时期的一项重要政策。在反奸清算的过程中，一些地方就曾出现了侵犯民族工商业利益的现象。如何处理地主兼工商业者的土地财产，是一个政策性极强的问题。

中国自古以来就有“重农抑商”的传统思想，而在农村又有相当一部分地主通过地租和高利贷剥削积累财富后，在城市里经营工商业，甚至本人也居住在城镇中，由其代理人经营在乡下的田产。太行解放区武安县九个区中的四个区，有三分之二的租佃关系在城里，尤以城关五区最多，如该区杜庄村有四分之三的土地在城里的地主手中，而这些地主一般都兼营工业或商业。这些地主在抗战中，有的人成为汉奸，他们勾结恶霸，靠贩卖毒品、勒索群众发了财，并利用灾荒年强迫农民卖地，反过来又把负担转嫁给农民。对于这些有恶霸行为的汉奸地主，没收他们的土地是理所当然的。但是，农民对地主与工商业者往往同样看待，至于地主兼工商业者更是简单地将他们当作地主看待，甚至认为凡是有钱人都应该是清算的对象。过去地主们说：“城吃乡是平常的，乡吃城万不能。”许多农民在反奸清算中想把这种情况翻过来，认为“乡不吃城就翻不了身”。于是，各地都发生了农民进城找地主减租清算的现象。城里的店员、工人看到农民进城斗地主得了利，也要求参加斗地主的斗争。这样一来，势必发生侵犯工商业的情况。[①]

针对这一问题，五四指示明确规定：除罪大恶极的汉奸分子的矿山、工厂、商店应当没收外，凡富农及地主开设的商店、作坊、工厂、矿山，不要侵犯，应予以保全，以免影响工商业的发展。不可将农村中解决土地问题、反对封建地主阶级的办法，同样地用来反对工商业资产阶级。不可将农村中清算封建地主的办法，错误地运用到城市中来清算工厂、商店，凡是出现了这种现象的地方，应立即停止，以免引起重大恶果。

五四指示要求群众尚未发动起来解决土地问题的地区，应迅速发动群众，务必在1946年年底以前使问题全部或大部获得解决，不要拖到1947年。但在进行斗争时，必须完全执行群众路线，酝酿成熟，真正发动群众，由群众自己动手来解决土地问题，绝对禁止使用违反群众路线的命令主义、包办代替及恩赐等办法。在农民已经公平合理得到土地之后，应巩固其所有权，发扬其生产热忱，使其勤勉节俭，兴家立业，发财致富，以便发展解放区生产。在解决土地问题后，凡由于自己勤勉节俭，善于经营，因而发财致富者，均应保障其财产不受侵犯。因此，不可无底止

① 太行革命根据地史总编委：《太行革命根据地史料丛书之五——土地问题》，山西人民出版社1987年版，第34页。

地清算和斗争，妨害农民的生产兴趣。凡政权不巩固、容易受到摧残的边沿地区，一般不要发动群众起来要求土地，就是减租减息亦应谨慎办理，不能和中心区一样，以免造成红白对立及受到摧残。

为了贯彻落实五四指示，中共中央要求各地召开干部会议，总结经验，讨论五四指示内容，向一切党的干部印发并解释五四指示；根据当地具体情况，确定实施五四指示的计划；调动大批干部，加以短期训练，派到新区去进行这一工作。同时各地应当教育干部，特别是区乡干部，发挥共产党员为人民服务的精神，不要利用自己的领导地位取得过多的利益，以免引起群众不满，转向同干部做斗争。

五四指示制定之际，关内虽然还比较平静，而关外的东北国共双方正打得难解难分。4 月下旬，东北民主联军与国民党军队在四平展开激战。中共领导人十分看重四平的得失，认为四平保卫战的胜败，关系和与战的全局。4 月 26 日，毛泽东为中共中央起草给林彪并告彭真的电报中说："马歇尔已提出停战方案，有停战之可能。望加强四平守备力量，鼓励坚守，挫敌锐气，争取时间。"他在第二天为中共中央起草给林彪的电报中，更是提出要"化四平为马德里"。[1] 5 月 1 日，毛泽东在给林彪的电报中又说："东北战争，中外瞩目，蒋介石已拒绝马歇尔、民盟和我党三方同

① 中共中央文献研究室编：《毛泽东年谱(1893—1949)》(修订本)下，中央文献出版社 2013 年版，第 74 页。

意之停战方案，坚持要打到长春。因此，我们必须在四平、本溪两处坚持奋战，将两处顽军打得精疲力竭，消耗其兵力，挫折其锐气，使其以六个月时间调集的兵力、武器、弹药受到最大消耗，来不及补充，而我则因取得长、哈，兵力资财可以源源补充，那时便可能求得有利于我之和平。”①中共领导人当时希望通过四平保卫战的胜利争取时间，并在谈判桌上取得有利地位，实现国内和平。

当时国共双方虽然在东北处于大打状态，但是，和平之门毕竟还没有完全关死。美国特使马歇尔仍在中国各地穿梭调处国共矛盾，一些中间人士也在两党之间穿针引线，希望国共关系不要完全破裂。中共中央决心进行四平保卫战的目的，很大程度上也是“求得有利于我之和平”。这就决定了五四指示只能是一个过渡性质的土地纲领。它一方面要求各地下决心解决农民土地问题，实现“耕者有其田”；另一方面又明确规定对中小地主应给以“相当照顾”，甚至对于抗日军人及抗日干部家属之豪绅地主身份者也予以“适当照顾”，并且“一般不变动富农的土地”，目的就在于尽可能地缩小打击面和减轻土地改革带来的社会动荡，且不过分刺激代表地主阶级利益的蒋介石集团。正如刘少奇后来所说的：“从五四指示当时的情况和环境条件来看，要求中央制订一个彻底平分土地的政策是不可能的。因为当时全国要和平，你要平分土地，蒋介石打起来，老百姓就会说，

① 中共中央文献研究室编：《毛泽东年谱(1893—1949)》(修订本)下，中央文献出版社2013年版，第77页。

打内战就是因为你共产党要彻底平分土地。当时广大群众还没有觉悟到和平不可能，还不了解与蒋介石、美国和不了。假如只根据我们共产党的了解，认为与蒋介石和不可能，与美国和不可能，因而就决定不和政策，那就会脱离广大群众。为了既不脱离全国广大人民，又能满足解放区群众要求，二者都要照顾，使和平与土地改革结合起来，结果就产生了五四指示。”①

过去一些论著认为，五四指示具有某些不彻底性，如未能明确宣布废除封建土地制度，对中小地主、富农照顾过多等。从这个意义上讲，五四指示确有它不彻底的一面。但如果考虑它出台的具体历史条件，就不难发现这种“不彻底性”在当时其实是必要的。如果“彻底”了，反而起不到应有的作用。虽然彻底消灭剥削制度是中国共产党既定的方针，但对承载这种剥削制度的地主阶级，由于他们中的一部分人或本人曾在抗战中参加过统一战线，并作为“三三制”政权的参与者，进入了抗日民主政权；或其子女成为党和军队的干部而成为抗日军干属。因此，对地主阶级中的这部分人给予适当的照顾也是必要的。至于五四指示对中小地主的照顾，也主要是在于孤立极少数的汉奸、豪绅和恶霸，避免树敌太多。

五四指示制定者当时就有意识地保留这种“不彻底性”。五四指示指出：农民用反奸、清算、减租、减息、退租、退息等方式取得土地，“和内战时期在解决土地问题时所采

---

①《刘少奇选集》上，人民出版社 1981 年版，第 386 页。

取的方式大不相同”，它对抗战时期的减租减息政策虽然“有重要的改变”，但并“不是全部改变，因为并没有全部废止减租政策”。“这就是说，五四指示的基本精神虽然是要发动农民进行土地改革，普遍地变更土地关系，消灭农村中的封建剥削，实现耕者有其田，但是解决的方式除对大汉奸的土地直接没收分配外，一般并不像土地革命战争时期那样直接没收地主土地分配给农民。这就说明，五四指示所主张的是一种有限度的土地改革，是从抗战时期的减租减息向彻底的土地改革转变的一个过渡性政策”。[①] 正是五四指示的过渡性，使得它有利于统一全党的认识，说服民主人士，争取社会舆论，组成广泛的反封建统一战线。

五四指示无疑是中国共产党土地政策的重大改变，史上著名的土地改革运动也是以这个指示的通过为启动标志的，但由于中共的基本方针是“准备战争，争取和平”，既然要争取和平，在土地政策上就必须相对和缓，所以五四指示中对地主有相当的照顾，解决土地问题的主要方式，是在继续执行减租减息政策的基础上开展反奸清算，目的还在于维持抗战时期与地主阶级形成的统一战线，为此，中共中央认为各解放区可行土地改革之实，但不宜大张旗鼓地就此进行宣传。

5 月 13 日，中共中央发出《关于暂不在报纸上宣传土地改革的指示》，认为中央 5 月 4 日关于清算减租及土地问题的指示，将要更加促进各解放区的群众运动，实现土地关

---

①郭德宏：《中国近现代农民土地问题研究》，青岛出版社 1993 年版，第 396 页。

系的根本改变，极大地巩固解放区，极大地增加我们反对国民党政治进攻与军事进攻的力量，农民的土地要求与土地改革的行动，是完全正当的与正义的，并且符合孙中山“耕者有其田”的主张，对于中国政治的进步与经济的发展，完全必要。“但在目前斗争的策略上，我们在各地的报纸上除公开宣传反奸、清算、减租、减息的群众斗争外，暂时不要宣传农民的土地要求、土地改革的行动以及解放区土地关系的根本改变，暂时不要宣传中央 1942 年土地政策的某些改变，以免过早刺激反动派的警惕性，以便继续麻痹反动派一个时期，以免反动派借口我们政策的某些改变，发动对于群众的进攻。”①中共中央指示各解放区，为了推动当前的群众运动，各地报纸应尽量揭露汉奸、恶霸、豪绅的罪恶，申诉农民的冤苦。各地报纸应多找类似《白毛女》这样的故事，不断予以登载，应将各处诉苦大会中典型的动人的冤苦经过事实加以发表，以显示群众行动之正当和汉奸、恶霸、豪绅之该予以制裁。在文艺界亦应鼓励《白毛女》之类的创作。中共中央同时要求，各地应迅速将五四指示当作党内文件，印发给进行群众工作的干部及其他广大干部阅读，使广大干部明白党的政策，迅速实现土地改革。

5 月 17 日，中共中央就如何深入清算运动解决农民土地问题，致电冀热辽分局：“在土地高度集中，无地和少地

① 中央档案馆编：《解放战争时期土地改革文件选编（1945—1949）》，中共中央党校出版社 1981 年版，第 10 页。

农民占绝大多数的热河[1]地区，中央五四指示更加适用，望坚决执行。减租还应进行，但只靠减租不能解决土地问题，应利用清算减租，清算负担，清算抢掠霸占，清算黑地挂地，清算劳役及其他剥削等各种方式，使地主土地大量转移到农民手中。”至于大汉奸土地，应坚决明令没收分配给无地和少地的农民。对于大地主所隐藏的黑地，抗日政府应当在法律上否认其所有权，这样使农民清算黑地时更有合法根据。对于经营地主的土地，应当坚决拥护雇农要求土地的迫切要求，运用反奸、清算等各种方式，使经营地主的土地，转入到雇农和无地少地的农民手中。[2]

在五四指示前的反奸清算中，有的地方曾出现过侵犯中农利益的现象。在土地改革中能否稳定中农，不侵犯中农的利益，是决定这场运动成败的一个关键。而要稳住中农，就必须妥善处理富农的土地问题。五四指示明确规定一般不应动富农的土地。8月8日，中共中央在给华东局的指示中，再次重申了不动富农自耕地的原则，指出：在土地改革中，必须自觉地向富农让步，坚持不动富农自耕地的原则，对待一般中小地主亦应与对待汉奸、豪绅、恶霸有所区别，在土地问题已经解决的地方，应保障一切地主必需生活，除少数反动分子外，应对一切地主采取缓和态度。中共中央认为，这样做，有利于孤立地主，稳定中农，

---

① 旧省名。辖今河北东北部、辽宁西部及内蒙古赤峰市。1914年设热河特别区，1928年改设省，省会承德市。1956年撤销，分别并入河北、辽宁及内蒙古。

② 中央档案馆编：《解放战争时期土地改革文件选编（1945—1949）》，中共中央党校出版社1981年版，第12页。

顺利进行土地改革；同时也为了减少敌对分子，使解放区内部巩固，以便能更广泛动员各阶层群众，粉碎蒋介石的进攻，与京沪蒋区广大反蒋阶层和民主分子的反内战反独裁运动密切配合，扩大对解放区的同情，孤立蒋介石反动派的政治地位。

9月21日，中共中央在关于山东地区土地改革的指示中强调，在反奸清算中要特别注意："（甲）保障地主在土地改革后的必需生活，给他们留下不少于中农或多于中农每人所有的半倍到一倍的土地；（乙）一般不动富农的土地，坚决实行'五四指示'的原则；（丙）中农必须使之在土地改革中得到利益，决不能侵犯中农利益，如中农的土地被侵犯者，必须退还和赔偿。"①

从这些政策规定可以看出，当时中共中央关于土地改革的方式是相对和缓的，希望既适当照顾地主又尽量满足农民土地要求。

随着五四指示的传达和贯彻，一场涉及各解放区亿万人口的土地改革运动拉开了序幕。

---

① 中央档案馆编：《解放战争时期土地改革文件选编（1945—1949）》，中共中央党校出版社1981年版，第35页。

五四指示后陕甘宁边区的土地征购

1946年5月4日，中共中央发布《关于清算减租及土地问题的指示》(即五四指示)，决定将全民族抗战时期的减租减息转变为实行"耕者有其田"的土地政策。这是中共土地政策的一个重大改变，中共党史上著名的土地改革运动亦由此启动。五四指示提出的实现"耕者有其田"方式，主要是"群众在反奸、清算、减租、减息、退租、退息等斗争中，从地主手中获得土地"①。陕甘宁边区由于其特殊性，曾一度试行过利用土地公债征购地主土地并由农民承购的方式。

---

①《刘少奇选集》上卷，人民出版社1981年版，第378页。

一、陕甘宁边区开展土地征购的背景

抗日战争胜利后一段时间，中共在农村土地问题上的政策仍是减租减息。1945 年 8 月 11 日，中共中央做出《关于日本投降后我党任务的决定》，指出："在一切新解放区一律减租，放手发动与组织群众，建立地方党、地方政府与提拔地方干部，以便迅速确立我党在基本群众中的基础，迅速巩固一切新解放区。但是，绝对不可损害中农利益（中农也是基本群众）；富农除封建剥削部分实行减租外，不应加以打击；地主须使之可以过活，没收分配土地是过早的。某些地区已经分配者不再变动，但对地主必须设法救济，对富农必须设法拉拢，对中农受损害者必须补偿损失。"①同年 11 月 27 日，中共中央又指示各地："在一切解放区发动群众减租与发展生产，为争取当前斗争胜利的重要关键。"②因为减租减息是各解放区执行了多年的政策，因此，大反

① 中央档案馆编：《中共中央文件选集》第十五册，中共中央党校出版社 1992 年版，第 229—230 页。

② 中央档案馆编：《解放战争时期土地改革文件选编（1945—1949）》，中共中央党校出版社 1981 年版，第 438 页。

攻前已经解放的老区，减租“主要是清算过去违反减租法令的额外剥削，实行退租与订立新约”[1]。而大反攻后新解放的地区，自1945年秋冬起，主要是发动群众开展对汉奸、特务的控诉、清算运动，用这种方式使群众“收回被汉奸伪人员霸占的土地财产，索回被掠夺讹诈贪污的款项等”[2]。

1946年上半年，国内局势正处于走向和平还是走向战争的十字路口。对于中共来说，无论是和还是战，都需要有效地组织动员广大解放区农民。这年3月26日，中共中央机关报《解放日报》发表《减租减息是一切工作的基础》的社论指出：“和平民主道路上还有严重的困难和阻碍需要克服，国民党内法西斯反动派和敌伪残余势力依然还有强大的力量，依然在拼命企图破坏全国及解放区人民的和平民主事业，这就必须依靠广大人民、首先是农民群众的力量来粉碎他们的破坏企图。”中共领导人自然清楚，要组织动员群众，就必须给予群众新的物质利益，各解放区特别是其中的老区在经过比较彻底的减租减息之后，农民的愿望与要求实际上已经超越了减租减息，而是希望能进一步地解决土地问题。中共领导人认为，1927年的大革命之所以失败，就在于当时没有有效地组织动员农民。1946年上半年国共两党的关系，在一定程度上类似于大革命后期，两党的关系表面上还在维系，国共谈判还在进行，但国共关系究竟走向何方，有没有彻底破裂的可能，这是中共领导

---

①《减租减息是一切工作的基础》，《解放日报》1946年3月26日。

②《努力发动解放区群众》，《解放日报》1946年1月9日。

人不得不考虑的重大问题。如果国共关系最终破裂，国共之间的矛盾只有通过战争的方式才能解决，如何争取农民就是一个大问题。而要争取农民，在经过多年的减租减息之后，就只能围绕土地所有权去做文章。

正是在这样的背景下，中共中央于1946年5月4日通过了《关于清算减租及土地问题的指示》。五四指示发布的时候，中国共产党的基本方针是“准备战争，争取和平”。既然要争取和平，各解放区在土地政策上就必须相对和缓，所以五四指示中对地主有相当的照顾，各地解决土地问题的主要方式，是在继续执行减租减息政策的基础上开展反奸清算，同时鼓励动员开明绅士献出部分土地。但是，在反奸清算之后地主仍有可能保留较多数量的土地，至于开明绅士献田的数量自然有限，采取这些方式仍可能难以满足农民土地的要求。于是，中共中央认为，如果再辅之以发行土地公债的方式征购地主土地，既能达到进行土地改革的目的，又不会导致地主阶级的激烈反抗引起大的社会震动，因而五四指示发出之后，中共中央就开始考虑用征购地主土地的办法解决土地问题。

最早提出这个问题的，是1946年6月27日毛泽东起草的给周恩来、叶剑英的电报，其中说：“中央正考虑由各解放区发行土地债券发给地主，有代价地征收土地分配农民。其已经分配者，补发公债，如此可使地主不受过大损失。惟汉奸、土豪劣绅、贪官污吏、特务分子不在此例。你们可向中间派非正式地透露此项消息。”①

7月19日，中共中央在《关于向民盟人士说明我党土地政策给周恩来、董必武的指示》中指出：“我党中央正在研究和制定土地政策，除敌伪大汉奸的土地及霸占土地与黑地外，对一般地主土地不采取没收办法，拟根据孙中山照价收买的精神，采取适当办法解决之，而且允许地主保留一定数额的土地。对抗战民主运动有功者，给以优待，保留比一般地主更多的土地。”②

同一天，中共中央发出《关于要求各地答复制定土地政策中的几个重要问题的指示》，就土地改革中的几个重要问题征求各中央局、分局的意见，并提出解决农民土地问题的若干具体办法，其中明确提出“地主土地超过一定数额者由政府以法令征购之”，并提出了具体的征购设想。如地主可保留一定数额的土地免予征购，其保留数额，根据各地土地的多寡，由各地政府规定，但为了真正使地主在土地改革后能够生活，可以考虑地主每人所保留的土地等于中农每人所有平均土地的两倍（即超过一倍，如中农每人三亩，地主每人可保留六亩）；凡在抗日期间，在抗日军队与抗日民主政府中服务及积极协助抗日军队与抗日民主之地主，应给以优待，每人保留免予征购之土地，可多于一般地主所保留者之一倍左右；每户超过一定数额的土地之大

---

①中共中央文献研究室编：《毛泽东年谱（1893—1949）》（修订本）下，中央文献出版社2013年版，第100页。

②中央档案馆编：《解放战争时期土地改革文件选编（1945—1949）》，中共中央党校出版社1981年版，第19页。

地主，其超过定额之土地，以半价或半价以下递减之价格征购之；政府征购地主土地的地价，由各县政府和当地地主与农民代表大会参照当地土地市价与土地质量之不同评议规定。对于征购办法，中共中央设想由政府发行土地公债，交付地主地价，分 10 年还本。公债基金或者由得到土地的农民担负一部分，农民每年向政府交付一定数量的地价，分为 10 年至 20 年交清，另一部分由政府在自己的收入中调剂。或者根本不要农民出地价，由政府在整个财政税收中调剂。除公债办法外，在抗日战争期间，地主负欠农民的债务，农民亦可当作交付地价折算。①

中共中央还在同月起草了《为实现耕者有其田向各解放区政府提议》，交各地区讨论并征求意见，其中也提出："凡地主的土地超过一定数额者，其超额部分由政府发行土地债券，并以法令征购之。"至于地主保留土地的数量、土地价格、公债基金的来源等，与 7 月 19 日的指示大体相同。中共中央还向各解放区提议：除了法庭依法判决剥夺其公民权者外，所有依法被征购、征收土地的地主，其公民权不受侵犯，凡依法实行并积极赞助土地改革的地主应予奖励。不论是地主还是农民，依法保留之土地及分得之土地的地权及其他财产的所有权均受政府法律的保障，不得侵犯。②

随后，有的解放区也提出可用征购地主土地的办法实

① 中央档案馆编：《中共中央文件选集》第十六册，中共中央党校出版社 1992 年版，第 253—254 页。

② 中央档案馆编：《解放战争时期土地改革文件选编（1945—1949）》，中共中央党校出版社 1981 年版，第 21—26 页。

现耕者有其田。中共中央华东局在这年9月1日做出的《关于土地改革的指示》中提出："为满足农民土地要求，顺利实行耕者有其田，并争取全国广大阶层对我党土地改革政策的同情，对于地主土地超过一定数额者，由政府依法令征购之，其具体办法由政府公布。在实行中必须把群众清算运动与政府征购互助结合，相辅而行。如在新解放区，应以清算为主，清算后地主尚有余额土地者再行征购。老解放区曾经清算而地主尚有余额土地者，一般采用征购办法，勿再从事清算，以免地主发生疑惧。"①同年10月25日，中共领导的山东省政府发布《山东省土地改革暂行条例》，亦提出地主土地经清算、献田后所余超过规定数额者，由政府酌量征购，并规定了征购办法。②

接到中共中央7月19日的指示后，各解放区对此意见并不一致。据同年9月21日中共中央对山东解放区土地改革所做出的指示："中央关于征购土地提议，有些地区要求暂缓发表，以免影响群众的反奸清算运动。有些地区要求提早发布，其主要目的是在老区内解决抗日地主、抗属地主的土地。"③这里所说的"有些地区要求暂缓发表"就目前所公布的材料来看，主要是东北解放区。因为同年8月30日，中共中央东北局致电中共中央，认为东北根据地尚未

---

①《华东局关于土地改革的指示》(1946年9月1日)，《中国土地改革史料选编》，国防大学出版社1988年版，第302页。

②中共山东省委党史研究室：《解放战争时期山东的土地改革》，山东人民出版社1993年版，第215页。

③《中国的土地改革》编辑部、中国社会科学院经济研究所现代经济史组编：《中国土地改革史料选编》，国防大学出版社1988年版，第315页。

建立，目前的中心是要放手发动群众，集中火力打击大汉奸、豪绅、恶霸大地主、顽匪头子，并在群众压力下，迫使一般地主拿出土地，使无地和少地的农民直接地无代价地获得土地，否则将不可能在今年年底以前创造初步根据地的规模。“因此如果最近中央以发行土地公债征购地主多余土地的办法，即公开发布，则我们提议，在东北可在实际上推迟一个时期执行。”[①]由于各解放区对此意见不一，中共中央乃“将各地意见研究之后，认为目前暂不公布为有利，等过了阳历年各地将土地问题基本解决之后，再看情况决定发布问题”[②]。

就在五四指示发布不久，以国民党军大举进攻中原解放区为标志，全面内战爆发。1946 年 10 月 11 日，国民党军占领晋察冀解放区首府张家口，国民党政府宣布于 11 月 12 日召开所谓的“国民大会”。在这种情况下，国共关系的完全破裂已不可避免，通过谈判的方式实现国内和平的可能已不复存在。11 月 21 日，毛泽东与刘少奇、周恩来谈话，认为“前一段时间，在中国人民中间以及在我们党内都存在着内战打不打得起来的问题，人们都希望国共不打仗，现在这个问题已经解决了”，“剩下的便是我们能不能胜利的问题了”，而“要胜利就要搞好统一战线，就要使我们的人多一些，就要孤立敌人”。那么，如何对待农村的地主阶

①《中国的土地改革》编辑部、中国社会科学院经济研究所现代经济史组编：《中国土地改革史料选编》，国防大学出版社 1988 年版，第 309 页。

②《中国的土地改革》编辑部、中国社会科学院经济研究所现代经济史组编：《中国土地改革史料选编》，国防大学出版社 1988 年版，第 315 页。

级，毛泽东明确提出："搞土地改革并不影响我们团结地主，抗战时期减租减息也得罪了地主，但仍可以团结他们。"[①]正是基于既要进行土地改革，以进一步动员和组织广大农民，同时也要搞好统一战线，团结争取地主的考虑，陕甘宁边区政府于1946年冬进行了土地征购的试点。

二、陕甘宁边区的土地征购条例

陕甘宁边区采取征购的办法进行土地改革，是由其特殊情况决定的。这里有一半地区在土地革命战争时期就已经建立了根据地，早已分配了土地，在这些地区，地主和旧富农已基本不存在。另一半地区虽未经土地革命，但在抗日战争时期已进行了比较彻底的减租减息，地主和旧富农的剥削受到了很大削弱，而且边区也未被日军占领过。鉴于这种特殊性，陕甘宁边区决定以征购这种和缓的方式贯彻五四指示。

自中共中央提出通过发行土地债券以法令形式征购地主土地的方案后，陕甘宁边区就开始考虑采用土地公债的方式解决土地问题的具体办法。据习仲勋1947年11月在边区土地会议上的报告，陕甘宁边区的土地征购，"去年8月酝酿，11月试办，12月公布条例，目的仍是坚决最后消灭

---

①《毛泽东文集》第四卷，人民出版社1996年版，第196—198页。

封建，只是试着探索出一种比较稳妥的办法”①。

陕甘宁边区于这年八九月间开启了试行土地公债的调查。笔者在陕西省档案馆见到一份无作者署名，时间为1946年9月17日的《关于利用公债办法解决土地问题的初步调查——绥德县延家岔土地问题调查之一》。据这份调查材料介绍，该村共有91户428人，其中地主17户，中农16户，贫雇农58户，共有土地846.5垧(其中包括地主在外村的283.5垧)，以全村人口428人计，平均每人有1.98垧地，不足2垧。全村共有窑洞267孔，房子24间。抗日战争期间，该村的土地关系发生了很大的变化，1940年时延家岔全村共有土地1792垧，而此时只剩下530.5垧，6年共出卖1261.5垧。这主要是由于减租减息政策和合理负担政策的影响，地主占有的土地多，意味着需要缴纳的公粮亦多，于是将土地典卖，所得收入用于发放高利贷，导致地主占有的土地大为减少。与此同时，地主出卖的土地大多转入贫雇农手中。

延家岔村1943年以来土地变动情况 单位：垧

年份	共典卖土地			典买成分及土地数							
—	本村	外村	合计	中农		贫农		雇农		佃农	
				户数	地数	户数	地数	户数	地数	户数	地数
1943	33.5	275.5	309	25	94.5	38	190.5	—	—	—	—
1944	66	317	383	21	75.5	36	185.5	2	1.5	—	—
1945	36	188	780.5	11	49.5	14	79.5	1	2	1	2
合计	135.5	780.5	1472.5	57	219.5	88	455.5	3	3.5	1	2

①《习仲勋同志在土地会议总结报告提纲》，1947年11月23日。

从上表可以看出，该村1943年以来地主的土地大量减少，中农和贫农的土地有了较大增加，但雇农和佃农的土地仍然偏少，仅为全村平均数的四分之一多一点，而地主的土地是雇农和佃农土地的10倍多，这也从一个侧面反映了当时解决农民土地问题有其必要性。

据调查组了解，17户地主从其政治面貌大体可分“开明”“抱中间态度”和“比较狡猾”三类，他们对于解决土地问题的态度也不尽相同。开明的地主对于解决土地问题提出了两种意见，一是献地，理由是献地完全出于自愿，地主献出的地交由公家处理；二为政府用公债购买，他们说，用公债购地对穷人好，穷人一下拿不出钱，给地分几年还地价，这是非常妥善的办法，但公家绝不能把地给二流子，一定要交给老实下苦人。至于地价评定权应交给农会，由农会根据土地的好坏分上、中、下三等定价。也有少数地主提出，公债买地价格应该高些，因为不是当下交易，而是分开几年交易，地价低了太吃亏了，如私人买地1垧1石5斗米，公债买地应是1石8斗米才好。至于留地，地主们的意见是由农会按家庭人口、劳动力、是否有别的职业等确定，有劳力的应多留地，没劳力的少留地。抱中间态度的地主说，还是献地好。献地出于自愿，省得公家麻烦。比较狡猾的地主则说，要解决土地问题干脆实行分配土地的办法，给地主留5年的用度，剩余的一概归公所有。

至于贫雇农阶层，都赞成用发行公债的办法购买地主多余的土地，然后合理分配给农民。他们说：“公债买地不光给穷人解决土地问题，就是对地主也有利。他们的地虽然减少了，可还有钱在呢，这对他说比过去土地革命强。”还有的贫雇农说，用公债解决土地问题比减租来得快，如果土地问题解决了，什么问题都解决了。全村 16 户中农，有 11 户对用什么方式解决土地问题发表了意见，其中 7 户赞成用公债的方式，4 户认为还是献地的方式好。① 这份材料大体反映出了社会各阶层对于土地征购的态度。

1946 年 10 月底至 11 月初，陕甘宁边区第三届政府委员会召开第二次会议。边区政府主席林伯渠在政府工作报告中指出：“在土地未分地区，为了迅速适当满足无地或少地农民的土地要求，应普遍进行查租和贯彻减租保佃，并试行土地公债，征购地主超额土地，在现耕基础上调剂给无地和少地农民，以达到耕者有其田。”②就在这次会议上，边区政府副主席、著名开明绅士李鼎铭就减租情况及土地问题做报告时亦强调：历年来边区土地已有很大变化，地主土地已大部转移到农民手里，但有一部分地主仍占有相当数量的土地，进行着残酷的封建剥削，因此，今后必须继续贯彻减租，并且建议“为了实现耕者有其田，试行土地公债，以调整地主超额土地的办法，交由政委会讨论并订出初步试行办法”③。11 月 5 日，陕甘宁边区政府委员会做出决议：“贯彻土地改革，实现耕者有其田。这一工作是发动群众积极参军参战发展生产的中心一环，也是一切备战

①《关于利用公债办法解决土地问题的初步调查——绥德县延家岔土地问题调查之一》，1946 年 9 月 17 日。

②甘肃省社会科学院历史研究室编：《陕甘宁革命根据地史料选辑》第三辑，甘肃人民出版社 1983 年版，第 181 页。

③《李鼎铭文集·纪念·传略》，中共中央党校出版社 1991 年版，第 62 页。

工作的枢纽。本会一致同意李副主席发言中提出的在土地未经分配区域贯彻减租，并采用土地公债征购地主超额土地的办法，以消灭封建剥削，实现耕者有其田。”①

1946年9月底陕甘宁边区政府通过试行土地公债的决议后，便开始拟定《陕甘宁边区土地公债试行办法草案》。在最初拟定的办法草案中，试图一方面解决农民的土地问题，另一方面又不破裂与地主的关系，给地主留下较多的土地。如笔者见到该草案的1946年10月30日稿第四条规定，地主应留地额，依下列规定。

一、一般地主留地为按其家中每人平均亩数比当地中农每人平均亩数多百分之五十至一倍(即中农每人6亩，地主每人是9至12亩)，并注意留给部分近地与质量较好之地。

二、雇人耕种之地主应留地额按其家中每人平均数比当地中农每人平均数多一倍至二倍(即中农每人6亩，地主每人12亩至18亩)，但出租部分不在此例。

三、自力耕种之地主，除将其自力耕种的土地全部留下外，仍按前一款之规定留给一般地主应留之地。

另外，最初拟定的条例草案第五条提出，在抗日战争及自卫战争中对边区建设有功勋者，或者参加3年以上革命工作之干部，其家庭系地主者，应予留地比当地中农多一倍至两倍，但只限于本人及直系亲属。第六条提出，地

① 陕西省档案馆、陕西省社会科学院编：《陕甘宁边区政府文件选编》第十一辑，档案出版社1991年第1版，第16页。

主家庭为鳏寡孤独者，留地时应予酌情照顾。第七条提出，地主家在边区外者，应按其区外之家庭生活状况及参照上述第四条标准，酌予留给适当的土地，其留给部分，在地主未来边区经营前，由当地政府代为经营。这些对于地主的照顾性规定，边区政府在正式发布征购土地条例时有很大的改变(如地主留地不是中农平均亩数多50%至1倍，而是明确为多50%；对雇人耕种之地主应留地额按不另做特殊规定等)。

1946年12月20日，陕甘宁边区政府正式公布《陕甘宁边区征购地主土地条例草案》(以下简称《条例草案》)，要求“在未经土地改革区域，发行土地公债，征购地主超过应留数量之土地，分配给无地或地少之农民，达到耕者有其田之目的”。

关于征购的对象及地价的确定，《条例草案》规定：凡地主之土地超过下列应留数量者，其超过部分均得征购之。(一)一般地主留给其家中每人平均地数应多于当地中农每人平均地数之百分之五十。(二)在抗日战争及自卫战争中著有功绩之地主，留给其家中每人平均地数应多于当地中农每人平均地数之一倍。(三)地主自力耕种之土地不得征购。《条例草案》还规定：地主如经献地后，所留土地超过应留地数者，其超过部分仍须征购之。不足应留地数者，由县政府呈请边区政府酌予补发部分公债。富农土地不得征购。一切非地主成分因无劳动力而出租之土地，亦不得征购。

征购地主的土地的地价，由当地乡政府协同乡农会及地主具体评定。其评定标准，按各地地价与土地质量之不同，最高不得超过该地平年两年收获量的总和，最低不得低于该地平年一年收获量。地广人稀区域或新开荒地的地价评定标准，不受前项规定的限制。《条例草案》同时规定："被征购土地之地价，采用超额递减办法，地主每人平均所得地价在五石以下者给全价；超过五石至十石者，将超过五石之数目减给百分之八十；超过十石至十五石者，将超过十石之数目减给百分之六十；超过十五石至二十石者，将超过十五石之数目减给百分之四十；超过二十石至二十五石者，将超过二十石之数目减给百分之二十；超过二十五石至三十石者，将超过二十五石以上之数目减给百分之十；超过三十石者，其超过部分不再给价。"①

关于土地的承购，《条例草案》规定："政府征购之土地，按征购原价之半数分配给无地或地少之农民承购，地价分为十年付清。家境贫苦无力缴付者，经县政府呈请边区政府批准后可予免付。征购土地之分配，应按人口分配给无地及少地之贫苦人民，使每人所有之土地数量与质量，达到大体的平均。原耕地之贫苦佃农及雇农。家境贫苦之革命死难者之遗族，现役军人之直系家属及复员退伍军人，有承购土地之优先权。以上人员每口承购之土地数，不得超过当地中农每人平均地数。……土地之承购，以乡为单位。但在可能与必要时县政府可在邻近乡进行调剂之。"②

---

①《陕甘宁边区征购地主土地条例草案》，《人民日报》1946 年 12 月 26 日。
②《陕甘宁边区征购地主土地条例草案》，《人民日报》1946 年 12 月 26 日。

这年12月28日，陕甘宁边区政府发出指示信，再次强调：“为深入战争动员奠定胜利的坚实基础”，必须“迅速彻底完成土地改革”，土地未分配地区，“以贯彻减租并采用土地公债征购地主超额土地”。指示明确表示，现在凡已普遍完成彻底减租的地区如绥德分区各县，首应普遍征购分配；陇东分区之庆阳、合水、镇原三县，安边、鄜县及关中分区各县未分配土地地区，应在继续发动群众深入查检的基础上进行征购分配，务须于1947年春耕之前彻底完成土地改革。[①]

三、陕甘宁边区土地征购的试点

《陕甘宁边区征购地主土地条例草案》公布后，陕甘宁边区的绥德、庆阳、关中三个分区随即派出干部，组成工作团，深入未经分配土地的县、区、村开展土地征购试点。米脂河岔区六乡、绥德新店区贺家石村的试点有其代表性。

米脂河岔区六乡有456户，共有土地10096垧(包括地主在外乡的土地)，全乡共有地主77户。河岔区六乡地主集中在杨家沟村，该村共有地主63户。这77户地主占有土地最多时曾达3万余垧，“近年来由于减租减息和负担政策

①甘肃省社会科学院历史研究室编：《陕甘宁革命根据地史料选辑》第三辑，甘肃人民出版社1983年版，第203页。

的实施，土地就逐渐减少了”。截至实行土地公债试点时，77户地主占有土地8240垧。之所以选择杨家沟为试点，因为这里“地主最集中，斗争最复杂最尖锐，问题最多”，同时杨家沟地主的土地分布于米脂各区及绥德等县，“为了取得广泛经验，与便于其他地方的普办”。

此次试点是从1946年11月29日开始的，共历时24天。参加工作团的共有45人，其中延安工作团12人，绥德分区4人，米脂区乡干部29人，全团分为4个工作组。试点过程大体分为宣传动员、调查研究和征购地主土地三个阶段。

宣传动员主要是“一般的时事教育与条例解释”。针对“地主盼变天，农民怕变天”，在时事教育中，对地主的教育主要是“打破幻想，使他们认识我们的力量及政策”，对农民“主要是使他们认识共产党有必胜的力量”。同时向地主说明土地问题一定要解决，土地公债的办法既照顾农民又照顾地主，公债明年就能抵交公粮；对农民的宣传是“着重挖穷根，并教育阶级观念”，明确告诉农民实行土地公债不是平分土地。

在宣传过程中，分别召开地主会和农会会。在地主会上，工作团进行条例解释后即征求地主的“疑问与意见，了解他们的态度”，而且要做到“多发问少解释”。地主马醒民第一个发言，说土地征购条例很完善，很细致，不过土地问题做起来很复杂，不容易。工作团的人就问他：“办的当中，你们觉得有哪些困难？”有地主提出，定土地的上、中、下就难，他们的土地到了农会手中就会没有上地，并且提出公债能不能抵交全年的公粮、公债票是否要拿出实物来还债、现在没有办法交公粮是否让卖地、地主中的老弱孤贫是否留一样的地、留的地是否可以自己处理、留的地不能够还债怎么办等一系列的问题。提出这些问题后，地主们纷纷诉苦。工作团表示这些问题会具体调查研究，同时为避免将宣传会变成地主诉苦会，工作团主动转变话题，便问地主们土地公债实行后怎样生活，得自己种地还是雇人种地，以后是经商还是干别的。于是有的地主说，自己雇了长工，慢慢学会种地；也有的说，我们这些人读书多，经商不会，希望政府能帮助找些工作；还有的说，慢慢地学做些事情，不能像以前那样待在家里。农会会的主要内容是“发动斗争组织斗争”。

据工作团了解，进行土地公债的宣传后，各阶级阶层的态度明显不同。地主们“表现很稳重，很少发表自己的意见”，但对工作团说话都很注意，并且“都是哭穷，租子收不齐，公粮交不出，债务还不起，对土地公债表面上赞成，实质上怀疑和不满”；因为条例明确宣布不征购富农的土地，但富农们仍然“表现不放心”；中农则觉得自己轮不到买地，因而“态度平淡”；贫苦农民“都很兴奋”，认为这下可以翻身了，同时要求地主的地不要全部留在乡上，否则农民无地可分。

试点的第二阶段是定成分，同时确定土地的等级与地价。由于该乡地主的土地许多在外乡，一时无法确定土地的等级，试点时间又不能太长，于是工作团决定一律以中地一年的常产量作为地价，其中水地定价分两种，自来水地每垧地价为1石2斗米，非自来水地为每垧9斗米。石窑每孔6斗至2石米不等，土窑每孔4斗米，房子每间最高1斗米，至于马棚、厕所、碾磨等则随窑房不另作价。

试点的第三阶段为征购与承购。在正式征购前成立征购委员会，乡政府委员和农会主任为当然委员，并在全乡大会上选出地主与农民的代表参加征购工作。由于农民不但想买地主的地，甚至富农的地也想购买，工作团明确宣布要保存和发展富农经济，“不能有平产观念”；对地主则宣布全乡中农平均每人土地3垧，在此基础上给地主每人多留50%至1倍，并动员他们参加劳动或投资工商业。在征购过程中，根据地主土地的多少，确定留地数量，留哪块地，留在本村还是外村，最后评定征购窑房。给地主留地，根据条例的规定，分为6种情况：(一)参加革命为军、工属的地主，每人留地4垧半至6垧；(二)老弱孤寡亦留4垧半至6垧；(三)在国民党地区的地主每人留地3垧，但在外有威望者多留些；(四)根据地主的家庭人口多少劳动力情况酌情再加减；(五)破产得厉害的地主可适当照顾；(六)地主留地包括自种地和雇人耕种地。

该乡土地征购的结果，全乡77户地主中，被征购者65户，共征购土地6950垧(其中包括祠堂地和坟地232垧)，征购窑226孔，房39间。[1]

绥德县新店区一乡贺家石村也进行了土地公债的试点。该村属于新占区一乡第四行政村，下分9个代表区。该村

[1] 米脂县委、政府：《米脂县河岔区六乡土地公债试办总结》，1947年1月14日。

的地主都姓党，已传到第5代，最盛时（清同治年间）曾有9000多垧地，到1940年新政权成立前，土地还有2000多垧，该村的农民则大部分为地主家的佃户。

贺家石村实行土地公债前各阶层土地占有情况

阶级成分	户数	人口	劳动力	占有土地（垧）	每人平均（垧）	每个劳动力平均（垧）
地主	7	57	3.5	1433	25.14	409.43
富农	1	15	1	58	3.867	58
富裕中农	3	17	3.5	72	4.235	20.57
中农	45	234	49	159	0.679	3.245
贫农	45	341	86	159	0.466	1.849
赤贫	3	9	2.5	—	—	—
雇农	5	12	5.5	0.5	0.04	0.09
其他	1	4	0.5	—	—	—
总计	110	689	151.5	1881.5	37.319	—

工作团入村后分成三个组，分别召开三个会议，即地主会、乡村干部会和农会会。地主在会上都保持沉默，不表态，“但从他们当时情形及事后反映来看，都不痛快”，他们认为该献的地已经献了，其余的地应给留下，现在又要搞征购，有点过分。而乡村干部们因为多数出身贫苦，工作团说明来意后，“他们非常高兴，表示对这一工作信心很高”。至于普通农民，“大家情绪非常高，对常年产量、地价、给地主留多少地、承购土地如何分配，以及窑洞征

购等问题，都热烈地讨论，提出了具体的意见”。他们提出，对于没有劳动力生活较差的地主，每人可留 5 垧地，而生活好的地主，最多留 3 垧地就可以了；买地时应先给抗属，其次是给没地的，最后给少地的人，至于二流子只要收心务正，也可以买些地。

在发动群众的基础上进行农户调查和定成分。调查的方式分两种，一为召开群众座谈会，二为挨家挨户到群众家里去了解情况。调查结束后，召集干部、积极分子、公正老汉来校正了解到的群众材料，地主的材料则专门召开农会干部会进行校正，其目的是搞清楚每家每户土地的数量与质量。接着再召开农会干部与村民代表联席会，逐家逐户评定成分。

定好成分之后进行土地的征购与承购。首先确定中农的土地标准为每人平均 2.5 垧，主要依据是绥德全县每人平均占有耕地为 2.5 垧左右，而且本村的中农中，除失去劳动力的老年人、抗工属及富裕中农外，最高的每人平均 3 垧，中等的中农家庭 2.5 垧左右，最低的为 2 垧，所以中农每人平均土地为 2.5 垧比较合适。关于地价问题，因条例规定每垧地价最高不能超过两年的收获量，最低不能低于一年的收获量，经农会讨论，决定每垧地地价为一年半之常年收获量。①

①《绥德县新店区贺家石村试行土地公债情况》，1946 年 12 月 11 日。

贺家石村每垧土地的常年产量及地价
(该村土地全部为山地，地价以细粮石为单位)

土地等级	每垧地市价	每垧地常年收获量	现评价
上地	1	0.3	0.45
中地	0.7	0.2	0.3
下地	0.4	0.1	0.15

贺家石村土地征购后地主留地情况

单位：垧

地主姓名	人口	劳力	土地总数	出典土地	自耕土地	雇人耕种土地	出租土地	每人应留土地	每家应留土地	实留土地	征购土地
党仲勋	13	1	101	22	15.835	47.625	15.5	5	65	63.5	37.5
党志义	10	1	154	72	15.5	15.5	51	4	40	40	114
党志倬	5	—	106	71.5	—	21	13.5	5	25	25	81
党志伟	10	—	40	3	—	25	12	4	40	40	—
党述曾	6	1.5	59	—	31.5	10.5	17	5	30	33	21
党志仁	7	—	100	25	—	35	40	5	35	35	65
党思明	6	—	97.5	22	—	60	15.5	5.83	35	36	61.5
总　计	57	3.5	652.5	215.5	62.835	214.625	164.5	33.83	270	272.5	380

贺家石村土地承购情况

单位：垧

成分	户数	人口	劳动力	自有地	典入地主地	承购总数	每人平均承购数	现共有土地数	现有土地每人平均数
贫农	56	228	61.5	167.5	135.5	240.5	—	543.5	2.38
赤贫	3	9	2.5	—	—	21	2.33	21	2.33
雇农	5	12	5	0.5	3	16.5	1.3	20	1.67
其他	3	26	3	75.8	3	5	0.19	83.8	3.22
总计	67	275	72	243.8	141.5	283	—	662	—

从上两表可以看出，该村7户地主除1户外，其余6户均有土地被征购，被征购多者达到人均10余垧，少者人均3垧多。征购前地主人均土地11.5垧，征购后人均4.8垧，减少了一半以上。征购前中农以下各阶层人均土地0.89垧，征购后人均土地2.4垧。征购前地主土地是中农以下各阶层的近13倍，征购后仅为2倍。

陕甘宁边区陇东分区在合水县板桥乡也进行了土地公债试点。试点从1946年11月27日开始，总共进行了20天。工作队进乡后，首先调查了解地主自耕与出租土地的情况。随后“开了一个干部会议，研究了征购的办法，如地主留地、土地常年产量与地价窑价等以后，由乡农会会长、乡长、地主商定地价”。试点中，确定的土地常年产量为川台地每亩2斗，塬地每亩1.5斗，山地每亩5升，瓦岗川地每亩1升。地价按常年产量一年半计算。该乡实际上只征购了第二行政村大地主郭维藩家的土地。郭家有40口人，减租前占地1783亩，减租时退地560亩，此次试点中被征购土地723亩，留下土地500亩，人均留地12.5亩。土地的承购以行政村为单位，该乡共有3个行政村，郭家佃户主要在第二行政村，第一、第三两个行政村基本没人租种郭家土地，根据《陕甘宁边区征购地主土地条例草案》中“土地之承购以现耕为基础”的规定，土地只能分配给第二行政村的佃户与少地农民。第二行政村佃、雇、贫、中农共54户，310口人，自有地668亩，新承购696.9亩。由于该乡一般农户平均每人有地2亩左右，征购得来的土地按佃户平均每人4亩进行分配，已有土地超过4亩者不分，不足4

亩者补给缺额。[①]

1946年12月24日至1947年1月9日，中共中央和西北局派康生、陈伯达、胡乔木、马文瑞等组成土改工作团，到陇东庆阳县高迎区六乡(即王家塬)进行土地征购的试点。参加试点的还有中共陇东地委书记李合邦、分区副专员李培福，中共庆阳县委书记刘泽西、县长杨福祥，中共高迎区委书记赵志明及该乡干部等。该乡共有1033人，耕地9793亩，有540人无地或少地，17户地主拥有土地占全乡总耕地的54%。工作团进乡后，首先深入群众宣传试行土地征购的政策，对全乡土地情况进行摸底调查；然后培养选择积极分子，组成征购分配委员会，在此基础上召开群众大会，进行诉苦清算斗争；接着根据地主占地的实际情况，确定征购其超额土地的数量、认购土地的贫雇农的户数和各户的认购数量，进行土地的征购与承购。全乡共征购土地1900余亩，分给68户无地及22户少地的农民，平均每人购地5至6亩。地主每人留地至少9亩，仍超过当地中农人均土地的50%。[②]

四、土地征购的中止

通过土地公债征购地主土地这种自上而下的方式解决

① 中共庆阳地委党史资料征集办公室编：《庆阳的土地革命运动》，1992年编印，第417—419页。

② 参见《马文瑞传》编写组：《马文瑞传》，当代中国出版社2005年版，第236页。

农民土地问题，自然有其优点，最为重要的是“这种办法全国人都不反对，黄炎培、梁漱溟也赞成，中外记者都赞成，连蒋介石也不反对，因为这是孙中山书上讲的”，“但这一办法也有危险性和缺点，我们是可以不发动群众也可以办的，因为买卖关系不发动群众，是包办代替，恩赐观点，不走群众路线，行政去做，简单地完成任务，有些同志拿政府公布的条例问地主卖不卖，他说卖，就买了，然后交给干部，这样做，半点钟就可以解决成了”。说半点钟就可以解决土地征购问题自然有些夸张，但土地征购干部容易产生包办代替和群众容易产生恩赐观点则是事实，而且地主也常常会卖出坏地留下好地。

基于战争将是长期性的考虑，中共中央认为要最终打倒蒋介石，就必须充分发动和组织农民支持战争，而发动与组织农民最好的方式就是土地改革。但是，土地征购这种自上而下的方式，一方面规定“以现耕为基础”，往往只有利于原佃户，而不利于多数农民；另一方面也确实不利于发动与组织农民。因此，到 1946 年年底，随着国共关系的彻底破裂，中共的土地政策也开始有所变化，这时起，考虑更多的不单是如何解决农民的土地问题，而是在实现“耕者有其田”的同时，更好地组织发动农民开展与地主的斗争，并且日益倾向于平均分配土地。

这年 12 月 26 日，中共陇东地委发出《关于征购土地问题的补充指示》，明确指出在土地征购中必须采取群众路线，不能“只有干部恩赐、包办代替及强迫命令行事”，因此，在调查地主土地时，必须发动群众积极参加，在征购中，“对地主抵赖不卖，争提地价，多留土地，争留好地，不废旧约等行为，必须发动群众，撕破面皮，进行斗争，以取得应有果实”。指示同时认为，土地分配如果仅以现耕为基础，“不仅只能解决少数人的问题，且不应得地之佃富农，得到土地；甚至多租者多得，少租者少得。故在征购土地中，一般应以乡为单位，将一切无地少地的贫苦农民，调查清楚，分给一定数量之土地”。指示也改变了原《条例草案》中不动富农土地的规定，提出“凡生活富裕而出租土地较多之大富农，可斟酌征购其出租之若干部分”[①]。中共陇东地委认为在土地征购中应“撕破面皮，进行斗争”，表明对于地主的政策重心已发生变化，由重在团结转变为重在斗争。

1947 年 1 月 24 日，中共中央西北局发出《关于发动群众彻底解决土地问题的指示》。指示一方面承认“这一时期经验证明，征购形式很好”，但同时又指出：“征购只能在群众斗争深入的基础上去实行，形式是公债征购，内容则是退租算账，算账算来的是大部分，征购买出的只是残余；看来是由上而下的法律办法，实质却是由下而上的群众斗争。如无深入的群众斗争，压倒地主，则地主不会拿出土地。土地改革的第一个问题是使群众发动起来，地主屈服下去！所有把征购看成一种恩赐，只由干部包办代替，或不经过群众彻底查租算账斗争，便简单去实行征购，都不

① 中共庆阳地委党史资料征集办公室编：《庆阳的土地革命运动》，1992 年编印，第 295—296 页。

能达到彻底解决土地问题的目的。”①对于土地的分配，指示明确提出，不论农民、工人、乡村贫农或小手工业者、小商人、教员以至巫神等，凡要求土地的都应公平分给。原则是没地的都可得到土地。最好把算账斗争所得土地和献地征购地统统拿出来平均分配，大家都得到利益。指示同时强调，这种平均分配，并不去变动中农的土地，故不等于平分一切土地。只有这样，才能争取90%的农民赞成并参加到土地改革运动中来。

这个指示与陕甘宁边区政府1946年12月20日发出的《条例草案》相比，在土地分配政策上发生了很大的变化：第一，改变了一般地主留给其家中每人平均地数应多于当地中农每人平均地数的50%的规定，而是“对地主，既要彻底取消其封建剥削，又要适当留给土地，使他们有活路。地主留地可以比一般中农稍多，但应按当地土地情况和群众要求以及其本身情况而定。当地人少地多的可多留一点，否则少留，地主本身动产多或有工商业的可少留，否则多留一点”。第二，改变了“富农土地不得征购”的规定，而是提出“对富农，原则是一般的不去变动，而在地少人多的情况下，征购其出租地的一部分，则是可以的。但切忌打击过重，决不可损及其富农经济部分，否则，他们跑向地主方面，中农也会恐慌，那就是很冒险的”。②

---

①《中国的土地改革》编辑部、中国社会科学院经济研究所现代经济史组编：《中国土地改革史料选编》，国防大学出版社1988年版，第332页。

②《中国的土地改革》编辑部、中国社会科学院经济研究所现代经济史组编：《中国土地改革史料选编》，国防大学出版社1988年版，第332页。

2月1日，中共中央政治局召开会议，讨论国内形势和党的任务问题。会议讨论通过的毛泽东起草的《迎接中国革命的新高潮》党内指示中，专门讲到土地问题，认为各解放区已有约三分之二的地区实现了“耕者有其田”，这是一个伟大的胜利，但还有约三分之一的地区土地问题没有解决，必须放手发动群众。同时，在已实现耕者有其田的地方，“还有解决不彻底的缺点存在，主要是因为没有放手发动群众，以致没收和分配土地都不彻底，引起群众不满意”①。而在关于这份党内指示的说明中，毛泽东明确表示西北局和边区政府应该继续解决土地问题，使一切无地的农民都得到土地。“已经分过土地的地方，如果有多数人没有得到土地，只是少数人得到，应该考虑重分，这样可以得到多数群众的拥护。要使农民同地主撕破脸，而不是和和气气。对地主打了再拉，不打只拉就不好。现在有一批干部实际上站在地主方面，应该对他们进行教育。”②在这里，尽管毛泽东也讲到对地主要又打又拉，但他更看重的已是土地改革能不能完成，农民能不能发动起来的问题，而要发动农民，就要让农民敢于同地主撕破脸皮，敢于同地主进行斗争。

陕甘宁边区的土地征购政策也随之发生了实质性的变化。1947年2月5日，中共中央西北局发出《关于修正土地征购条例的指示》，认为陕甘宁边区政府土地征购条例拟制

①《毛泽东选集》第四卷，人民出版社1991年版，第1215—1216页。
②《毛泽东文集》第四卷，人民出版社1996年版，第222—223页。

时，“因对土地改革运动的实际发展了解尚少，有若干不妥之处，其中第十一条，‘土地之承购以现耕为基础’，实与贫雇农要求的平均分配原则相背，妨碍广大群众的发动。第五条‘富农土地不得征购’以及地主留地办法‘不征购地主自耕土地’等也未尽合乎实际要求，在执行中必须改变”。指示尤其强调：“条例只是一种工具，即是以政府法令形式用来支持群众的正当要求，要善于运用来推动群众斗争，而不要束缚群众斗争。”“征购是好办法，但切戒干部包办，作为政府恩赐，变成简单的买卖关系。征购必须与群众诉苦清算斗争结合起来。”“所谓清算，不只是算土地，而包括勾旧账销旧约以及算一件东西算一句话。这样使最大多数群众都发动起来，彻底把地主压服，同时，也使中农得到利益，哪怕得一件旧东西，出一口气也好，吸收他们进来，保持百分之九十农村人口参加并同情这一运动。”“清算出来的和征购出来的土地应统一平均分配给无地少地的人，口号应是‘大家斗争大家得利’。”①尽管西北局指示中并没有否定土地征购的办法，但征购已成为组织动员农民的“一种工具”、一种手段，因而如有更好的“工具”既能解决农民土地问题，更能组织发动农民，征购这种方式被放弃也就成为必然的了。

1947 年 2 月 8 日，陕甘宁边区政府公布《征购地主土地修正条例草案》，取消了原《条例草案》第二章第二条第三款

---

①《中国的土地改革》编辑部、中国社会科学院经济研究所现代经济史组编：《中国土地改革史料选编》，国防大学出版社 1988 年版，第 334—335 页。

“地主自力耕种之土地，不得征购”的规定，将原草案第十一条“土地之承购，应以现耕为基础，进行合理之调剂。使每人所有之土地数量与质量达到大体的平均”，修改为“征购土地之分配，应按人口分配给无地或少地之贫苦人民，使每人所有之土地数量与质量，达到大体的平均”；取消了原《条例草案》第二十五条“土地上之树木及果园，属于佃户栽种者归佃户，属于地主栽种者归地主。荒山自生之森林，随地处理。购地价者，应将不足之部分补给公债”的规定。

同一天，中共中央发出《关于陕甘宁边区若干地方试办土地公债经验的通报》，认为陕甘宁边区若干地方试办土地公债的经验证明，这是解决农民土地问题，最后取消封建土地关系，满足无地、少地农民土地要求的最好办法之一。采用由政府颁布法令以公债征购地主土地的办法，如果与群众的诉苦清算运动相结合，不但不会减弱群众运动，而且使群众的清算更加站在合法地位，使群众感觉到有政府的法令保证而更敢于斗争，使地主感觉到非拿出全部余额土地不可。用清算、献地等办法，常不能把地主余额土地算完、献完，或献出坏地保留好地，如果再加以公债征购的办法，则地主无法保留多余的土地，且可使农民避免某些理由不充足的清算，使农民得到的土地更有合法的保证。但通报同时强调，征购“要与诉苦清算配合起来，不把它看作一种单纯的买卖关系”，并且不是用公债征购的办法去代替清算献地等，“而是在采用清算、献地等办法之外，再增加一个征购的办法，多一个办法总比少一个办法要好”。[①]从这里可以看出，尽管中共中央认为征购是进行土地改革“最好办法之一”，但征购必须与诉苦清算相结合，征购是为了群众“更敢于斗争”，而不是简单地进行土地买卖和解决土地问题。

1947年3月初，国民党军在向各解放区的全面进攻失败后，决定对山东和陕北两个解放区开展所谓重点进攻，其中向陕北重点进攻兵力达25万人，并于3月15日占领延安，陕甘宁地区一度大部分被国民党军队占领，“战争起来对土地改革的执行不能不有影响”，“各地在战争起来后都把土地改革停止下来了”。[②] 这时，陕甘宁边区的土地改革被迫停止，通过土地公债征购地主土地的方式自然也随之中断。

陕甘宁边区对地主实行土地征购后，中共中央曾考虑将这一办法推广到其他解放区。1947年1月10日，刘少奇就土地改革的几个问题征询意见致电各解放区负责人，请其考虑并搜集意见后答复。首先便是“是否由各解放区政府各自颁布法令，发行土地公债，征购一切地主多余的土地，无代价分给农民，以便采用一般合法方式最后取消地主这一个阶级？颁布土地公债法令之时期，是否已到？是否要影响那些土地改革尚未深入的地区及将来新发展地区？因

①《中国的土地改革》编辑部、中国社会科学院经济研究所现代经济史组编：《中国土地改革史料选编》，国防大学出版社1988年版，第338页。
②《习仲勋同志在土地会议总结报告提纲》，1947年11月23日。

为在这些地区还是要用反奸清算等方式来使地主拿出土地”[①]。

就目前公布的材料，只有晋冀鲁豫解放区就刘少奇提出的问题做了明确回答。1947年2月18日，晋冀鲁豫中央局副书记薄一波在其报告中提出：“颁布法令发行土地公债征购土地办法，在我区似不迫切需要。因我区土地问题是采取直接的、平均分配的办法解决，谁都认为分配土地是应该的，是大势所趋，清算就是分配土地(农民认为这是土地还家)，这在地主及农民中间均已认为合法合理。但颁布这样法令亦无妨害，对解决干部家属及民主人士等的土地问题有好处；且可给群众多一层合法斗争的工具亦有好处。”[②]而晋冀鲁豫解放区进行土地改革，主要采取清算的办法，“对地主的清算相当彻底，普遍的办法是‘出题目做文章’，把地主的土地财产全部搞出来，组织管理委员会，实行彻底平分”，随后还开展“填平补齐”，“对地主追究运动极猛烈，土地、房屋等公开财产全部重新分配，地下所埋藏的现金、衣物、器具等亦全部追出”，以满足贫雇农的要求，对地主则“先行扫地出门，然后由群众评议，赠送一些坏地、坏房以示宽大”[③]。

5月1日，刘少奇将薄一波的报告批转给各解放区，肯

① 中共中央文献研究室编：《刘少奇年谱》下卷，中央文献出版社1996年版，第62页。

② 中央档案馆编：《解放战争时期土地改革文件选编(1945—1949)》，中共中央党校出版社1981年版，第54—55页。

③ 中央档案馆编：《解放战争时期土地改革文件选编(1945—1949)》，中共中央党校出版社1981年版，第51页。

定了晋冀鲁豫的做法，认为“晋冀鲁豫农民群众的彻底的革命行动，应给我们全党各级领导机关及领导同志以严格的、有益的教育，证明我们许多同志对于群众运动的顾虑、惧怕、不敢放手，因而在指示和决定上规定一些限制和阻碍群众行动的办法是错误的”，必须迅速纠正那种落后于群众，甚至阻碍群众的“右倾机会主义的错误”。批语同时提出，对于地主必须根据全体90%以上的农民群众的意见来处理。对于中小地主及抗日地主、干部家属地主的照顾，必须是出于群众的自愿。“由领导上规定要留给这些地主多于中农一倍两倍土地的规定是错误的，群众痛恨的恶霸地主必须让群众彻底斗争清算他一切土地财产，然后留给他最后生活。”[①]这时，中共中央已经撤出了延安，刘少奇率中央工委来到晋察冀中央局所在地阜平。根据当时党内的分工，毛泽东留在陕北指挥全国各战场的作战，刘少奇领导中央工委进行各项工作，各解放区土地改革也就由刘少奇负责领导与指导。这份批语意味着采取土地公债征购地主土地，由农民承购来解决农民土地问题的办法，不再被采用，转而采取没收地主的土地财产平均分配给农民的办法。

尽管如此，以上事实证明，五四指示后，中共中央试图通过发行土地债券、征购地主土地这种有偿而不是无偿没收的方式，去满足一部分无地或少地农民的土地要求，也就是通过和平的方式进行土地改革，而不是土地改革运

① 中央档案馆编：《解放战争时期土地改革文件选编(1945—1949)》，中共中央党校出版社1981年版，第49页。

动一启动，就以激烈的阶级斗争和暴力方式进行土改，只是因为蒋介石集团顽固地坚持反共反人民的立场，一意孤行地发动大规模内战，为了迅速动员广大农民支持革命战争，中国共产党才不得不采取没收地主阶级的土地分给农民的政策。

在调查研究中调整新区土改政策

1947年秋，解放战争进入战略进攻阶段，将战场引向国民党统治区。随着大片新解放区的开辟，这些地区一度进行急性土改，引发了一些问题。1948年年初，在老解放区纠正土地改革中出现的“左”的偏差过程中，中共中央和毛泽东在反复征求意见、开展调查研究的基础上，决定新区暂停土地改革，转而实行减租减息，这一决策体现了求真务实精神，有利于稳定新解放区的社会秩序，也为下一步深入开展土地改革奠定了基础。

一、“村村点火，处处冒烟”

1946 年夏全面内战爆发后，国民党军向解放区大举进攻，人民解放军不得不进行自卫反击，战争主要在解放区进行的。1947 年秋，刘伯承、邓小平率领晋冀鲁豫野战军（即刘邓大军）主力 10 余万人，经过千里征战，来到了大别山，创建了新的根据地，揭开了中国人民解放军战略进攻的序幕。

大别山地区在土地革命时期和全民族抗战时期，都曾是中国共产党开辟的重要根据地。土地革命战争时期，这里属于鄂豫皖苏区，是仅次于中央苏区的第二大苏区，从这里走出了红军主力之一的红四方面军，全民族抗战开始后红四方面军改编成八路军第一二九师，晋冀鲁豫解放军就是由第一二九师发展而来的。全民族抗战时期，这里是新四军第五师活动的地区。到抗战胜利时，形成了以大别山为中心的中原解放区，第五师会合其他抗日武装组成的中原解放军。全面内战是以蒋介石大举向中原解放区发动进攻为起点的。在牵制住大量的国民党军队后，为了保存中原解放军的有生力量，除留下一部分部队就地坚持游击战争外，中原解放军主力奉命突围，中原解放区大部分地区被国民党军占领。

晋冀鲁豫野战军刚到大别山地区时，原以为这里是老苏区，群众会出来欢迎和提供帮助，但没想到老百姓见到解放军后，非躲即藏。原因是共产党的军队几进几出，每次离开这里后，国民党都要实行残酷的烧杀政策，群众对这次共产党的队伍重来心中没有底，不知共产党什么时候又会撤走。加之国民党在大别山地区强化保甲制度和反动党团组织，进行特务统治，使群众不敢接近解放军。有的部队进山后，白天黑夜行军找不到一个向导。只要两个老百姓在一起，就推托说不知道道路。这样严重的状况，是从北方老解放区来的干部战士们从未遇到过的。虽然来大别山之前，部队带了些金子和晋冀鲁豫边区的票子，但是用不出去，买不来东西。

这时，刘邓大军面临的第一个问题是如何立住脚。为了生存，只能采取红军时期的老办法——打土豪，没收地主的财物以解决部队的急需。正好此时在河北平山县召开的全国土地会议已经闭幕，中共中央公布了《中国土地法大纲》，建议各解放区实施这一纲领，开展土地改革。在接到中共中央关于贯彻土地法大纲指示的当天，中共中央中原局就发出《关于放手发动群众创建大别山解放区的指示》，要求所有部队和地方党委坚决反对右倾现象，把土地改革作为创建根据地的有力武器，在有初步工作基础的地区，立即放手发动群众，分浮财，分土地，在5个月内完成土地改革。指示还建议从每个纵队抽调1000—2000名干部和老解放区翻身农民战士，训练5—7天后，组成若干工作队，直接参与和领导土地改革，以解决地方干部严重不足的困难。

在贯彻《中国土地法大纲》推动土地改革的过程中，由于战争环境，敌我拉锯激烈，加之群众对根据地能否巩固存在疑虑，还在等待和观望；而当时的战争形势又迫切要求迅速完成土地改革，以争取群众支持战争。在这种情况下，容易产生急躁情绪和过激的斗争方式。中原局的指示发到各地后，“不少地方的干部为了急于发动群众，扩大土地改革区域，完成土改任务，提出了‘一手拿枪，一手分田，打到哪里，分到哪里’和‘村村点火，处处冒烟，走一处点一处’等过激口号”[①]。中原新区的土地改革与老区一样，也一度出现了“左”的现象。有的地方在“贫雇农打江山坐江山”思想的支配下，土地改革中将中农撇在一边，甚至侵犯中农的土地财产；有的地方只图快分地，在地上插一块牌子，就算分地了，而不管地主、富农是否真正打倒；也有的地方群众并未发动，而由工作队包办代替，表面上地主、富农的土地到了农民手中，但农民担心地主反攻倒算，白天分了地，晚上又偷偷将地送回去，改成租佃关系；有的地方虽然分了土地，但由少数所谓“勇敢分子”所占，实际上这些人不少是流氓分子或与地主有联系的分子，而大多数贫雇农没有分到，或分得的是很坏、很少的土地，或者农民只敢要弱小地主、富农的土地，而不敢要有势力

①任涛：《邓小平在中原》，中央文献出版社1993年版，第159页。

的地主、富农的土地。虽然组织了农会，但由于群众没有真正觉悟与发动，农会很快被流氓、地主的狗腿子所把持，与地主勾结，进行假斗争。这样，农民没有翻身，地主、富农与新政权对抗，土地改革任务并未完成，根据地也就难以巩固。

打土豪、分浮财的办法虽然痛快，在短期内解决了部队的吃穿问题，并为一些群众中的“勇敢分子”所欢迎，但容易发生不分真土豪还是假土豪乱打一通的问题，分浮财也常常是少数“勇敢分子”分得多，真正穷苦的群众反而分得少，而且在分完地主、富农的浮财后，负担就转嫁到了中农身上。中农负担不起，又将一部分负担转嫁到贫农身上。结果，中农的利益受损，贫农也没得到实际好处。中原局副书记李雪峰在给刘少奇的报告中曾这样说：“在分浮财的地方缺乏组织，阶级阵营不清，形式是一村一村地辗转去分，实际是吃大户，叫做‘嗡’。好处是满足了群众一些要求，启发了群众进一步分地的要求。但流氓、地富狗腿及伪装分子大批混入，浪费很大。这村打那村，引起群众之间的纠纷。”①在打土豪、进行急性土改的过程中，还发生了乱打乱斗的现象。

打土豪、分浮财的结果，没有从根本上发动群众，反而造成社会动荡，农民并未真正翻身，新建立的政权也极不牢固。桐柏解放区有的地方，土改工作组进村两三天就建立起贫雇农小组，由于工作粗糙，基本群众没有发动，

① 李雪峰：《关于大别山及淮西情况给刘少奇的报告》，1948 年 1 月 18 日。

结果不少贫雇农代表或者是被地主和伪保甲人员操纵的流氓、地痞充当，或者是由伪保甲人员摇身一变而成。土地改革中普遍存在急于求成的情绪，提出要“五天分浮财，半月分土地”，对地主、恶霸、伪保甲人员不加区别一律斗争，有的地方干部甚至提出“有大打大，无大打小”，“第一要枪，第二要钱，第三要命”的错误口号，造成地主纷纷逃亡，甚至拉起武装或投靠地方反动武装与新政权为敌。如河南泌阳县在解放3个月后，逃窜的地方反动武装竟由2个团扩充到3个团，人数由2000人增加到3000人。河南新野县原有地主民团1000余人，在国民党军队对解放区进行“扫荡”时，变成了2000多人。其中固然有敌人的欺骗煽动和威逼利诱，但土地改革中过左的一些做法也不能不说是一个重要因素。①

对于急性土改中出现的问题，中共桐柏区党委后来也检讨说：“提出打土豪、分浮财，半年之内赤化桐柏。强调快，一个干部一天走马分浮财二十余村。强调反右，反尾巴主义，认为此地群众比华北强，不用思想发动，把表面轰轰烈烈的现象看成群众运动的高潮（如分浮财时乱抢，部队每次出发，有一大群人跟在后边，到外村去分浮财）。把假斗争认为是群众自动性强（如某村群众半路拦住一个通讯员，硬叫他领导分浮财，一时传为笑谈，其实是该村群众事前布置的一套假斗争，以免外村群众来乱抢乱分）。而演

---

① 中共河南省党史工作委员会：《桐柏解放区革命史》，河南人民出版社1990年版，第42—43页。

变的结果，打土豪分浮财形成村与村的斗争。甲村没收乙村，乙村没收丙村。有一农民出去分浮财，回去一看，他自己浮财也被分，两相比较，反而吃亏，于是再出发去分浮财。”①

与此同时，陈赓、谢富治率领晋冀鲁豫野战军一部(称为陈谢兵团、陈谢大军)挺进豫西之后，也搞起了急性土改。1947 年 9 月 13 日，陈谢大军刚刚解放豫西重镇灵宝，兵团前委就在陕县大营村召开扩大会议。会议由前委副书记谢富治主持，参加者有部分前委委员，陕县、灵宝、阌乡三个县委的负责人及从老解放区随军进入豫西参加土改的五个干部大队的负责人。会议的中心内容是传达全国土地会议精神，制订土地改革计划，结合整党，快速完成平分土地的任务。

会议开始时，谢富治就明确表示，这次在豫西新区搞土地改革，就是同土地革命时期打土豪、分田地一样那样搞。会议提出的口号是：“放手点火，彻底消灭地主阶级，解决一切无地、少地农民的土地问题，实现耕者有其田。”会议认为，进入新区进行土地改革的总任务就是点火。这一把火如果不能迅速点起来，根据地就不能创建，继续打胜仗也就成了问题。参加会议的一位负责人在会议上做总结时还这样说：“蒋管区的农民苦大仇深，群众就像一堆干柴，一点就着。各土改基点应尽快发动群众，平分土地，做到村村点火，处处冒烟。”会议决定以灵宝为土地改革重

---

①刘统：《中原解放战争纪实》，人民出版社 2003 年版，第 412 页。

点县，其他县也确定了一些基点作为土地改革试点，并要求用 15 天的时间完成土地改革试点。

大营会议之后，豫西新区土地改革在群众没有充分被发动的情况下仓促启动，并用所谓的“走马点火”的方法，即一天跑几个村子，马不停蹄抄地主的家，没收其粮食、财物，走到哪里就将火烧到哪里，进行快速土地改革，结果发生了乱打乱斗的现象。栾川县庙子村的土地改革工作队进村的第一天，就召开群众大会，领着那些敢抄、敢拿、敢打的“勇敢分子”，将地主家的粮食、家具、钱财没收一空，所有财物，谁拿归谁，结果，贵重财物多被少数投机分子所得。有的地方，部队干部把东西挨家挨户地送到贫雇农家里，但部队一离开，往往又被地主夺去。

在土地改革中已经出现“左”的倾向的情况下，领导土地改革的兵团前委负责人还主观地认为“广大农民早已达到完全成熟的程度，无须酝酿，无须启发诱导，只要抓住他们没有饭吃的要求，一号召穷人起来分地主的粮就会立即行动起来。这真是万事俱备，只待东风”①，要求土地改革运动要一气呵成，更大胆地放手，更猛烈地把运动推向前进，再大干 15 天，全部完成土地改革任务。栾川县县长邓一川给地委写信，要求对土地改革中过左的做法予以纠正，却被视为“右倾”，在地委的《点火通讯》上加以通报批评。

这样一来，“点火抄家”之风在豫西新区迅速蔓延，表

---

① 中共三门峡市委党史地方史志办公室：《三门峡革命史》，当代中国出版社 2001 年版，第 323 页。

面上运动轰轰烈烈，实际上群众并未真正发动，即使那些分了地的地方，也有不少是由地富领导的假分地或少数“勇敢分子”分得了斗争果实，广大贫雇农并没有分到土地和浮财。也有的地方勉强分了地和浮财，但农民不敢要，以致出现了“白天分果实，夜晚送原主”的现象。

西北新解放区也出现类似的情况。陕西韩城县1948年3月解放后，提出“快定快分”的口号，结果是贫雇农并没有分到多少果实，而“扫地出门”、乱打乱斗那一套“左”的东西却很快传开，弄得不少人恐慌逃跑，造成很不好的影响。这时，革命形势很好，人民解放战争节节胜利，靠近陕甘宁解放区陇东陕甘边一带的人民，一向受到极其反动的军阀马步芳统治，当年红军西征(即西路军)时曾吃过马家军的大亏，但现在的形势完全不同了，“听说八路军共产党，都争着来掩护。甚至过去一些反共分子，也帮助我掩护人员，极力表示好感。这种情形，确为前所未有的革命形势”。但是，在如此大好形势下，也隐藏着另一种危机。陕西的西府(关中西部)地区因距离陕甘宁解放区比较远，解放军去了以后，群众热烈欢迎，情绪安定；可是离解放区近的黄龙地区，群众反而存在恐慌，特别是中农以上的农村阶层，担心解放军来了之后在土地改革斗争中动刑，传言说共产党要开展清算斗争，要组织棒子队、石头队打杀地主、富农。“这其中，虽不免有特务故意散布谣言，但老区‘左’倾的偏向，却大大地影响了新区群众，那也是无法否认的事实。”[①]

二、中共中央决定新区暂停土改实行减租减息

这时，毛泽东在考虑如何纠正土地改革中的“左”的错误，使土地改革工作走上正轨。1948年1月14日，他就新解放区的各项政策问题，致电邓小平，征询邓小平的意见。电报中毛泽东一共提出了六个问题：(一)在新区是否应当分两种区域，一种是可以迅速建立巩固根据地的，一种是要经过长期拉锯战才能建立巩固根据地的，对两种区域的工作是否采取不同的政策？(二)新区土地改革是按土地法大纲平分，还是对富农及某些弱小地主暂时不动？新区中富农及弱小地主态度如何？(三)是否有开明绅士同我们合作？(四)是否有许多知识分子和我们合作或表示中立？(五)各阶层商人态度如何？我军是否可以避免向新区工商业资本家进行筹款？如果筹款，方式如何？(六)如何处理国民党政府、党部、三青团[②]和各种人员？其中是否有些人是可以争取的？如何处理保甲长？[③]

---

①《中国的土地改革》编辑部、中国社会科学院经济研究所现代经济史组编：《中国土地改革史料选编》，国防大学出版社1988年版，第524页。

②“三民主义青年团”的简称。国民党控制的青年组织。1938年4月国民党临时全国代表大会决定成立，同年7月组成中央团部。下设支团部、区团部、分团部、区队、分队各级组织，并建立“青年服务队”等各种外围组织。1947年9月，国民党六届四中全会决定，将三青团并入国民党。

③《毛泽东文集》第五卷，人民出版社1996年版，第17页。

邓小平在接到毛泽东的电报后，于1月15日和22日两次回电，介绍了大别山根据地的特点：经过两个时期，这里的地主、富农已经变得特别狡猾，无论在苏维埃时期还是抗日战争时期，他们对农民及革命分子的压迫都很残酷，普遍采取自首政策，充分利用叛徒，消灭我之游击战争和党的组织。基本群众则经过多次失败的教训，不敢轻易起来，但起来后则很有力量。

邓小平对大别山地区的土地改革情况做了如实汇报："地方干部大部质量不强能力太弱，能够坚决执行党的路线(特别是走贫雇农路线)的固不缺人，但做坏事的的确不少。我们最近到立煌(今安徽省金寨县，引者)检查工作，该县进行土地革命，敌情并不严重，但工作坏，在分浮财中贫雇农几乎没有分到什么东西。实行所谓积极分子分果实，使果实落到流氓、地痞、地主狗腿子手里，最好的东西被本地干部吞了，许多斗争果实存在区村，每天开大锅吃饭，部队干部经常还要吃好的，穿好的，逐渐浪费了。另一方面，实际还要向贫农要粮、要鞋、派差事、派慰问品，提拔坏人当干部，田还没有分(少数分了是假的)，强迫命令的方式。"①

针对大别山地区的特点和土地改革中存在的问题，邓小平认为，在土地改革中应分两种地区，采取不同的政策。在巩固区可以进行土地改革，满足贫农要求的政策。为达到此点，富农的粮食、耕牛、农具、土地、埋藏的现金，

① 转引自任涛：《邓小平在中原》，中央文献出版社1993年版，第161页。

必须拿出来分配，才能解决贫雇农的困难。但可坚持对弱小地主的衣物、家具在分配时，留出自用的部分(农民在分配时，多一扫而光)。对中农由于干部成分不纯，或掌握不住政策，仍有侵犯富裕中农的事实，应予以纠正。对中农最大的问题是平分土地。在新区一般采取中农不动的政策为好。不是强制地打乱平分，使中农不满。事实上，初期分配的土地，问题必多，将来还要经过一次、两次复查，即使需要彻底平分，那时再做也比现在引起中农不满为好。在游击区，一时期内还谈不上平分土地，但应深入宣传土地法大纲。我们在游击战争中，坚决执行打土豪、分浮财、组织秘密贫农团、耐心团聚群众的政策。对一般的小地主、富农应该暂时不动，但对其中的反动分子，则坚决打击没收。

在收到邓小平第二封电报的当天，毛泽东就新区土地改革的有关问题起草了一封给华东野战军负责人粟裕的电报。电报稿中提出，土地改革工作不能性急，应按照消灭敌人武装力量的情况、领导土地改革干部的多少强弱、群众的觉悟程度与组织程度决定土地改革工作的速度。如果通过积极努力，工作得法，不犯大的错误，能够在三年以内大体完成土地改革，就是极伟大的成绩。新区没收分配土地应分两个阶段：第一阶段没收分配地主的土地，中立富农，富农土地原则上不动。在没收地主土地时，还应当分别大、中、小，地主中的恶霸与非恶霸，采取不同的待遇。组织以贫农为主体，除地主、富农以外一切农民参加的农民协会，而不另组贫农团。第二阶段，平分一切封建阶级的土地，富农的土地此时才动。

毛泽东强调，在群众觉悟程度有很大区别的新区与老区，《中国土地法大纲》的应用必须有所区别。在新区土地改革中，不能一切区、乡同时动手，而应先从一两个区做起，做出成绩，取得经验，影响他区群众后逐步推广。新区也应当分两种地区，一种是基本巩固的地区，应当开仓济贫，斗恶霸，分大地主的浮财，组织农会、政府、民兵、游击队，逐步发展到没收分配地主阶级的土地，进行土地改革。第二种是敌人还可能再来并将久占的地区，这种地区，只能向群众做宣传，开仓济贫，分发一部分浮财，寻找积极分子，成立秘密精干的党的组织与群众组织及游击队，并教育群众准备敌人再来时的应付办法，而不可进行土地改革。

这份电报稿写好之后，毛泽东并没有马上发出。为了慎重起见，他决定征求刘少奇在这个问题上的意见。2 月 3 日，毛泽东致电刘少奇，提出《中国土地法大纲》的实施，应当分三种地区采取不同的策略。对于大反攻之后开辟的新区，由于群众尚未发动，国民党和地主、富农的势力还很大，一切尚无基础。因此，不应当企图一下子实行《中国土地法大纲》，而应当分两个阶段实行。第一阶段，中立富农，专门打击地主。在这个阶段中，又要分为宣传，做初步组织工作，分大地主浮财，分大、中地主土地和照顾小地主等项步骤，然后进到分配地主阶级的土地。同时，应当组织贫农团作为领导骨干，还可组织以贫农为主体的农会（可称为农民协会）。第二阶段，将富农出租和多余的土地及其一部分财产拿来分配，并对前一阶段中分配地主土地尚不彻底的部分进行分配。第一阶段，大约须有两年时间；第二阶段，须有一年时间。①

过了两天，毛泽东又致信刘少奇，要他对给粟裕的指示“先加审查提出意见”。2月6日，他再次致电邓小平并刘邓野战军后方指挥所，及陈赓、谢富治、粟裕、陈士榘、唐亮，征询他们对新解放区土地改革的斗争策略和组织形式的意见，并指出：“土改时间问题，我在几个月前觉得可以快些，后来得到陈（赓）、谢（富治）在陕（县）、灵（宝）、阌（乡）区的经验及晋绥、陕甘宁等老区经验，觉得不能过于性急，应以条件成熟为原则。”②

2月8日，邓小平复电毛泽东，表示同意毛泽东给粟裕电报的内容，认为新区必须树立两个观念：“（一）根据地之确立与土改之完成要经过相当长的过程，绝非一年半载所能达到。（二）斗争策略上应分阶段、分地区地逐步深入，开始应缩小打击面，实与农民有利，否则必犯急性病和策略上的错误。”邓小平还提出，大别山根据地在新区，除了分为两个阶段外，还应分为两种区域，即可以巩固区域和游击区域。在可以巩固区域，树立贫雇农骨干，组织贫农团，将所有地主的财产及富农多余的土地、财物，全部交给贫雇农（下中农也得到一部分），贫雇农积极性大大提高。但应修正几点：（一）中农打乱平分应绝对采取自愿原则，

①《毛泽东选集》第四卷，人民出版社1991年版，第1278页。

②中共中央文献研究室编：《毛泽东年谱（1893—1949）》（修订本）下，中央文献出版社2013年版，第277—278页。

不要勉强。(二)现在的贫农团已经保证了贫农在农村的领导骨干作用，即应迅速扩大为农民协会，吸收中农入会和个别中农积极分子加入领导机关。在尚无工作的此类新区，亦可不先组织贫农团，而先组织农民协会，但必须保证贫农的领导。(三)暂时不斗富农底财。(四)使地主，特别是小地主能够生活，不要一扫而光。①

毛泽东收到邓小平的复电后，很赞许他这种实事求是的精神，立即将电报转发各地，认为“大别山经验极可宝贵，望各地、各军采纳应用”，并强调土地改革分阶段、分地区“极为必要”。

在征求各方面的意见后，毛泽东将他给粟裕的电报做了修改，并以《新解放区土地改革要点》为题，于2月15日作为党内指示下发。指示的主要内容是：新区进行土地改革“不要性急，应依环境、群众觉悟程度和领导干部强弱决定土地改革工作进行的速度。不要企图在几个月内完成土地改革，而应准备在两三年内完成全区的土地改革”。新区土地改革应分两个阶段：第一阶段，打击地主，中立富农；第二阶段，平分土地，包括富农出租和多余的土地在内。总的打击面，一般不能超过户数的8%，人口的10%。区别巩固区和游击区。在巩固区逐步进行土地改革；在游击区只做宣传工作和隐蔽的组织工作，分发若干浮财，不要公开成立群众团体，不要进行土地改革，以防敌人摧残群众。

① 中央档案馆编：《解放战争时期土地改革文件选编(1945—1949)》，中共中央党校出版社1981年版，第231页。

反动分子必须镇压，但是必须严禁乱杀，杀人愈少愈好。要严格注意保护工商业。

2月13日、3月7日，中共中央中原局副书记李雪峰两次就新区土地改革策略问题及淮西新区工作经验向毛泽东做报告。李雪峰在报告中谈道："大地主及与保甲统治有关的地主、恶霸，多与蒋匪结合，破坏土地改革，利用本庄本姓，自动分粮，挑拨外来与本地贫雇农，组织中农会、假农会，利用狗腿子流氓，破坏贫农团。在战争时逃亡了的乡长、保长，随土匪回来，土豪被打击了的，准备向蒋区逃跑，被杀了保长不埋，等着报复。而肉头地主、一般地主与富农，即是被分浮，则也个别被杀了的，其家人不敢报复。群众在斗争时，一般也愿加以区别。"毛泽东对这段话特地加按语说："必须加以区别，缩小打击面，杀人愈少愈好，只杀少数最反动分子，严禁乱打乱杀。"①可见，毛泽东对新区一度出现的乱打乱杀问题是极为重视的，也是坚决反对的。

按照中共中央和毛泽东有关新区土地改革的指示方针，各新区对前一阶段土地改革工作中的经验教训进行了认真的总结，研究了纠正"左"倾错误的办法和措施。

3月8日，邓小平代表中原局向毛泽东和中共中央做了《关于进入大别山后的几个策略问题》的报告，检查了大别山地区在土地改革等问题上的"左"倾急性病的各种表现及

---

①中央档案馆编：《解放战争时期土地改革文件选编(1945—1949)》，中共中央党校出版社1981年版，第270页。

其危害："不分阶段不分地区对大、中、小地主及富农一齐动手，致树敌太多，增加了许多障碍，反于人民不利"；"在实际斗争中相当普遍地采取了拒绝中农的态度，甚至打击到富裕中农，其结果使贫雇农更加孤立，易受摧残，甚至影响到贫雇农不敢起来"；"没有明确的工商政策，税收过重"；"不是估计哪些是巩固区，哪些是游击区而有重点地分布力量，规定不同的策略步骤"等。毛泽东对邓小平这种勇于自我批评的精神十分赞赏，他将邓小平的电报转发给各中央局、分局、前委负责人，指出："有了这样的自我检讨，就有使广大干部逐步学会党的策略观点与政策观点的可能；而没有全盘的策略观点与政策观点，中国革命是永远不能胜利的。"①

4 月 25 日，邓小平在豫陕鄂干部会议上做了《跃进中原的胜利形势与今后的政策策略》的报告，讲到了战争、土地改革、整党、工商业政策和杀人等五个方面的问题，重点在于纠正"左"的错误。关于土地改革，邓小平强调了它的重要意义，认为不进行土地改革，就不能长期支持战争，革命也不会成功，但他同时认为，土地改革不是空喊几句口号就能完成的，它牵涉到许多政策问题需要解决。他强调，现在防止的主要倾向是"左"。这种倾向表现在土地改革划阶级中，把地主、富农同样对待，侵犯中农，对中农采取拒绝态度；新区工作中犯急性病，打击面宽，工商业

① 转引自中共中央文献研究室编：《邓小平传（1904—1974）》上，中央文献出版社 2014 年版，第 713—714 页。

政策“左”。现在如果不克服“左”的偏向，就不能把土地改革搞好，就不能把根据地的经济建设好。①

随后，邓小平集中主要精力全面了解和调查中原各解放区特别是豫皖苏和豫陕鄂两大区的土地改革情况。此时，中原全区有 4500 万人口，其中为人民解放军基本控制的区域大约有 2000 万人口，游击区约有 1000 万人口，没有到过解放军的崭新区约 1500 万人口。在基本控制区和游击区中，实行了分田的只有 400 万人口，其余的地区大都只分了浮财。邓小平在调查中了解到，各区土地改革中“左”的倾向大约持续了两个月的时间，1948 年 1 月开始相继得以纠正，其中大别山地区因为环境不许可，实际上已经停止了土地改革，但干部的思想没有打通，有抵触情绪，直到三四月间这种状况才有了改变。各区在纠正“左”倾错误后，群众反映良好。大别山在停止土地改革、制止乱打乱杀和乱没收后，逃亡的地主、富农纷纷回乡；豫西、豫皖苏的地主武装也逐渐减少，集市开始恢复，社会秩序也在走向安定。陕南的群众说：“我们不是马上要地，土地哪个不想要，只是不敢分，只要你们不走，不再受国民党拉丁、派款的压迫，两年内，我们就可以把土地赎回来。”②

通过调查研究，邓小平感到，在新区马上进行分浮财、分土地是不适宜的，新区党的主要精力应放在发展农业生产、稳定社会秩序、动员群众支持战争上。5 月初，他在给

---

①《邓小平文选》第一卷，人民出版社 1994 年版，第 104 页。

②任涛：《邓小平在中原》，中央文献出版社 1993 年版，第 196—197 页。

毛泽东的一份报告中提出，当前中原局的工作，应将重点放在财经工作方面，至于土地改革工作，则可推迟到今冬明春再逐步进行。5 月中旬，邓小平又召集中原局和陕南、豫西两区的负责人开会，讨论今后工作方针。会议一致认为，新区实行打土豪、分浮财，过早进行土地改革害处很大。今后这两区不应再分浮财、打土豪，就连地主也暂时不要打。要打的只是那些首恶分子、大恶霸、最严重的反革命分子和最反动的乡、保长，以建立反蒋反胡(宗南)的统一战线。

这期间，毛泽东经过长途跋涉来到了晋察冀解放区平山县。通过从陕北到河北一路的调查了解及各解放区的情况汇报，毛泽东对新区土地改革工作如何进行的考虑逐渐成熟。5 月 24 日，他就新区农村工作的策略问题致电邓小平："新解放区必须充分利用抗日时期的经验，在解放后的相当时期内，实行减租减息和酌量调剂种子口粮的社会政策和合理负担的财政政策，把主要的打击对象限于政治上站在国民党方面坚决反对我党我军的重要反革命分子，如同抗日时期只逮捕汉奸分子和没收他们的财产一样，而不是立即实行分浮财、分土地的社会改革政策。""在一两年甚至三年以后，在大块根据地上，国民党反动派已被消灭，环境已经安定，群众已经觉悟和组织起来，战争已经向遥远地方推进，那时就可进入像华北那样的分浮财、分土地的土地改革阶段。这一个减租减息阶段是任何新解放地区所不能缺少的，缺少了这个阶段，我们就要犯错误。”①

毛泽东认为，过早地分浮财，只是少数“勇敢分子”欢迎，基本群众并未分得，因而会表示不满。而且，社会财富迅速分散，于军队亦不利。而且过早地分土地，使军需负担过早地全部落在农民身上，而不是落在地主、富农身上。不如不分浮财，不分土地，在社会改革上普遍实行减租减息，使农民得到实益；在财政政策上实行合理负担，使地主、富农多出钱。这样，社会财富不分散，社会秩序较稳定，利于集中一切力量消灭国民党反动派。

5月25日，中共中央发出了《一九四八年的土地改革工作和整党工作》的党内指示，提出进行土地改革必须具备如下三个条件：第一，当地一切敌人武装力量已经全部消灭，环境已经安定，而非动荡不定的游击区域。第二，当地基本群众（雇农、贫农、中农）的绝大多数已经有了分配土地的要求，而不只是少数人有此要求。第三，党的工作干部在数量上和质量上，确能掌握当地的土地改革工作，而非听任群众的自发活动。如果某一地区，在上述三个条件中，有任何一个条件不具备，就不应当将该地区列入1948年进行土地改革的范围。

指示明确指出，华北、华东、东北、西北各解放区的接敌区域和中原局所属江淮河汉区域的绝大部分地区（即大反攻以来的新区），因为尚不具备第一个条件，即不应当列入1948年的土地改革计划内。1949年是否列入，还要看情

---

①《毛泽东选集》第四卷，人民出版社1991年版，第1326—1327页。

况才能决定。在这类地区，应当充分利用抗日战争时期的经验，实行减租减息，酌量调剂种子、粮食的社会政策和合理负担的财政政策，以便联合或中立一切可能联合或中立的社会力量，帮助人民解放军消灭一切国民党武装力量和打击政治上最反动的恶霸分子。在这类地区，既不要分土地，也不要分浮财，因为这些都是在新区和接敌区的条件之下，不利于联合或中立一切可能联合或中立的社会力量，完成消灭国民党反动力量这一基本任务的。

7月17日，中共中央又做出《关于南方各游击区暂不实行土改的指示》，认为这些地区“应执行减租减息的社会政策及合理负担的财政政策，以便联合及中立一切可能的社会力量，争取游击战争的胜利；不应过早实行分配土地的政策，致使自己陷于孤立”①。

三、退一步进两步的效果

新区由实行土地改革到实行减租减息，是一个重大的政策转变，它对于稳定新区的社会秩序，防止和纠正“左”的错误的发生，并最终保证土地改革的胜利起了重要作用。

按照中共中央的指示精神，各新解放区都相继决定停止土地改革，改为实行减租减息。1948年6月6日，中原

① 中央档案馆编：《解放战争时期土地改革文件选编（1945—1949）》，中共中央党校出版社1981年版，第387页。

局做出了由邓小平起草的《关于执行中共中央土改和整党工作指示的指示》(即“六六指示”)。这个文件全面总结了一年来新区工作的经验教训，强调指出：“为了不重复错误，有效地团结一切社会力量反对美蒋，更早地完成全部解放中原人民的任务，全区应即停止分土地，停止打土豪、分浮财，停止乱没收，禁止一切破坏，禁止乱打人、乱抓人、乱杀人等等现象。”①

中原局还对不同地区的工作方针和策略做出了不同的规定。

——在控制区，凡是没有分土地的地方，立即停止分配土地的宣传，进行减租减息、合理负担的宣传，并立即着手调查研究，创造典型，积累经验，在各区范围内制定统一简明的减租减息及合理负担的法令和进行步骤，并以此训练干部，教育群众，准备在秋后至明春，形成一个广泛的减租减息群众运动。在已经分了的地方，分清真分还是假分，真分的确定地权、财权不再变动；假分的说服群众自愿改为租佃关系，实行减租减息。

——在游击区，则应在团结一切社会力量对敌斗争为主的方针下，坚决进行反抓壮丁、反掠夺、反保甲特务统治的斗争，保护基本群众和各阶层的利益，并按照环境及群众要求，适当地进行减租政策。

——在崭新区，解放军进入之后，应采取更宽泛的统

① 中央档案馆编：《解放战争时期土地改革文件选编(1945—1949)》，中共中央党校出版社1981年版，第374页。

一战线政策，团结一切社会力量，切不可打倒一切，使自己孤立起来。在社会政策上，不打土豪，不分浮财，不做经济上的没收。在执行减租减息政策时，也应经过宣传组织、政府颁布正式法令等步骤，不可毫无准备地贸然进行。

毛泽东对中原局的这个文件给予很高的评价，认为这是对中共中央 5 月 25 日指示中规定的新区工作原则的具体化。6 月 6 日，他为中原局的指示加写了一段有关人民解放军进军中原所取得的伟大成就的文字。6 月 28 日，他又在写给刘少奇、朱德、周恩来的信中建议将中原局指示发给中原局以外各中央局、分局、前委，并在信中说："有了中原局这个文件，中央就不需要再发这类文件了。"

与此同时，其他解放区也把他们关于新区土地改革的意见报告了中共中央。华东局提出，他们准备在新解放区实行减租减息，对大地主和重利盘剥者进行废债，发展生产，实行合理负担。在此基础上，进行建党、建政(权)，建立贫农团与农会组织，准备将来进行土地改革的必要条件。至于接敌区与游击区，一律不进行土地改革，应视情况进行减租减息或仅做反对国民党捐税、征粮和抽丁的斗争。①

7 月 15 日，西北局书记习仲勋向中共中央提交了《关于新区工作问题的报告》，向中共中央反映了一个以前不曾注意到的情况，即国民党统治区"一般农民生活，并不如我们

①《中国的土地改革》编辑部、中国社会科学院经济研究所现代经济史组编：《中国土地改革史料选编》，国防大学出版社 1988 年版，第 518 页。

原来所想象的那样穷困，所想象的那样无法生活下去”，因此，更需要在开辟新区时制定正确的政策。他说，新解放区不应过早地提出土地问题。现在新区以至国民党统治区的地主富农，主要不是怕分地，而是怕乱杀、乱打、乱斗，怕乱“扫地出门”，不少地主故意把自己的土地拿出分配，只要不打死不乱斗。在这种情况下，政府对于地主自动献出的土地，应当接收，调剂给无地农民。否则地主不安，担心随时被斗争。在新解放区一般应实行减租减息，即使在靠近边区的地方，也要看群众觉悟程度如何再决定土地改革与否。[①]

新区停止打土豪、分浮财，不进行急性土地改革后，很快安定了各阶层的情绪。消除了贫农的顾虑，中农放心了，地主、富农也大大减少了与新政权的直接对抗，逃亡在外的地主、富农相继回家。皖西宿松县团山村的地主回家后说：“我愿将多余的土地山林拿出来分给农民，保证不做坏事。过去我们只怕打杀，早知如此公平合理，谁跑在外边受罪呢？”[②]

1948 年 8 月 18 日，中共中央中原局发布经中共中央修改后的《减租减息纲领》，正式在中原新区实行减租减息政策。

关于减租，《减租减息纲领》规定：所有地主、旧式富农及一切公田、学田、祠堂、庙宇、教会所租之土地，不

①《中国的土地改革》编辑部、中国社会科学院经济研究所现代经济史组编：《中国土地改革史料选编》，国防大学出版社 1988 年版，第 524 页。
② 刘统：《中原解放战争纪实》，人民出版社 2003 年版，第 414 页。

论任何租佃形式，一律实行“二五减租”，即按原租额减去二成半；地租一律于产物收获后缴纳，禁止预收地租，尤不得索取其他一切劳力或财物的额外剥削；陈年欠租一概免交；所有押租押金，一律取消；减租后应确实保障佃权。

关于清债减息，《减租减息纲领》规定：过去农民向地主、旧式富农所借旧债，一律按月利分半计算清债。其多年债款，应照下列原则清理之：利倍本(即借本 100 元已还息达 100 元者)停息还本；利二倍于本(即借本 100 元已还利息达 200 元者)本息停付。旧债清偿后，其抵押债务之土地应即交还农民。农民与农民间(指贫农、中农间，包括富裕中农在内)债务，由农民自行处理之。

为了配合减租减息政策的实行，中原局机关报《豫西日报》于 8 月 24 日发表了经中原局常委讨论，又经中共中央修改的社论《停止新区土改实行减租减息》。社论说：中原新解放地区停止土地改革，而改为减租减息，是由于实行土地改革的准备工作在中原大部分地区尚未充分进行。如果急于进行土地改革，对多数农民好处并不多，对整个社会生产更无好处。社论明确指出，凡是在抗战时期，或在人民解放战争初期，经过减租减息、反奸清算之老解放区仍须继续进行土地改革；凡是去年在大进军后的新解放地区，则应停止土地改革，改为减租减息。

《减租减息纲领》发出后，新区急于土地改革的急性病很快扭转过来了，但对于这一政策，仍有一部分干部不了解或有抵触情绪。与此同时，有的地方又出现了右的倾向，强迫农民把前一阶段已经分给农民的土地退还地主，解散农会，甚至有人认为实行减租减息也没有必要。更有的地方专门组织有地主参加的“和平救国会”，向地主道歉，要地主回来“造福桑梓”。针对这种情况，中原局于9月9日发出《关于发动群众贯彻减租减息政策的指示》(又叫“九九指示”)，明确指出：目前主要危险仍是“左”倾急性病及由此而来的强迫命令、包办代替作风，对此必须坚决纠正。同时必须防右，划清思想界限，坚决克服无纪律、无政府状态，有效地组织群众斗争，发展人民革命力量。指示进一步明确了开展减租减息的方针政策和具体步骤，要求在较巩固的大块根据地坚决地实行减租减息。

与此同时，其他解放区也发布了类似的文件，以指导新区的减租减息运动。

减租减息是新解放区土地改革运动中一个承前启后的阶段。在发动减租减息之前，在防匪自卫、清算恶霸、合理负担的口号下，进行清(土)匪反(恶)霸，打击散布在广大乡村的最反动恶霸分子和地主阶级中的当权派，指导乡村政权逐渐转移到群众手中，安定社会秩序。在经过这一步骤之后，及时转入减租减息。中原解放区减租减息的具体做法是：首先选择几个有代表性的区村作为重点，创造经验。在这些试点村，通过宣传发现积极分子，解决群众迫切需要解决的问题，初步处理主要抵抗分子，慑服一般地主，然后在群众中酝酿串联，与地主开展说理斗争，进行减租减息。在重点区村减租减息斗争取得胜利之时，便在其他的区村扩大宣传，酝酿斗争，成立乡、区、县的农民协会作为领导减租减息运动的合法机关，然后由农民协会选择训练先进区、乡的积极分子，培养区、乡干部或派到其他的区、乡帮助发动群众进行减租减息。这样，减租减息运动便在解放区迅速铺开。

减租减息政策虽然还不是消灭封建剥削，但严重地削弱了封建剥削。新区实行减租减息政策后，反动保甲制度被废除，农民协会得以建立并成为动员和组织农民的机关，农村的恶霸基本被打倒，地主、富农开始向农民低头，初步摧毁了地主阶级在农村的实际统治，树立了农民的政治优势。通过减租减息斗争，农民的政治觉悟有了提高，在斗争中产生了一批积极分子，有的积极分子还入了党、当上了农村干部，为下一阶段的土地改革奠定了阶级基础和做了干部准备。

毛泽东说过："战争是力量的竞赛，但力量在战争过程中变化其原来的形态。在这里，主观的努力，多打胜仗，少犯错误，是决定的因素。客观因素具备着这种变化的可能性，但实现这种可能性，就需要正确的方针和主观的努力。"①这个力量不单是军力，也包括双方的经济实力、政治影响力、组织动员力。战争本质上还是双方综合实力的比拼，而人民群众的支持度，可以说更是决定战争双方胜负的决定性因素。1946 年全面内战爆发之时，虽然解放区面积与人口比国民党统治区小得多也少得多，人民解放军的数量与武器装备也比不上国民党军队，但是，中国共产党制定了一系列的方针政策，因而赢得了人民的拥护与支持。其中一个重要的政策，就是在解放区实行土地改革，实现"耕者有其田"，调动了广大农民参加革命战争的积极性。

①《毛泽东选集》第二卷，人民出版社 1991 年版，第 487 页。

一、“解决土地问题，是一个最根本的问题”

在中国的新民主主义革命中，无产阶级和农民阶级是革命的主力，民族资产阶级和小资产阶级是革命的同盟军，地主阶级、官僚资产阶级和帝国主义势力则是革命的对象。新民主主义革命，本质上是作为无产阶级政党的中国共产党，与代表地主官僚资产阶级利益的国民党蒋介石集团之间的斗争。由于国民党是执政的党，蒋介石集团又掌握着一支庞大的军队，因此，中国革命要取得胜利，在斗争的方式上必须以武装的革命反对武装的反革命，建立一支强大的革命军队；同时无产阶级要取得胜利靠自己单枪匹马是远远不够的，一定要争取广大的中间阶级，以造就广大而又可靠的同盟军。

处于半殖民地半封建社会的中国，近代工业很少，资本主义有了一定的发展但不充分，大量的人口是农民，城市又是反动统治的中心，而农村则是其统治力量相对薄弱的地方，中国革命必须走也只能走农村包围城市的道路。因此，农村是中国革命的主要阵地，农民是中国革命的主力军。毛泽东在中共七大上强调：“我们马克思主义的书读得很多，但是要注意，不要把‘农民’这两个字忘记了；这两个字忘记了，就是读一百万册马克思主义的书也是没有用处的，因为你没有力量。靠几个小资产阶级、自由资产阶级分子，虽然也可以抵一下，但是没有农民，谁来给饭吃呢？饭没得吃，兵也没有，就抵不过两三天。”①毛泽东对农民问题在中国革命中的重要性的分析，可谓鞭辟入里、入木三分。

农民与土地是共生关系，没有土地或缺少土地，是广大农民生活贫穷和社会地位低下的根源。中国共产党之所以能够把农民组织动员起来，就在于抓住了农民问题中最本质的土地问题，制定出能够调动农民参加革命战争积极性的相关土地政策，所以 1927 年至 1936 年的国共内战在中共党史上亦称为土地革命战争，“打土豪、分田地”就成为这个时期最为吸引农民投身革命的口号。当时，各个革命根据地都制定了相关的土地政策，核心就是将地主的土地没收后分配给农民。当然，由于缺乏经验，加上“左”倾教条主义的影响，在制定土地革命政策时也曾发生过偏差，如土地革命中期执行的“地主不分田，富农分坏田”，没有给地主阶级以生活出路。地主凭借所占有的土地剥削农民，过着不劳而获的生活。农民因为没有土地或者土地不足，不得不租种地主的土地，为此需缴纳数量不菲的地租而生活贫穷，通过土地革命将地主的土地没收并分配给农民是必要的，否则无法调动农民革命的积极性。但是，消灭地

①《毛泽东文集》第三卷，人民出版社 1996 年版，第 305 页。

主阶级主要是消灭其赖以生存的封建土地制度，把他们改造成为自食其力的劳动者，使他们能为社会发展创造财富，而不是把他们从肉体上消灭。

红军长征胜利后，基于国内主要矛盾由阶级矛盾转变为民族矛盾，日本帝国主义已经成为中华民族的共同敌人，经过遵义会议中国共产党已经成熟起来，能够根据实际情况决定工作方针，于是大力倡导建立抗日民族统一战线，并进行相应的政策调整，在农村不再实行土地革命，而是进行减租减息，全民族抗战时期，减租减息是中共最重要的农村政策。抗日民族统一战线是当时中华民族最大的公约数，为了动员包括地主在内的社会各阶层都参加抗日民族统一战线，各抗日民主根据地实行了减租减息政策，即地主照样可以收租收息但又比过去少收一点，农民也仍要交租交息，但比过去少交一点，目的在于既动员农民也争取地主抗日。实践证明这个政策是正确的，它最大限度地动员了农民与争取了地主共同抗日。

抗日战争期间，中国农民付出了巨大的牺牲，抗战胜利后蒋介石却一意孤行决意发动内战。面对蒋介石强加的这场内战，用什么样的方式去组织动员农民，就成为中国共产党不能不面对也必须认真解决好的问题。

抗日战争胜利后，人民不想打内战，中国共产党也不希望内战发生。不论是重庆谈判，还是政治协商会议，中共方面之所以一再做出让步，目的都是争取国内和平，避免内战的发生。但是，蒋介石是铁了心要消灭共产党的，除非共产党能交出军队，能放弃解放区，但中国共产党人因为有了大革命失败的教训，已经完全懂得了武装斗争的重要性。所以当时毛泽东说："人民的武装，一枝枪、一粒子弹，都要保存，不能交出去。"[①]因为交出去了，联合政府也好，人民的民主自由也好，全都会成为泡影，蒋介石只会拿起武器屠杀人民。1927年大革命后期，当时中共方面为了表达自己维护国共合作的诚意，曾自动解除工人纠察队的武装，甚至连童子军手中的木棍都交出去了，换来的却是国民党反动派的大屠杀。

抗日战争胜利后，中国共产党一方面尽力争取和平，另一方面也不得不做国民党即将发动全面内战的准备。对于可能发生的国共大规模内战，必须得到解放区农民强有力的支持，而要得到农民的继续支持，就必须给农民以新的物质利益。正如毛泽东1945年12月28日为中共中央起草的《建立巩固的东北根据地》的指示中所说的："我党必须给东北人民以看得见的物质利益，群众才会拥护我们，反对国民党的进攻。否则，群众分不清国民党和共产党的优劣，可能一时接受国民党的欺骗宣传，甚至反对我党，造成我们在东北非常不利的形势。"[②]东北是如此，其他根据地何尝不是如此。

抗战胜利后一段时间，国共之间是谈谈打打，双方关系还没有完全破裂，为了不刺激国民党，解放区的土地政策继续实行减租减息。到1946年春夏之际，蒋介石发动全

---

①《毛泽东选集》第四卷，人民出版社1991年版，第1161页。

②《毛泽东选集》第四卷，人民出版社1991年版，第1180—1181页。

面内战的迹象越来越明显，大规模的战争不可避免，解放区必须加紧备战。但是，减租减息这个曾经有效的政策，已经难以继续作为动员组织农民的方式了。这是因为经过多年的减租减息，租与息已没有多大可以降减的空间，农民开始伸手向共产党要土地所有权了。还在中共七大的时候，毛泽东就提醒全党一定不要忘记农民问题的重要，要关心农民的土地问题。他说："无产阶级领导，主要应当领导农民，他不要农民，当农民伸出手来的时候，就泼冷水，因为地主也伸出手来了。地主说：共产党，你可不行！于是乎，共产党就夹在地主与农民中间，最后接受了地主的影响，向农民泼冷水。反帝反封建不要农民，还有什么反封建？没有反封建，还有什么反帝呢？"①

1946年上半年，国内的政治局势在一定程度上类似于大革命后期，国共两党的关系表面上还在维系，国共谈判还在进行，但国共关系究竟走向何方，有没有彻底破裂的可能，这是中共领导人不得不考虑的重大问题。如果国共关系最终破裂，国共之间的矛盾只得通过战争的方式才能解决，必须争取农民成为坚定的支持者，没有农民的参与和支持，解放区就难以巩固，战争所需要的人力物力就难以保证，甚至兵员的扩充都是问题。为此，毛泽东明确指出："解决土地问题，是一个最根本的问题，是一切工作的基本环节。"②正是在这样的背景下，这年5月4日，中共中

①《毛泽东文集》第三卷，人民出版社1996年版，第307页。

②中共中央文献研究室编：《毛泽东年谱（1893—1949）》（修订本）下，中央文献出版社2013年版，第79页。

央发布《关于清算减租及土地问题的指示》（即五四指示），决定将以往的减租减息政策转变为实行“耕者有其田”的政策，随后在解放区开展了轰轰烈烈的土地改革运动。

五四指示后在解放区开展大规模土地改革的意义，不只是分配了多少土地给农民的问题，更重要的是加深了农民与战争胜利的直接关联。各解放区经过全民族抗战时期的减租减息，土地关系已发生了很大变化，地主占有的土地在减少，中农的比例在上升，贫农的比例在下降。在这样的情况下为什么要用群众运动的方式开展土地改革？一方面，还有相当多的地方特别是抗战进入反攻阶段后新解放地区土地问题没有解决，就是减租减息比较彻底的老解放区也还有一部分农民有土地要求；另一方面，是即将到来的全面内战需要有一种有效的方式去组织动员农民。

五四指示发布的时候，各地还基本上是采取比较温和的方式进行土改，主要的方法是反奸（汉奸）清算（清算地主过去的封建剥削）、开明绅士献田等。在陕甘宁边区还试图用土地债券将地主多余的土地由无地少地农民承购，农民有偿而不是无偿地获得土地。之所以如此，是因为五四指示发布之时及以后一段时间，国共关系还没有完全破裂，中共方面的想法是大打半年之后将蒋介石打痛，使其不得不停止战争，因而在土地问题上还须适当顾及国民党方面的反应。进入 1947 年之后，由于国共关系已经完全破裂，人民解放军开始进行战略进攻，中共决心用战争的方式推翻国民党的反动统治，在土地问题上已无须考虑国民党方面会表现出何种反应。为了进一步组织动员农民，各解放区基本采取无偿没收地主的土地分配给农民的政策。1947年下半年全国土地会议之后，更是采取抽多补少、抽肥补瘦的方式按人口平均分配土地。在这个过程中，由于没有制定具体明确的划分阶级成分的规定，加上对前一阶段土地改革的成绩估计不够，曾一度发生过“左”的偏差，主要表现为将中农拔高成地主富农，将地主在城镇中的工商业也当作封建剥削没收等，甚至发生了乱打乱斗。1947年年底开始，毛泽东和中共中央采取各种措施，对土改中的“左”的错误进行了纠正。

土地改革不但提高了农民的政治觉悟和参加革命战争的自觉性，也提高了农民的组织化程度。同时，也将战争与土地紧密地联系起来。道理很简单，土地改革使农民得到了土地，而国民党军对解放区的进攻一旦得逞，解放区就会被国民党军占领，被分掉土地的地主们就有可能反攻倒算，将农民分到手的土地要回去。农民要想将土地保留在自己手中就必须参军参战，打退国民党军的进攻，并且只有彻底打倒蒋介石，在土地改革中被打倒的地主们才不敢也不能变天。开展土地改革调动农民参战的积极性，是解放战争取得胜利的重要因素之一。

在解放战争中，解放区农民的负担其实相当重，大批青壮年或参军或作为常备民工长年支前。仅在淮海战役中就共动员民工543万人次，运送弹药1460多万斤，粮食9.6亿斤。战役中，华东野战军和中原野战军参战兵力达60万人，参战部队加上支前民工每日需粮数百万斤，而且战争中被俘的国民党军也要吃饭，“粮食的供应，就成为淮海战役能否取胜的一个重要关键”，“在整个淮海战役期间，山东解放区每天平均运出原粮三百万斤，在各解放区支援前线的四亿五千万斤粮食中，山东就占两亿三千万斤”。[①] 人们都知道陈毅有一句名言：“淮海战役的胜利是人民群众用小车推出来的。”解放区农民之所以愿意为解放军推小车，就是因为经过土地改革，农民明白了战争胜负与自己切身利益的密切关系。试想，如果没有土地改革，能否找到更好的组织和动员解放区农民的方式？土地改革成为解放战争有效的政治动员工具。正如周恩来所说的：“土地问题解决得好，人民就拥护我们，仗就打得好。全国人口中有百分之八十是农民，其中得到土改利益的占百分之九十以上，这样大的力量，能不打胜仗吗？”[②]

二、国民党将“耕者有其田”置于空中楼阁

面对解放区如火如荼的土地改革运动，国民党内的一些人终于坐不住了，意识到土地改革的重要性。1946 年 3 月，国民党六届二中全会提出：即刻规定“耕者有其田”之实施步骤及办法，由政府发行土地债券，收购大地主土地，分配与退伍士兵及贫农，并切实扶植自耕农，保护佃农。可是，国民党并没有能力真正实行“耕者有其田”，随后也

①《粟裕回忆录》，解放军出版社 2007 年版，第 511—512 页。

②《周恩来军事文集》第三卷，人民出版社 1997 年版，第 271 页。

没有任何具体的行动。到了同年12月，才由国民党政府行政院修正通过《二五减租办法》，规定本年度豁免田赋省份一律减租25%，下年度豁免田赋省份亦照此实行。实际上，这个所谓的“二五减租”，同国民党以往的土地问题方案一样，都是停留在纸面上的。有“国大代表”质询国民党政府地政部为何不实行“耕者有其田”政策，地政部的回答是：关于“耕者有其田政策”，拥有土地者多持反对态度，而省县参议会亦有请求暂缓实施者，今后全国土地改革之推进，政府固须努力，尤赖全国人民之策动，地主阶级之觉悟，以及人民团体之协助。[①] 靠“地主阶级之觉悟”去解决农民土地问题，真可谓与虎谋皮。

1947年4月6日，国民党方面在原中国地政学会的基础上，成立了一个具有官方背景的中国土地改革协会。该协会在其成立宣言中强调：“不合理的土地制度，束缚着土地的生产力，使其不能‘地尽其利’，使大多数的农民呻吟痛苦于租佃之下，束缚着经济的发展，使工商企业，做了地租和地主的奴隶，使全体的工业劳动者辗转于饥饿线上。它更间接而残酷地窒息了文化的进步，使一切自由职业者，变成了不自由的人。这个不合理的土地制度，是昨日的中国所以不进步的主要原因，是今日的中国建设的主要敌人，并且是明日的中国向前发展的主要障碍。”宣言提出“农地（包括耕地、园地、牧草地）除国营或地方公营者外，应一

---

①杨德才：《中国经济史新论（1840—1949）》，经济科学出版社2004年版，第533页。

律农有，以实现‘耕者有其田’，彻底消灭地主阶级及租佃制度”。[①] 不能说这个认识不深刻，可言论不等于行动，虽说意识到了土地问题如此严重，但如何实现“耕者有其田”却没有具体的措施。这也是当年国民党的悲剧所在，知道问题的严重却找不到解决问题的办法，明知自己行将就木却又找不到再生之路。

10个月之后，即1948年2月19日，中国土地改革协会终于通过了《土地改革方案》。说是一个方案，其实十分简短，也就寥寥900字而已，其中提出：“土地改革的目标为耕者有其田，所以全国农耕土地，应自即日起，一律归现耕农民所有。”作为实现这一目标的具体措施，方案建议“终止佃农制度，化佃农为自耕农”，“现在佃耕他人土地之农民，分年清偿地价，取得土地所有权，化佃农为自耕农。上项地价为现租额之七倍，分十四年交纳，但现租额以不超过正产物千分之三百七十五计算之”。还公布了“清偿地价，取得土地所有权”，“转移地权，清偿债务”，“免缴地租，融通资金”，“根绝土地兼并，健全农业经营”，“组织佃农协会，推进土地改革”等方法。[②] 这个时候，中共领导的老解放区的土地改革都已经基本结束了，国民党才由一个社会团体操刀制定了这么一个不痛不痒的方案，可谓为之晚矣。

---

①彭明主编：《中国现代史资料选辑》第六册，中国人民大学出版社1989年版，第458—459页。

②彭明主编：《中国现代史资料选辑》第六册，中国人民大学出版社1989年版，第465—467页。

因为中国土地改革协会理事长萧铮是国民党中央执委常委，也是国民党的立法委员，于是土地改革协会又草拟了《农地改革法草案》，于1948年9月底至10月初交国民党立法院审议。此时正值三大战役之际，国民党正处于生死存亡之时。可是，这个草案提交立法院后，反对者甚众，理由无非是“我国的土地问题并不严重”，“今日农村的最大问题，不在土地的分配方面，而在农村的人口过剩，耕地根本不敷使用”。有人甚至给提出土地改革意见者扣上“跟着共产党后面做尾巴”，“违背了国父的遗教”等大帽子。这个草案最后自然也就不了了之。

1948年8月5日，在美国政府的推动下，国民党成立了中国农村复兴联合委员会，简称农复会。成立农复会的目的，是用近代科学方法，把萧条而生产落后的中国重新建设起来，从而达到公平分配和增加生产的目的。这时，蒋介石政权已是江河日下，日薄西山，农复会自然没有什么作为。事实上，国民党别说开展实现“耕者有其田”的土地改革，就连减租减息都做不到。作为农复会主任委员的蒋梦麟回忆说：“有一天，我们在四川乡下，视察农村情形。我和轿夫边走边谈。四川人都健谈，虽是贩夫走卒，也不例外，这就是所谓摆龙门阵。当时我问他们：‘你们这里减租了没有？’‘哦，听说有这回事，看见有告示，说要减租的。’‘减了没有？’‘啊！先生，政府的话，哪里靠得住。’”①四川轿夫一句“政府的话，哪里靠得住”，道出了国

① 蒋梦麟：《西潮与新潮》，东方出版社2006年版，第310—311页。

民党政府在人民群众中是何等的失信。

应该说，国民党对土地问题的重要性并非浑然不知，问题的关键是知晓土地问题的重要，却不愿也不敢对原有的土地制度做任何实质性的触动。道理很简单，这是由国民党的阶级基础决定的。

对于国民党的阶级属性，如果单从其党章看似乎难以看出。1945 年 5 月国民党六大通过的修改后的《中国国民党总章》没有对党的性质做界定，只是简单地说以三民主义、五权宪法为党纲，并规定“凡志愿接受本党党纲，实行本党决议，遵守本党纪律，履行本党义务，照章申请入党，经本党许可者，为本党党员”。不过自从 1927 年蒋介石、汪精卫背叛革命之后，国民党已演变为地主官僚资产阶级的政党。虽然国民党的党员各式各样的都有，党员的出身也各不相同，可以说来源于社会各阶级各阶层，但它的内外政策代表的都是地主官僚资产阶级的利益是确定无疑的。实际上，相当多的国民党官吏和军官本身就是大地主，或者大地主家庭出身。当然，判断一个政党的阶级属性，不能只看党员成分与出身，而是看其站在哪个阶级的立场上，在为哪些阶级说话与办事，就是说代表哪个阶级的利益。

既然国民党是以地主官僚资产阶级为阶级基础的，又怎能指望其进行土地改革呢。于是，国民党陷入了两难的境地：不进行土地改革会失去农民的支持，而进行土地改革又会动摇其统治基础。直到失去大陆之时，国民党也没有实行过真正意义上的土地改革，广大农民也就不可能对国民党提供强有力的支持，其失败势所必然。

三、地主阶级“反对土地改革，但不一定都拥护蒋介石”

由于没有解决土地问题，农民自然不会支持国民党。农村的地主阶级理论上应是蒋介石的坚定支持者，但真实情况未必如此。在进行了土地改革的解放区，虽然地主的土地被没收，在土地改革中受到了打击，但他们未必支持和拥护国民党。

一方面，当时解放区多在北方，“蒋军多是客军，是两广、四川人，语言不通，他们把解放区一概认为匪区，到处奸淫烧杀，对地主、富农更凶，因为地主、富农的女人更漂亮，财产多，房子好，他们住在地主、富农家里便乱搞。有些地主说：‘我们被清算了！’蒋军说：‘你投机！’更搞得厉害”①。在旧中国，不但普通老百姓见国民党军色变，就是大户人家也没有不害怕国民党军队进驻的，而且越到战争后期国民党军队的军纪越不好。

另一方面，解放战争时期的土地改革已经吸取了十年内战时期土地革命的经验教训，不再执行“地主不分田，富农分坏田”的政策，而是在没收地主土地分配给农民的同时，也分配给地主与农民同等数量的土地。1947 年 9 月全国土地会议通过的《中国土地法大纲》，是土地改革的最基本政策依据，其中规定：“乡村中一切地主的土地及公地，

①《陈毅军事文选》，解放军出版社 1996 年版，第 417 页。

由乡村农会接收，连同乡村中其他一切土地，按乡村全部人口，不分男女老幼，统一平均分配，在土地数量上抽多补少，质量上抽肥补瘦，使全乡村人民均获得同等的土地，并归各人所有。”“地主及其家庭，分给与农民同样的土地及财产。”①土地改革后，地主虽然不能再过着不劳而获的剥削生活，但他们同样可以通过自己的劳动获取生活来源，过上与一般农民大致相同的生活。这也是土地改革中地主阶级没有激烈对抗的一个重要原因。

在国民党统治区，虽然未能进行土地改革，似乎没有损害地主的利益，但长期的战争加重了地主的负担。自然，地主可以通过加租加息等方式将负担转嫁给农民，但农民日益贫困已经到了不能承受的地步。地主与农民从阶级属性上是对立的，二者之间是剥削与被剥削的关系，但地主如果没有农民作为剥削对象也就不成其为地主了，因此，地主对农民的剥削毕竟要控制在一定的限度内。长年累月的战争所耗费的大量人力物力，战时地主的日子恐怕不可能好于和平时期，他们也未必全都拥护蒋介石的内战政策。正如陈毅所说的，“他们反对土地改革，但不一定都拥护蒋介石”②。

大规模的战争需要大量的兵源。中国是一个农业国，农民占了全国人口的绝大部分，旧中国的兵源主要来自农村。在全民族抗战过程中，为了抵御外来侵略，需要农民

---

①《中国土地法大纲》，《人民日报》1947年12月28日。

②《陈毅军事文选》，解放军出版社1996年版，第417页。

参军抗日做出牺牲，这也是农民虽不愿到国民党军队当兵但毕竟能够接受的原因。抗战胜利后，农民迫切需要休养生息，恢复因长期战争而凋敝的农村经济。但蒋介石一意要发动大规模战争以解决共产党问题，所以抗战胜利本应复员的军队不但基本保留下来，而且随着全面内战的爆发，国民党军队不断被人民解放军消灭，为了持续内战就不得不加紧征兵。为了解决兵源问题，国民党在各地普遍采取“拉壮丁”这种极不得人心的方式。

根据国民党政府的兵役法，18 岁至 45 岁的男子列为壮丁，其中 28 岁至 35 岁为常备兵应征入伍的对象。除了残废、暗疾和正在服务公职、在校读书的学生外，一般以户为单位，一开始还规定三丁抽一，五丁抽二，独子不征，后来兵源不足，改为两丁抽一，三丁抽二，五丁抽三。具体办法是由省军管区依据各县人口的多少，将征兵额分配到各县，规定每月应征名额。县政府按各乡镇人口数，将兵额分配到各乡镇，各乡镇分配到保，保是具体办理壮丁抽签征送手续的基层。由于不论全民族抗战时期还是解放战争时期，国民党军队的战斗伤亡和非战斗减员都十分严重，被抽上壮丁征兵入伍很可能意味着有去无归，国民党统治区的青壮年普遍不愿当兵，并且千方百计逃避兵役，即“躲壮丁”。“贫苦群众想方设法规避征兵，县府派员分赴各地督征，乡(镇)公所差兵逐屋逐户、深更半夜抓壮丁。”

“很多贫苦人家，为抽壮丁搞得妻离子散，人财两空。”①

这样的例子，在国民党统治区比比皆是。在四川广安，1946 年下半年，“国民党为内战需要，又令乡镇人员抓丁。乡长、乡队附、保长、保队附一边敲诈勒索，一边抓人，弄得青壮年农民白天不敢下地生产，晚上不敢落屋睡觉，不少过路人和年老体弱者也被抓去”。为了逃避兵役不被作为壮丁而抓走，许多人不惜自残，“有的弄瞎右眼，有的砍断右手食指，有的被迫外逃”。仅该县代市镇 19 个村不完全统计，国民党征兵时期，弄瞎眼的有 211 人，砍掉手指的 21 人，逃生外地、下落不明的 67 人。从 1946 年至 1949 年，全县被抓丁 1.4 万余人。② 国民党用这样的方法征集到的兵源，其部队的战斗力可想而知，而且士兵逃亡成为家常便饭。更严重的是丧失了民心，人民群众谁不希望这种因怕被“抓壮丁”而整天提心吊胆的日子早点结束，希望国民党政府早点垮台。作为蒋介石集团骨干成员的陈诚谈到国民党在大陆失败的教训时说：“国父很早就提出‘耕者有其田’的主张，只因这是有革命性的政策，迄未真正见诸实行。所以农民大感失望。”③一语道出了国民党在大陆失败的原因。

① 政协湘潭县委员会文史资料研究委员会编：《湘潭县文史》第一辑，1985 年编印，第 278—279 页。

② 四川省广安县志编纂委员会编纂：《广安县志》，四川人民出版社 1994 年版，第 276 页。

③《陈诚回忆录——建设台湾》，东方出版社 2011 年版，第 404 页。

隐蔽战线在解放战争中的作用

1939年3月18日，毛泽东出席在陕北公学大礼堂举行的纪念三一八惨案、巴黎公社和慰劳保卫工作人员晚会时，曾这样说过："我们要消灭敌人，有两种战争：一种是公开的战争，一种是隐蔽的战争。隐蔽的战争有战略的进攻，打入敌人内心；也有战略的防御，保卫自己。要打败敌人，须内外夹攻，所以两者都有同样重要的意义。"[①]解放战争中，中国共产党实现了公开战争与隐蔽战争的密切配合，只用了三年多时间，就从根本上打倒了国民党蒋介石集团，取得解放战争的胜利。

---

①中共中央文献研究室编：《毛泽东年谱（1893—1949）》（修订本）中，中央文献出版社2013年版，第118页。

一、"荫蔽精干，长期埋伏"

中国共产党进行的隐蔽的战争，总体上是从大革命失败后才起步的。1927 年，随着蒋介石和汪精卫背叛革命，共产党人和共产党组织不但不能公开活动，而且成为国民党反动派镇压、杀戮的对象，不得不转入地下，党的全部工作随之转入秘密状态，并开始建立秘密工作制度。

土地革命战争时期，党领导的隐蔽战争有成效也有不足。比如，在革命根据地通过严厉的肃反，有效地防止了反革命力量对革命根据地的渗透破坏，巩固了红色政权。在国民党统治区，大革命失败后遭到严重破坏的各地党组织得到恢复和重建，到 1930 年中共六届三中全会召开时，全国党员已经发展到 12 万余人。到同年年底，在全国已经恢复了 17 个省委(省工委)和众多的特委、市委县委，基层支部也有了很大发展，仅产业工人支部就增加了 228 个。[①] 1929 年 11 月，中共中央政治局常委会决定成立中央特务委

---

① 中共中央党史研究室：《中国共产党历史》第一卷，中共党史出版社 2011 年版，第 268 页。

员会(简称中央特委)，专门负责情报、保卫等工作。中央特委下设特科，执行具体任务。在周恩来的主持下，特委(特科)在保卫中共中央安全、营救被捕同志、惩治叛徒、搜集情报、配合根据地斗争等方面，发挥了重要作用。

但与此同时，由于党内一些人对革命暂时处于低潮的客观形势缺乏清醒认识，主观地认为中国革命的高潮将一个接着一个，产生了强烈的“左”倾急躁情绪，致使党内相继出现了“左”倾冒险主义错误和“左”倾教条主义错误，其共同的特征就是关门主义和冒险主义。前者的主要表现是不懂得统一战线的重要性，将以民族资产阶级为代表的中间阶级当作“最危险的敌人”；后者不顾反革命力量大大强于革命力量的现实，一味强调进攻，要求根据地的红军攻打敌人坚固设防的中心城市，要求白区的党组织举行毫无胜利希望的起义、游行示威，把自己的力量暴露在敌人面前，使革命力量遭受了不必要的损失。在根据地的土地革命中，主张“地主不分田，富农分坏田”，实际上不给地主富农以生活出路，造成了地主富农对革命政权的激烈对抗；在肃反问题上，把苏联那一套做法照搬到根据地，导致肃反工作神秘化和严重扩大化。

这些冒险主义的做法，对白区工作和根据地建设都造成了严重的负面影响。党在白区的力量遭到国民党反动派的严重摧残，大批党员被捕牺牲，许多组织遭到严重破坏。连大革命失败后长期坚持在上海的临时中央，也无法继续在上海立足，不得不在1933年年初迁入中央苏区。当时王明、博古负责的“临时中央则不但不愿意进行公开合法工作，也不愿意认真进行秘密工作，凡事爱暴露，爱显劲，爱逞英雄，爱在明天早上胜利，结果在三年多的时间内，在敌人统治区域把党闹个精光，一点群众力量也闹个精光”[①]。在准备延安整风的过程中，毛泽东就此总结说，中国虽然不是民主的法治的国家，人民没有政治自由，但是反动政府的法律、社会的习惯，依然有很多地方可以利用，有很多矛盾、间隙、漏洞也是可以被利用的。“必须采取合法的能够公开的各种各色的斗争形式，才有人来，才能一般地避免政府的逮捕与解散，才能保全力量与积蓄力量。”[②]

全民族抗战时期，中国共产党走向成熟，已经能够妥善地处理公开的战争与隐蔽的战争这两条战线的关系。全民族抗战爆发后，随着北平、天津、上海、南京等大城市的陷落，中共中央便依据敌占城市的具体情况和以往白区工作的经验，及时提出这些地方的党组织要注意隐蔽精干。1937 年 11 月 12 日，毛泽东和张闻天在《关于上海失守后救亡运动的方针问题的指示》中明确指出：“公开的救亡团体应准备必要时转入秘密状态。党的秘密工作亦应有新的布置。严防敌人的突然袭击。”[③]第二年 3 月 21 日，中共中央书记处指示中共江苏省委书记刘晓：“在敌人占领的中心城市中，应以长期积蓄力量、保存力量、隐藏力量，准备将来的决战为主。在统一战线的基础上，在重要企业中建立

---

①《毛泽东文集》第二卷，人民出版社 1993 年版，第 341 页。

②《毛泽东文集》第二卷，人民出版社 1993 年版，第 340 页。

③中央档案馆编：《中共中央文件选集》第十一册，中共中央党校出版社 1991 年版，第 388 页。

精干的极端秘密的党的组织，切不要轻举妄动暴露力量，受敌人的摧残与打击。”①在 1938 年 9 月召开的中共扩大的六届六中全会上，张闻天所做的《关于抗日民族统一战线的与党的组织问题》的报告中，强调“在敌人占领的中心城市与据点(点线区域)的任务是，坚决地实行退却，转入秘密状态，利用公开合法，埋头苦干，在大企业中建立工人的短小精干的党的堡垒，输送大批文化人知识分子与工人干部，到农村中去领导游击战争。耐心的教育与培养干部，保存实力，积蓄力量，以待时机，准备将来的反攻”②。明确提出了“保存实力，积蓄力量，以待时机”的沦陷区工作方针。

全民族抗战时期，中共领导的革命斗争实际上是在三个大的区域开展，即敌后抗日民主根据地、沦陷区和国民党统治区。抗日战争进入相持阶段后，由于敌后抗日民主根据地的建立危及日军的后方基地，因而日军逐渐把重心转向坚持敌后抗战的八路军和新四军，对国民党采取政治诱降为主、军事打击为辅的方针。随着敌后抗日民主根据地和八路军新四军的发展壮大，蒋介石发现他没有达到借助日本人之手削弱乃至消灭共产党的目的，于是日趋反共，并在 1939 年 1 月的国民党五届五中全会上明确提出了“溶共、防共、限共”的方针，随即公布大批的反共法令，强化

① 中共中央文献研究室、中央档案馆编：《建党以来重要文献选编(1921—1949)》第十五册，中央文献出版社 2011 年版，第 192 页。

② 中共中央文献研究室、中央档案馆编：《建党以来重要文献选编(1921—1949)》第十五册，中央文献出版社 2011 年版，第 676 页。

特务统治，公开制造了一系列反共磨擦活动，尤其是1939年年底到1940年春制造了第一次反共高潮，又于1941年春制造了以皖南事变为特征的第二次反共高潮。在这样的背景下，中共中央一再强调国统区各级组织必须做好隐蔽精干，处理好公开工作与秘密工作的关系。

1939年12月，毛泽东在《中国革命和中国共产党》一文中，系统总结了中国革命的经验。他指出，中国革命的敌人是异常强大的，革命力量就非在长期间内不能聚积和锻炼成为一个足以最后地战胜敌人的力量，这就决定了中国革命的主要方法和主要形式，不能是和平的而必须是武装的，必须重视武装斗争和根据地建设。但是，着重武装斗争，不是说可以放弃其他形式的斗争；相反，没有武装斗争以外的各种形式的斗争相配合，武装斗争就不能取得胜利。除了战争中消灭敌军以外，瓦解敌军的工作也就成为重要的工作。很显然，要达到瓦解敌人最终消灭敌人的目的，就必须重视隐蔽的战争，加强秘密工作。

第二年5月4日，毛泽东在为中共中央起草的《放手发展抗日力量，抵抗反共顽固派的进攻》的党内指示中，又指出："在国民党统治区域的方针，则和战争区域、敌后区域不同。在那里，是荫蔽精干，长期埋伏，积蓄力量，以待时机，反对急性和暴露。其与顽固派斗争的策略，是在有理、有利、有节的原则下，利用国民党一切可以利用的法律、命令和社会习惯所许可的范围，稳扎稳打地进行斗争和积蓄力量。”[①]同时强调在日本占领地区的方针策略“和在国民党区域者基本相同”。正式形成了“荫蔽精干，长期埋伏，积蓄力量，以待时机”十六字白区工作即隐蔽工作方针。

遵照这十六字方针，一批在国民党统治区已经暴露或有可能暴露的中共党员，做了必要的撤退与疏散，必须坚持留下的谋求职业掩护扎根埋伏，同时缩小组织、精简机构，改变组织联系方式，“同一个地区或同一个单位有两个以上的平行组织，互不发生横的关系，严格执行‘横不超支、纵不越级’的规定，取消支部与小组活动，党员与组织之间(组织指定联系人)采取单线联系，上下级联系以不通讯、少来往为原则，严守秘密工作制度”[②]。实行“三勤”(勤学、勤业、勤交友)和“三化”(职业化、社会化、合法化)，使国民党统治区的党组织和党员真正实现“隐蔽”状态。

为了加强对沦陷区的工作，各中央局、分局先后成立了城市工作委员会或城市工作部，一方面对原有的敌占区城市地下党组织进行整顿，另一方面进行干部训练、派遣干部和建立交通等。

1941 年和 1942 年，中共中央晋察冀分局向天津和唐山等地派去了 84 人，到 1943 年年底，向东北的沈阳、哈尔滨等地派出了干部 37 人。中共中央太行分局“派遣大批党员

①《毛泽东选集》第二卷，人民出版社 1991 年版，第 756 页。
②盖军主编：《中国共产党白区斗争史》，人民出版社 1996 年版，第 347 页。

或非党抗日干部到城市开展工作，在太原、阳泉、榆次、石家庄、安阳、新乡、焦作、汲县以至开封等大城市和县城建立了联络点、站”。太原是华北的重要城市，晋察冀、晋冀鲁豫和晋绥各抗日民主根据地都成立了对太原开展工作的机构，分别建立了中共地下组织和情报系统。到抗日战争胜利前夕，太原直属于各抗日民主根据地党委或军事系统领导的地下机构达数十个，地下工作人员达千余人。

沦陷区的其他大中城市的地下工作也得到了加强。例如，华中抗日民主根据地的中共苏皖区党委于 1942 年秋和 1944 年 6 月，先后两次建立中共南京工作委员会。到抗战胜利时，南京已有中共地下党员 160 余人；晋察冀城工部系统(包括北平、天津、唐山)中共地下党员已有 500 余人，其中北平有 200 多人，固定联系的群众 400 余人。[①]

按照原来的设想，抗战进入大反攻阶段后，各大城市的地下党组织将开展武装起义，实现夺取城市的目标，后来由于形势的变化，中共中央决定取消包括上海在内的各大中城市的武装起义计划，要求各地做长期打算，积蓄力量，以待将来，派大批的干部到国民党的党、政、军、经济、文化机关和工矿、铁路、银行、学校中去建立工作，利用合法身份去团结群众。

白区工作确定的“荫蔽精干，长期埋伏，积蓄力量，以待时机”方针，不但有力地配合了当时的抗日战争，支持了

---

①盖军主编：《中国共产党白区斗争史》，人民出版社 1996 年版，第 401、402、404、405、457 页。

根据地的巩固发展，更重要的是经过长期埋伏，积蓄了可靠的力量，为解放战争时期的隐蔽战争取得重大胜利奠定了基础。

二、组织策动国民党军队起义、投诚、接受改编

在解放战争中，特别是战争后期，曾有相当数量的国民党军起义、投诚和接受和平改编。在这些起义中，有的是长期埋伏在国民党军队中的秘密党员组织领导的，有的则是起义将领在周围的秘密党员影响推动下发动的。这些起义对于瓦解敌人、扩大自己，取得解放战争的胜利发挥了重要作用。

例如，在淮海战役中，长期埋伏在国民党军中的张克侠、何基沣和廖运周，成功地率领所掌握的部队举行战场起义，打乱了国民党军队的部署，与人民解放军里应外合，有力地推动了战役的顺利进行。

张克侠 1923 年从保定军官学校毕业后，加入冯玉祥的部队。1924 年到广州投奔孙中山，任陆军讲武堂教官及队长，后重回西北军任学兵团团副。1927 年春去莫斯科中山大学学习，从苏联回国后重返西北军。1929 年秘密加入中国共产党，成为周恩来领导下的“特别党员”。1937 年卢沟桥事变前，任第二十九军副参谋长，参加了卢沟桥抗战。此后，张克侠担任过国民党第六战区司令部高级参谋、副参谋长，第五十九军参谋长，第三十三集团军参谋长、副

总司令等职，转战山东、河南一带抗日。抗战胜利后，第三十三集团军改为第三绥靖区，张克侠被任命为第三绥靖区副司令官。

何基沣亦毕业于保定军官学校，曾任西北军所辖第二十九军第三十七师第一〇九旅副旅长，参加了长城抗战、卢沟桥抗战。1937 年 8 月任第二十九军第一七九师师长，次年春任第七十七军副军长。1938 年年初，经武汉八路军办事处的安排，何基沣见到周恩来。同年 2 月秘密到达延安。在延安的一个多月时间里，毛泽东、刘少奇、朱德等不止一次和他交谈，使他加深了对共产党的了解。离开延安前夕，他交了一份入党申请书，1939 年 1 月被批准为中共秘密党员。1940 年 3 月，蒋介石电调何基沣到重庆“受训”，名义上担任国民党将校军官训练团的中队长，实际上是接受审查。后任第七十七军军长。1946 年春，蒋介石用明升暗降的手段免去他第七十七军军长的职务，改任第三绥靖区副司令官。

张克侠、何基沣按照组织的安排，长期潜伏在国民党军内。1946 年夏，张克侠利用送冯玉祥出国考察的机会到了南京，与正在南京同国民党谈判的周恩来接上了关系。在听取张克侠对徐州地区及部队情况的汇报后，周恩来指示张克侠在适当的时机争取策动高级将领和大部队起义，这样可以造成更大的声势，瓦解敌人的士气。1946 年 9 月，何基沣利用为父亲奔丧之机，见到了在北平军事调处执行部任中共代表的叶剑英，叶指示他仍回原部，在关键时刻领导部队起义。

1948 年 9 月，淮海战役即将开始，周恩来电告中共中央华东局与张克侠、何基沣联系，共商部队起义事宜。华东局先后派人进入第三绥靖区，策动该部在淮海战役开始时起义。10 月 11 日，毛泽东提出淮海战役分三个阶段进行的意见，第一阶段是歼灭在新安镇地区的国民党军黄百韬兵团。华东野战军决定第七、第十、第十三纵队从第三绥靖区正面渡运河南下，切断徐州同黄百韬兵团的联系，要求何基沣、张克侠所部按计划在战役发动时起义，让开运河防线，控制所有桥梁，让解放军顺利过河。11 月 8 日，张克侠、何基沣率国民党军第五十九军两个师、第七十七军一个师又一个团，共三个半师 2.3 万余人起义。何基沣、张克侠起义后，让开了东起台儿庄、西至临城的百里防地，敞开了徐州东北大门，使解放军顺利地通过了该部防地，直插徐州东侧，切断陇海路，挡住黄百韬兵团西逃之路，对人民解放军实现淮海战役第一阶段的作战意图起了重大作用。

廖运周于 1927 年 3 月加入中国共产党。参加了著名的八一南昌起义，后被派到国民党军队从事兵运工作，历任国民党军队营长、团长、旅长、副师长、师长。1946 年年初，廖运周率国民党军第一一〇师进驻河南新乡。中共晋冀鲁豫中央局派人到廖部进行联络，并决定成立一一〇师工作组，组织该师在豫北起义。由于蒋介石突然将该师调往徐州，起义只得停止。1947 年 2 月，第一一〇师进驻山东，廖运周党的关系转到中共中央华东局，经华东局批准，成立了中共第一一〇师地下党委，廖任书记。1947 年秋，第一一〇师被调到大别山地区，该师的中共地下党组织关系转到中原军区，中共中央中原局书记邓小平指示廖运周等积极准备，耐心等待，在最有利的时机发挥最大的作用。

淮海战役发动之际，蒋介石为了加强徐州地区兵力，调黄维的第十二兵团开赴徐蚌前线。第一一〇师所在的第八十五军划归第十二兵团序列，随同黄维兵团进至宿县西南的双堆集地区。中原野战军把黄维兵团十几万人马压缩在以双堆集为中心的纵横十几里的狭窄地带后，黄维企图趁自己建制完整，解放军立足未稳之时，用四个主力师齐头并进，迅速突围。廖运周召集一些可靠的营连级军官，做起义动员，得到赞同。11 月 27 日，第一一〇师以突围打头阵为名从双堆集附近的赵庄、周庄出发，在通向解放军阵地的道路上行进。两个小时后，全师通过解放军阵地，解放军又把为第一一〇师放开的口子封锁起来。起义部队顺利到达目的地后，廖运周下令全师报话机一律关闭，师部电台也停止使用，完全中断了与黄维的联系。第一一〇师战场起义，打乱了黄维兵团的突围计划，为解放军围歼黄维兵团创造了有利条件。

又如，在平津战役中，为了争取傅作义接受和平改编，隐蔽战线通过不同的方式做傅作义的工作。抗战胜利后，傅作义在内战问题上甚为积极，1946 年 9 月，傅部半个月内占领了晋察冀解放区的卓资山、集宁、丰镇等城镇，而且还在他的机关报《奋斗日报》上发表致毛泽东的公开信，声称："我不相信这是一个军事上的胜利，因为诚如你们所说，本战区国军武器最劣，人数最少，战力最弱，而好战心理更不如你们，虽然失败，似乎是应该的。但我们没有失败，失败的却是你们，所以这不是一个军事上的胜利，而必须称之为人民意志上的胜利。”这封信被国民党的中央机关报《中央日报》全文转载，使用的通栏标题是“傅长官作义致信毛泽东先生，希接受教训，放下武器，参加政府，促进宪政”。随后不久，傅部又占领了晋察冀解放区的首府张家口。平津战役发动前，傅作义还企图偷袭石家庄，进而袭击在西柏坡的中共中央领导机关。傅作义因为积极进攻解放区，得到蒋介石的赏识，1947 年 12 月，被蒋介石任命为华北“剿匪”总司令部总司令，成为华北地区国民党的最高军事长官，这在杂牌军出身的将领中极少见(傅本属于阎锡山的晋系，后来自成体系)。

平津战役发动后，解放军先是通过新保安战役歼灭了傅赖以起家的第三十五军，解放了张家口，切断了傅沿平绥铁路西逃绥远老家(抗战期间傅部长期驻守绥远)之路，继而通过天津战役封堵死其走海路南逃的通道。这时，参加平津战役的东北野战军和华北军区野战部队已有百万之众，将北平围得水泄不通。

与此同时，在平津前线指挥部和中共中央华北局城工部的领导下，北平和天津中共地下党组织通过各种渠道，多方争取傅作义。如利用各种关系请傅作义的结义兄弟、同学、民主人士曾延毅，同乡兼好友杜任之，以及傅的老师、华北“剿总”中将总参议刘后同，出面做傅作义的工作。华北局城工部部长刘仁亲自安排曾延毅的女儿、南开大学学生、地下党员曾常宁，刘后同的女儿、天津耀华中学学生、中共外围组织民主青年联盟盟员刘杭生，通过她们的父亲去做傅作义的工作。刘仁还将傅的女儿、共产党员傅冬菊(天津《大公报》记者)安排回到傅的身边，从生活上关心，在思想上开导，对傅晓以利害，指明出路，并及时向地下党负责人汇报傅的思想动态。地下党还派人去做傅作义的部下的工作，如派当时在傅部所办的平民日报社当采访部主任的中共党员李炳泉，去争取他的堂兄、华北“剿总”少将联络处长李腾九，通过李腾九去影响傅作义。傅作义第一次派人与平津前线司令部谈判，就是通过李腾九和李炳泉联系并直接参与的。

在促成傅作义接受和平改编的过程中，长期埋伏在傅身边的中共秘密党员阎又文起到了特殊作用。阎又文 1938 年在傅作义所部任团政治部主任时，经中共特派员潘纪文介绍，秘密入党。由于阎与傅作义是山西小同乡(都是万荣县人)，1939 年春被傅调去任自己的秘书。到 1947 年年底，已是少将军衔的阎又文随傅作义进入北平。此时，他除继续担任傅的秘书外，还兼任华北“剿总”办公室副主任、政工处副处长、新闻处处长、傅作义的对外发言人等数职，进入了傅作义的决策核心层，得到傅作义的信任。他通过秘密渠道及时向有关部门汇报傅作义的政治动向、军事力量以及傅蒋关系等。平津战役开始后，中共中央决定争取和平解决北平问题，阎又文根据中共中央的指示，耐心地给傅作义谈形势，讲政策，消除他的疑虑。阎又文还建议傅作义与中共秘密谈判，选择和平解放北平的道路，并作为傅作义的代表之一，出城与平津前线指挥部代表谈判，还草拟了《关于北平和平解放问题的协议》。“在这个关键时刻，阎又文几乎每天一份书面汇报，向中共中央反映傅作义的思想动态和表现。”①

隐蔽战线对争取傅作义最终接受和平改编发挥了重要作用。聂荣臻就此评价说：“北平的地下党组织，为了配合当时的军事斗争和政治斗争，正积极地进行着各种活动。他们利用各种关系，获取了大量的情报，源源不断地供给平津战役指挥部”，“几十年来，我打过许多仗，能够如此及时了解对方最高指挥官的动态，还是不多的。这对我们做出正确判断，下定正确决心，进行正确的作战部署，具有重要的作用”。② 傅作义接受和平改编，使北平这个千年古都避免了战火造成的损害，国民党驻北平的 20 余万部队随后被改编成人民解放军，创造了解放战争历史上著名的“北平方式”。

为争取和策动国民党军起义、投诚和接受和平改编，除原有的城市工作部、社会部系统和国统区的中共地下党组织外，中共中央还于 1945 年 10 月在中央军委和各中央局成立了国军工作部(后改为敌军工作部)，各级党组织也设立了相应的专门机构，开展对国民党军政人员的争取工作。例如，为了策动从西南调到东北的原滇军系统的国民党第六十军(军长曾泽生)等，先是中共冀热辽分局成立了滇军工作委员会，后又由中共中央东北局成立了以李立三为书

---

①阎京兰：《阎又文与北平和平解放》，《百年潮》2009 年第 2 期。

②《聂荣臻回忆录》下，解放军出版社 1984 年版，第 700 页。

记的滇军工作委员会。经过长期深入细致而又卓有成效的工作，最终促使曾泽生率第六十军于辽沈战役期间在长春起义。

在解放战争的三年半时间里(1946年7月至1949年12月)，国民党军投诚者45.785万人，起义者81.378万人，接受和平改编者29.303万人，共计156万余人。其中从1949年7月1日至12月31日，国民党军投诚包括正规军10.207万人，非正规军11.2万人；国民党起义部队正规军41.777万人，非正规军22.021万人；国民党接受和平改编的正规军共1.3万人，非正规军0.903万人。[①] 这就是说，仅半年时间，三者相加多达87万人，占三年半的解放战争起义投诚接受和平改编国民党军的55%。在这些起义、投诚与接受和平改编的过程中，隐蔽战线亦发挥了重要作用。可以说，几乎每次起义的背后，都可以看到中共地下组织的身影。

从1946年7月1日至1949年6月30日的三年里，国民党军共损失569.14万人，解放军在作战中共损失兵力143.29万人，敌我双方在作战中兵力总损失为3.97比1。人民解放军共俘虏国民党军346.401万人，而解放军被俘仅1.04万人，敌我俘虏为333.07比1；国民党军投诚、起义及接受改编者，共68.958万人，解放军没有此类情况发生。解放战争三年中，人民解放军在作战中兵力总损失内，伤亡占86.09%，被俘占0.73%，失踪占13.18%；国民党军在作

①《人民解放军总部发表总结战绩公报》，《人民日报》1950年2月6日。

战中兵力总损失内，伤亡占27.02%，被俘占60.86%，向解放军投诚、起义及接受改编者，共占12.12%。[①]被俘及起义投诚接受和平改编相加，占被消灭的国民党军总数的72.98%。虽然被歼的国民党军中，起义、投诚和接受和平改编的比例，只占百分之十几，但这些部队基本上被直接改编成人民解放军，不但为人民解放军增添了有生力量，更重要的是极大地动摇了国民党军的军心，加速了国民党军的瓦解。

三、卓有成效的情报工作

解放战争时期，隐蔽战线还通过不同的方式提供了许多有价值的情报，为中共中央进行战略决策提供了重要依据，也使人民解放军在战争中能够赢得更多的主动。

1946年1月政治协商会议期间，国民党方面的政协代表晚上都要召开“党团会”，研究第二天如何对付中共方面的政协代表对策。参加会议的除了孙科等政协代表外，还有其他国民党要员，谈的都是第二天要讨论的话题。长期埋伏在国民党中央党部担任速记员的中共地下党员沈安娜，被安排去担任会议速记。沈安娜每天晚上开完“党团会”回家后，连夜将速记符号整理成文字，一式抄两份，一份第二天交国民党中央党部的机要处长，另一份由丈夫也是中

①《战绩总结第三号公报——敌我兵力比较》，《人民日报》1949年7月16日。

共地下党员的华明之"浓缩、摘要、密写、密藏，连夜送到事先约好的接头地点"，交给联络人吴克坚(中共中央南方局常委)，"周恩来等人当晚就看到了这些情报，知道了对方的阴谋和底牌"[①]。同年4月，沈安娜又两次担任由蒋介石亲自主持的最高军事会议的速记。会议的主要内容是讨论向东北和中原各解放区进攻的军事部署、兵力调配、战区划分和长官任免等问题，并对中共将领、兵力特点、军队数量进行分析评估。沈安娜将这两次最高军事会议中的重要内容，一字一句地速记下来，带回家后，由她自己整理速记，华明之进行摘编，按照约定的时间地点交给吴克坚，中共中央从而根据敌人的兵力部署、进犯顺序做出相应的兵力调整。

1947年年初，蒋介石在对解放区的全面进攻失败后，改向陕北和山东两个解放区进行重点进攻。这年3月，蒋介石决定攻击延安，负责发动对陕北重点进攻的国民党西安绥靖主任胡宗南，按照蒋介石提出的"三分军事，七分政治"，紧急将正准备去美国上学的机要秘书熊向晖召回，让他帮助加强对延安的"政治攻势"，起草一份告陕北民众书。

熊向晖1936年就已入党，1938年根据周恩来的安排到胡宗南身边工作，为胡宗南所信任。1943年蒋介石准备利用共产国际解散之际，发动第三次反共高潮，密令胡宗南调集大军闪击延安，熊向晖及时将这一情报以及胡宗南军队的部署和预定进攻的时间，通过相关渠道密报延安。中

---

①《丹心素裹——中共情报员口述实录》，中共党史出版社2016年版，第258页。

共中央一方面紧急做好军事准备，一方面以朱德的名义向胡宗南发去明码电报，点明了国民党进攻延安的企图，并向中外各方人士公布这个消息，使得蒋介石不得不放弃此次对延安的进攻。

这一次，胡宗南在要熊向晖起草告陕北民众书的同时，将一个装有进攻延安的军事部署和解放军在陕北的兵力配置的公文包交给熊向晖，要他根据这些文件画一份草图。熊向晖很快就绘制好草图，并将内容熟记于心。同时，找准时机将情报顺利送出。掌握国民党军的军事部署后，中共中央很快制定了应对措施，放弃延安，进行战略转移。担任如此重要工作的人竟然是中共地下党员，这恐怕是蒋介石和胡宗南万万没有想到的，他们怎么可能赢得战场上的主动呢？

当时，“一直长期隐蔽在国民党统治区领导党的情报工作的潘汉年、刘少文、吴克坚等同志，隐藏在胡宗南身边的熊向晖、国民党中央党部的沈安娜以及其他地下工作者，为中央及时提供国民党党政军的各种重要情报，都为解放战争的胜利做出了贡献”①。解放战争时期，受周恩来派遣、指导的潘汉年，负责南京等几个情报工作据点的联系和情报审定签发工作。潘汉年系统向上报的国民党上层核心机密情报就有：东北解放战争期间，国民党从海上向东北军事运输情况；国民党徐蚌会战部署、国防部战斗序列、淞沪警备计划及工事建筑要图；国民党国防部人事、联勤部

① 童小鹏：《风雨四十年》第一部，中央文献出版社1994年版，第532页。

的组织系统、补给表、军队运输情况；国民党《京沪、沪杭沿线军事布置图》《长江北岸桥头堡封港情况》及《江阴要塞弹药储运及数量表》，等等。[①] 这方面的例子很多。

在解放战争的隐蔽战线中，还有一些人，虽然当时不是共产党员，但他们利用特殊的身份，为解放战争的胜利发挥了特殊的作用。

1947 年年初，华东野战军取得莱芜战役的胜利，就与国民党第四十六军军长韩练成的配合有很大的关系。韩练成早年参加冯玉祥的西北军，抗战期间由旅长升到副军长，被蒋介石调到重庆担任侍从室高级参谋，这个身份使他有机会与周恩来、董必武、李克农等交往和联系，并受到他们的影响。抗战胜利后，蒋介石派他出任第四十六军军长。1946 年秋季，韩练成带领第四十六军由海路到达山东的胶东半岛，中共中央将这个秘密关系转告给中共中央华东局。随后，陈毅和华东局派华东军区政治部主任舒同前往第四十六军军部与韩进行商谈，建立了联系，并派军区敌军工作部部长刘贯一和胶东军区联络科科长杨斯德化名潜入第四十六军开展工作。次年 2 月，国民党第二绥靖区副司令长官李仙洲指挥第四十六军和第七十三军，从明水、淄川南犯鲁中解放区的莱芜、新泰等地，华东野战军决定发动莱芜战役，从临沂秘密北上，随后实现对李仙洲集团的合围。战役开始后，李仙洲觉察到了华东野战军的战略意图，

---

① 薛钰：《周恩来与党的隐蔽战线——试谈民主革命时期周恩来对我党情报保卫工作的贡献》，《中共党史研究》1998 年第 1 期。

企图突围。在此关键时刻，韩练成却神秘“失踪”(杨斯德带他藏在莱芜城内一间民房里)，放弃了对第四十六军的指挥。李仙洲找不到韩练成，只好亲自指挥四十六军突围，此举彻底打乱了李仙洲的作战计划，保证了莱芜战役的顺利进行。此役共歼灭国民党军 5.6 万人，李仙洲也受伤被俘。

曾在国民党军队中担任过师参谋长、师长，在解放战争时期任南京政府国防部主管作战的第三厅厅长、陆军总司令部参谋长的郭汝瑰，早年曾参加过共产党，后来与组织失去联系。抗日战争胜利后，他通过黄埔军校同学任逖猷，结识了任的堂弟、中共秘密党员任廉儒，并同董必武相识。解放战争中，郭汝瑰利用自己的特殊身份，多次向中共提供重要情报。1948 年 11 月，蒋介石召开军事会议讨论作战计划，会后，郭汝瑰将包括军事部署情况、江南作战计划以及太原、武汉、陕甘、西南等地兵力配备等九件秘密文件，交给与他联系的任廉儒，由其转给中共方面有关负责人。①

知己知彼，百战不殆。战争的胜利自然是多种因素共同作用的结果。其中，统帅机关与指挥员的正确决策至关重要，而统帅机关与指挥员决策正确与否，又与对情况的判断有关，要对战争情况做出准确的判断，自然离不开对敌方情况的掌握了解。无疑，了解掌握敌方情况可以有多种渠道，而来自敌方内部的情报信息自然十分珍贵。在这

① 盖军主编：《中国共产党白区斗争史》，人民出版社 1996 年版，第 541 页。

方面，由于认真执行“荫蔽精干，长期埋伏，积蓄力量，以待时机”方针，一批长期埋伏在国民党统治区甚至国民党的党政军机关核心部门的中共地下党员，通过各种方式进行了卓有成效的情报工作，为解放战争的胜利发挥了重要作用。在解放战争中，许多中共地下工作人员隐姓埋名，从事对国民党党军政人员的策反、情报收集传递等工作，在隐蔽战线上有力地配合了公开的战争。

四、推动第二条战线的形成与发展

解放战争时期隐蔽战线的作用，还体现在对第二条战线的具体领导上。1947 年 5 月 20 日这天，在国民党统治区的中心城市南京、上海、北平、天津等地，爆发了一场以“反饥饿、反内战、反迫害”为中心口号的声势浩大的学生运动，即五二〇运动。5 月 30 日，毛泽东为新华社撰写评论《蒋介石政府已处在全民的包围中》宣告：“中国境内已有了两条战线。蒋介石进犯军和人民解放军的战争，这是第一条战线。现在又出现了第二条战线，这就是伟大的正义的学生运动和蒋介石反动政府之间的尖锐斗争。”①

五二〇运动是解放战争时期风起云涌的学生运动的一个缩影。抗日战争中后期，国民党蒋介石集团在消极抗日的同时积极反共，政治上日益反动，独裁专制统治加剧，

①《毛泽东选集》第四卷，人民出版社 1991 年版，第 1224—1225 页。

特务横行，同时腐败加剧，物价飞涨，军事上不断丧师失地，到了 1944 年豫湘桂战役的时候更是一溃千里，在大后方已是民心尽失。抗战胜利后，沦陷区的民众原本对蒋介石政权还寄予一定的希望。但是，随着国民党统治集团派遣大批官员到原沦陷区，特别是一些大中城市进行接收，他们的贪腐之风也刮到这些地方，把接收变成“劫收”，造成民怨沸腾。更为严重的是抗战胜利后，长期遭受战乱的百姓渴望和平，但蒋介石却一意孤行坚持打内战。战争导致军费开支激增，为了维持战争所需的巨额经费，国民党政府除了横征暴敛外，还肆无忌惮地滥发纸币，致使通货膨胀恶性发展，物价像脱缰的野马般飞涨。为了使自己的内战政策获得美国的支持，蒋介石不惜出卖国家主权，大城市街头到处可以看到横冲直撞、酗酒滋事的美国兵和潮水般涌来的美国货，严重地伤害了中国人的民族自尊。因此，抗战胜利没有多长的时间，不论是原大后方还是原沦陷区的人民，都对蒋介石政权产生了深深的失望甚至绝望。

青年学生历来对时局变化很敏感，学生运动也历来是群众运动的先导。抗战胜利后蒋介石集团的背信弃义、倒行逆施很快引发广泛的学生运动，如 1945 年 12 月昆明学生开展的“争民主、反内战”的一二・一运动，1946 年 12 月北平学生因沈崇事件引发的反美抗暴运动，1947 年 5 月南京、上海、北平等地学生以“反饥饿、反内战、反迫害”为口号的五二〇运动；等等。这些运动的范围涉及全国许多大中城市，无数青年学生参与到运动中，而且得到了广大工人、教师、市民各界的支持与响应，成为 1919 年的五四运动、

1925年的五卅运动和1935年的一二·九运动之后，规模和影响巨大的群众爱国运动。受学生运动的影响，国民党统治区的工人运动、城市贫民斗争、农村抗粮抗税抗抽丁斗争等也广泛展开，各民主党派和无党派民主人士也积极参加到这个运动中来，表明国民党政府已是四分五裂，众叛亲离，陷入空前孤立的境地。

第二条战线的形成与发展，隐蔽战线同样发挥了重要作用。例如，一二·一运动是由昆明的国民党军警、特务在1945年12月1日这一天，打死打伤西南联大的学生，制造一二·一惨案引发的。惨案发生后，中共云南省工委和西南联大中共党组织研究决定，地下党员以“民主青年联盟”(即“民青”)面目出现，成立行动委员会作为运动最高决策机关，担负运动的指导责任，学生中的中共党员由运动前的20多人发展到百余人。[①] 北平学生开展反美抗暴运动也离不开北平中共地下党的组织领导。当时，北平高校系统的中共地下党组织分为南系和北系，南系是原在西南联大的地下党组织，北系是原在北平的地下党组织。清华大学的地下党员人数比较多，北系和南系加在一起共有50多人。燕京大学的南北两系共有党员四五十人，占学生总数的6%左右。北京大学的南系党员有十多名，还有民主青年同盟盟员50多人；北系在文、理、法学院有地下党员30多人，农学院有党员30多人，工学院、医学院、先修班还

①盖军主编：《中国共产党白区斗争史》，人民出版社1996年版，第472、475页。

有一些党员。[1] 五二〇运动就是由中共中央上海局和各级地下党组织有计划、有组织地发动起来的。“上海局对运动作了具体部署，决定首先在国民党统治区政治中心所在的南京突破，由各地响应，并及时分析新的情况，指导运动的发展。许多共产党员挺身站在运动的前列，在群众中进行大量深入细致的说服和组织工作，根据实际情况及时提出并调整斗争的口号和策略，发挥了先锋和骨干作用。”[2]

第二条战线的出现是人心大变动的结果。1947 年 12 月，在陕北米脂县的杨家沟召开的中共中央会议(即十二月会议)上，毛泽东就此分析说：“国内形势现在已经发生了根本性的变化。在政治方面，国民党区域人心动向变了，蒋介石被孤立起来，广大人民群众站到了我们方面。孤立蒋介石的问题，过去在长时期内没有得到解决。土地革命战争时期，我们比较孤立。进入抗战时期，蒋介石逐渐失掉人心，我们逐渐得到人心，但问题仍没有根本解决。直到抗战胜利以后这一两年来，才解决了这个问题。”[3]第二条战线的形成与发展，又进一步促进了这种变化，表明蒋介石集团越来越失去人心，极大地扩大了中国共产党的影响，为解放战争在全国的胜利奠定了强大的民意基础。

---

① 佘涤清：《中国革命史册上的光辉一页》，《北平地下党斗争史料》，北京出版社 1988 年版，第 274 页。

② 金冲及：《第二条战线的历史地位——纪念五·二〇运动 50 周年》，《人民日报》1997 年 5 月 17 日。

③《毛泽东文集》第四卷，人民出版社 1996 年版，第 328 页。

1949年国共和平谈判的由来

1949 年 4 月 1 日至 20 日，中共代表团与南京国民党政府代表团就国内和平问题进行谈判。这本是一次通过和平方式实现国家统一的机会，但由于南京政府拒绝在《国内和平协定》上签字，国共和谈破裂，随后人民解放军发动了渡江战役。那么，此次国共和谈的背景是什么？国共双方当时各自对和谈持何种立场？双方又是如何坐到一起谈判的？

一、中共中央对和谈态度的变化

1945 年抗战胜利后，从重庆谈判开始，国共之间进行了历时一年多的谈判。由于蒋介石对和平始终缺乏诚意，一意要用战争的方式消灭中国共产党及其领导的武装力量，双方实际上是谈谈打打，边谈边打。1946 年 11 月 15 日，国民党不顾中共和民盟等党派的坚决反对，召开由其一手操纵的所谓“国民大会”，标志着蒋介石最终关闭了国共和谈的大门。11 月 19 日，周恩来率中共代表团返回延安，国共关系彻底破裂，国共双方只能通过战争决定胜负。

蒋介石靠武力起家，自然十分迷信武力，自认为国民党军队强大，用不了多长时间就可打败共产党，和平、和谈不过是他准备战争的烟幕。可是，全面内战爆发后，战争形势却对蒋介石并不利，先是对解放区的全面进攻受挫，不得不进行重点进攻，这期间蒋介石虽然占领了一些地方，但被歼灭了大量军队，而人民解放军经过一年的作战(从 1946 年 6 月至 1947 年 6 月)，共歼灭国民党正规军 97.5 个旅(内含 46 个整旅)，平均每个月 8 个旅，连同非正规军在内，共歼敌 112 万人，并且人民解放军的总兵力由全面内战爆发时的127万人发展到190余万人。从1947年7月起，人民解放军转入战略进攻，战场由解放区转入国民党统治区。

国民党在战争形势越来越不利的情况下，内部开始出现一股主和的声音。1947年9月初，国民党政府经济委员会委员刘航琛，在时任广东省政府主席宋子文的支持下，到香港找此时已公开反蒋的国民党内民主派领袖李济深，提出组织和平统一大同盟。其中提出，蒋介石以元首身份出国，试以半年为期。由孙中山之子孙科代理国民政府主席。国共双方停战，听候处理；释放张学良，请冯玉祥(此时在美国)、何应钦(时任联合国军事参谋委员会中国政府代表)返回国内共商国是。由南京政府下令：(一)责备自己，与民更始；(二)国共两军休战；(三)筹开和平会议。孙科代理国民政府主席时期，一切保持现状，和平会议结果，由孙实施。在上述方案的实施有了一定的头绪之后，"请蒋归国，垂拱高位"。

刘航琛的方案还提出，筹备和平统一会议，由南京政府聘请李济深为筹备委员会主任，张学良、毛泽东为副主任，何应钦、冯玉祥、白崇禧、龙云、宋庆龄、陈济棠及中共将领二人、超然人士四人为筹委。筹备委员会的任务是：(一)国共问题初步协议；(二)筹备正式会议，决定委员名单，由南京政府委任，其委员额分配为国民党十五人，共产党十五人，超然人士三十二人(每省一人，余遴选)。和平统一会议的议题为：(一)建立联合政府问题；(二)国共两军缩编问题；(三)国民大会问题；(四)外交问题；

(五)经济问题；(六)罢免陈诚、张群、陈立夫，但不牵连、不清算、不惩处。

中共中央了解到这一情况后，于10月27日向各中央局、分局和各野战军前委发出周恩来起草、经毛泽东修改的《关于反对组织和平统一大同盟的指示》，指出：估计到蒋介石反动统治集团的覆灭过程，可能有三种形式。一种是中国人民解放军与全国人民将蒋介石反动集团的统治不经曲折地一直打垮，反动武装完全消灭。另一种是反动统治内部在中途举行政变，并在美帝赞助下，送蒋出国，找出孙科、冯玉祥、何应钦、陈济棠、龙云、宋子文、邵力子、张治中这类人主持停战议和，想以缓兵之计维持已濒临崩溃的统治局面，或维持一个偏安局面，待机再起。再一种是在蒋介石反动统治大崩溃的时候，凡我解放军所未及到达的地方，及各大城市中将有各种形式的反蒋运动发生，其中包括很多伪装分子，乘机窃利，并和我们争夺革命领导权。在这三种形式面前，我们必须坚持第一种形式，把中国革命战争进行到底：警戒和揭穿第二种形式的阴谋，预防第三种形式会在时机成熟时突然出现。并要预见到二三两种形式会在某种时机交错地出现。[1] 中共中央的态度很明确：战争是蒋介石集团挑起来的，在战争形势日益有利于人民的情况下，不能被国民党内的和平烟幕所欺骗，只能用战争的方式彻底打倒蒋介石集团。

---

① 中共中央文献研究室、中央档案馆编：《建党以来重要文献选编(1921—1949)》第二十四册，中央文献出版社2011年版，第455页。

1947 年 12 月，中共中央在陕北米脂县杨家沟召开会议，研究 1948 年的形势与任务。这次会议做出了一系列的决定，其中一项就是“中国人民革命战争应该力争不间断地发展到完全胜利，应该不让敌人用缓兵之计(和谈)获得休整时间，然后再来打人民”。

1948 年夏，人民解放军相继取得了豫东战役、津浦铁路中段战役、晋中战役、襄樊战役、保(定)北战役等的胜利，歼灭大量国民党军，正如新华社在其社论《祝五路大捷》中所说的：“解放战争进入第三年的时候，敌人在黄河以北，除了平绥、平锦两条铁路及在这两条路上的城镇外，只有沈阳、长春、承德、保定、太原、安阳、新乡、焦作等稀稀落落的几个据点了。在这个广大而富庶的地区内，干净彻底全部消灭国民党匪军的日子，已经不远。东北、华北、西北、华东四个大解放区之间完全打成一片的局面，将要实现了。”①

在这种情况下，国民党内部再次出现了一股“和平运动”，要求国共重开谈判。美国驻华大使司徒雷登也向蒋介石建议：在目前极端危急的局势下，要“产生一个联合宣言”，“与共产党成立协议，以谋求和平”，“把它当作一种思想战争”。蒋介石表示“他要将此事再仔细考虑”。为此，中共中央于 1948 年 7 月 18 日发出《关于揭破敌人和平阴谋的指示》，指出“反动派所谓和平运动只是战争失败时求得喘息机会以利再战的阴谋计划。国民党反动政府必须打倒，

①《祝五路大捷》，《人民日报》1948 年 7 月 30 日。

反动军队必须解除武装，人民民主政府必须在全国建立，美国侵略势力必须退出中国，中国对外必须实现完全的独立，中国才能有真正的和平。否则所谓和平必定是假的，只是过渡到更残酷的内战的一种手段。……依据过去两年的作战成绩，加上今后的更大努力，执行正确的军事政治经济文化各项政策，大约再打三年左右，就可以从根本上消灭中国的反动势力，在全国范围内建立人民民主共和国，我们自己及全国人民，就可以永远过和平自由幸福的生活了。如果我们不能忍受这大约三年左右的痛苦，接收反动派的欺骗，停战议和，让其休养生息，然后被迫再打，我们就将受程度更大时间更长的痛苦”①。

7 月 27 日，周恩来为中共中央起草了一份关于揭破国民党和平阴谋的指示稿，虽然这个指示稿后来没有发出，但它反映了中共中央对这一问题的基本态度。指示稿说："国民党反动统治中，则有不少的派别及个人，已在美帝国主义当权派的策动和鼓励下，进行一种假和平运动，企图利用国民党区域一部分人民中尚存在的对于和平的幻想，准备在蒋介石军队更加失败、国民党局势更加危急的时机发起政变，表面上牺牲蒋介石，宣布停战议和，实际上是为整个国民党反动统治取得喘息时间，以便休整兵力，卷土重来，消灭人民力量。在这一活动当中，许多地方系军阀政客，以李宗仁为首，企图取蒋介石而代之。一部分中

① 中共中央文献研究室、中央档案馆编：《建党以来重要文献选编（1921—1949）》第二十五册，中央文献出版社 2011 年版，第 362—363 页。

间派右翼分子，亦企图倒蒋取得权位，使中国革命限制于他们所要求的范围，避免彻底的改革。”①因此，必须击破敌人假和平的阴谋，推动人民革命运动的高涨，配合人民革命战争走向全国胜利。

1948 年 7 月 17 日，中共上海局负责人吴克坚致电中共中央说，李济深、冯玉祥想利用美国国务院及司徒雷登促使蒋介石下台，由李、冯主政，然后下令国民党军队就地停战，不听命令者武力解决，李派人将此想法告诉了吴，让吴转告中共中央。8 月 1 日，中共中央致电上海局、香港分局负责人吴克坚、潘汉年：“按美国务院政策，现仍以支持蒋介石反共为主，同时对蒋无能及老吃败仗感不满。为迫蒋让出更多权力，为准备在蒋军更加崩溃时能够团结反动统治各派并企图团结一部分中产阶级分子共同反共起见，又正在进行各种阴谋活动，其中包括对我党试探和谈的可能性。到蒋介石真正无法统治下去时，则准备以李宗仁、何应钦等代替蒋介石。此时，他们则希望与我党停战议和，以便取得喘息时间，重整兵力，然后卷土重来，消灭革命力量。”“我们对于美帝这类阴谋是应当揭穿的，但对反动统治内部的分裂与倒蒋运动则应当利用，以促成他们间的更大分裂。”“美帝及李宗仁、何应钦等反动集团是靠不住的，我们赞成倒蒋是因为倒蒋之后对于解放战争的开展有利，而不是对美帝及李宗仁、何应钦等有任何的幻想。”②

---

①《周恩来选集》上卷，人民出版社 1981 年版，第 307 页。

②《毛泽东文集》第五卷，人民出版社 1996 年版，第 116—117 页。

由此可见，在中共中央看来，国民党内部关于国共和谈的言论，从根本上都是和平阴谋，必须及时揭露，但对其内部的矛盾则可加以利用，将国民党内部的假和平运动变成人民的真和平运动。鉴于这种情况，中共中央一度认为，必须考虑到与国民党谈判这一种可能性的发生。这年9月，中共中央政治局会议在西柏坡召开，毛泽东在会上所做的结论中说："我们不要完全拒绝谈判，这是要考虑到人民觉悟的问题。那时可能有两种情形，或者拒绝和谈，或者进行和谈。但现在就要对国民党可能搞的和谈骗局进行揭露。如果群众觉悟，要打下去，认识到和谈就是让敌人休息后再打，是费力的，那我们就打。如果群众没有这种觉悟，要和，那就进行和谈，一面谈，一面打，并在谈判中教育群众，向群众解释和谈究竟是怎么一回事，事实上还是要继续打下去，不上敌人的当。总之，那时看人民的觉悟，党内党外群众的觉悟，但始终不要把和谈的门关死。"①

这次政治局会议之后，华东野战军一举攻克国民党坚固设防的大城市济南，说明了人民解放军已具备强大的攻坚作战能力。紧接着，东北野战军取得辽沈战役的胜利，共歼敌47万余人，东北全境获得解放。这时，毛泽东改变了从1946年7月算起五年从根本上打倒国民党的估计，认为从现时起，再有一年左右的时间，就可能从根本上打倒国民党反动政府。在革命形势一片大好的情况下，中共中

①《毛泽东文集》第五卷，人民出版社1996年版，第145页。

央和毛泽东明确提出：必须“将革命进行到底，而不容许半途而废”。

12 月 25 日，新华社发表毛泽东写的陕北权威人士谈战争罪犯的新闻稿，公布了一个 43 人的“举国闻名的头等战争罪犯”名单。这些战犯包括蒋介石、李宗仁、陈诚、白崇禧、何应钦、顾祝同、陈果夫、陈立夫、孔祥熙、宋子文、张群、翁文灏、孙科、吴铁城、王云五、戴传贤(即戴季陶)、吴鼎昌、熊式辉、张厉生、朱家骅、王世杰、顾维钧、宋美龄、吴国桢、刘峙、程潜、李(薛)岳、卫立煌、余汉谋、胡宗南、傅作义、阎锡山、周至柔、王叔铭、桂永清、杜聿明、汤恩伯、孙立人、马鸿达(逵)、马步芳、陶希圣、曾琦、张君劢等。新闻稿说，这些人是“罪大恶极，国人皆曰可杀者”①。

12 月 30 日，毛泽东为新华社撰写了《将革命进行到底》的 1949 年新年献词，强调：“敌人是不会自行消灭的。无论是中国的反动派，或是美国帝国主义在中国的侵略势力，都不会自行退出历史舞台。正是因为他们看到了中国人民解放战争在全国范围内的胜利已经不能用单纯的军事斗争的方法加以阻止，他们就一天比一天地重视政治斗争的方法。中国反动派和美国侵略者现在一方面正在利用现存的国民党政府来进行‘和平’阴谋，另一方面则正在设计使用某些既与中国反动派和美国侵略者有联系，又与革命阵营有联系的人们，向他们进行挑拨和策动，叫他们好生工作，

①《陕北某权威人士谈战犯名单问题》，《人民日报》1948 年 12 月 27 日。

力求混入革命阵营，构成革命阵营中的所谓反对派，以便保存反动势力，破坏革命势力。”现在，“摆在中国人民、各民主党派、各人民团体面前的问题”，是将革命进行到底，“就是用革命的方法坚决彻底干净全部地消灭一切反动势力”。①

1949 年 1 月 6 日至 8 日，中共中央政治局召开会议，讨论形势与任务问题。毛泽东在为会议所写的决议中指出：“我们已经完全有把握地在全国范围内战胜国民党。一九四九年和一九五〇年将是中国革命在全国范围内胜利的两年。我们必须将革命进行到底，而不容许半途而废。我们必须在党内，在人民解放军内，在人民群众中，有说服力地进行教育工作，在各民主党派各人民团体的代表人物中进行解释工作，使大家懂得必须将革命进行到底，而不容许半途而废的理由。国民党的所谓和平谈判的阴谋必须继续地给以揭露和打击。”②由此看来，到这时，中共中央尚没有与国民党方面进行和谈的打算，认为国民党方面主张的和平谈判不过是作缓兵之计的阴谋。

在中共中央政治局会议闭幕的当天下午，蒋介石召集孙科、张群、张治中开会，研究怎样运用外交手段应对目前危局的问题。会后由行政院副院长兼外交部部长吴铁城出面，照会美、苏、英、法四国，希望四国运用其影响，促成中国国共和谈的实现。

---

①毛泽东：《将革命进行到底——一九四九年新年献词》，《人民日报》1949 年 1 月 1 日。

②《毛泽东文集》第五卷，人民出版社 1996 年版，第 230 页。

苏联方面 1 月 8 日接到南京政府要求调处国共关系的照会后，斯大林于 1 月 10 日致电毛泽东，以商量的口吻说，苏方拟对南京政府做如下答复：“苏联政府过去赞成，现在仍然赞成中国结束战争，实现和平，但在自己同意担当调停人之前，苏联方面希望了解另一方——中国共产党也能被告知中国政府的这一和平之举，希望能就苏联充当调停人一事征得另一方的同意。”电文还说：“中共方面是否同意此议，请告；如不同意，也请秘示更为妥当的答复。”

苏方还替中共起草了一份对国民党建议的答复，大意是：中国共产党一向主张在中国和平，首先挑起中国内战的不是中国共产党，而是南京政府，所以应当由南京政府来对战争后果承担责任。中国共产党同意与国民党进行谈判，但是不能容许那些发动中国内战的战争罪犯参加谈判。中国共产党主张在没有任何外国的调停人参加的情况下与国民党进行直接谈判。中国共产党尤其认为，那个派遣军队和船只直接参与内战、反对中国人民解放军的外部强国不能充当调停人，因为这样的强国是不可能采取中立和客观的态度来结束中国的战争的。①

不知何故，斯大林 1 月 10 日的电报没有发完，第二天，又续电毛泽东，解释说苏方为中共拟订的对国民党建议的答复方案，其意在于阻止谈判。斯大林认为，国民党会拒绝中共提出的谈判条件的，“其结局是，中共是赞成和谈

① 安·列多夫斯基著，刘淑春译：《苏联历史档案选译——1949 年初国共和谈问题》，《近代史资料》总九十五号，中国社会科学出版社 1998 年版，第 217 页。

的，因而不能指责它欲将内战继续下去。于是国民党就成了破坏和谈的罪人。这样一来，国民党和美国的和谈花招就会被戳穿，你们也可以将必胜的解放战争继续进行下去”①。

对于苏方拟订的对南京政府的答复，毛泽东并不满意，认为苏方应这样答复：“苏联政府过去和现在一贯希望看到一个和平、民主、统一的中国。然而，通过什么途径去实现中国和平、民主和统一，那是中国人民自己的事。苏联政府根据不干涉别国内部事务的原则，认为不能接受为中国内战进行调停的工作。”毛泽东认为，如果采取斯大林 1 月 10 日来电的立场，“那么美国、英国和法国势必会认为它们也应当参与调停，国民党也就会找到污蔑我们为好战分子的口实。而对国民党深感不满，殷切地希望人民解放军尽快取得胜利的广大人民群众就会感到失望”。中共的立场是，为使中国人民能够尽快得到真正的和平，要求南京政府无条件投降。战争是南京政府挑起的，它犯了滔天罪行，全国人民已经不信任它。为了尽快结束战争和实现和平，南京政府应当将权力交给人民，它没有任何理由存在下去了。如果现在同张治中、邵力子等进行和平谈判，并且以这些人的名义一道建立联合政府，这刚好符合美国政府的心意。这样做将在中国人民、各民主党派和人民解放军部队，甚至在中国共产党内部造成很大的混乱，也会使

---

①安·列多夫斯基著，刘淑春译：《苏联历史档案选译——1949 年初国共和谈问题》，《近代史资料》总九十五号，中国社会科学出版社 1998 年版，第 219 页。

现在采取的完全正义的立场遭到严重的损害。

毛泽东还说，自从 1947 年 7 月以来，中共已慎重地并长期地注意到谈判的欺骗性。只要国民党在军事上遭到失败，美国和国民党政府就必然要求进行谈判。这种谈判的骗局将给人民带来极大的影响，这将迫使中共方面再一次做出政治上的迂回，并暂缓建立联合政府。现在，中共完全有理由不接受国民党的和谈骗局，因为中国的阶级力量对比已经发生了根本性的变化，国际舆论也对南京政府不利，所以夏季人民解放军当可渡过长江，进占南京。因此，现在似乎没有必要再次采用和谈这种政治上迂回的办法了。在目前局势下再用这种迂回的办法只会是弊多利少。①

1949 年 1 月 14 日，斯大林复电毛泽东，认为如果南京政府根本没有提出和平建议或美国方面没有搞这一套和平的花招，本是最好不过的，问题是这样的花招已经出现了，对于这样一个现实不能避而不见。毫无疑问，南京方面与美国的和平建议，是一种欺骗政策，南京政府的企图自然不是和共产党和解，而是暂停军事行动，利用休战作喘息之机，整顿国民党军队，加强长江南岸的防卫，从美国调运武器，积蓄力量，以图再向人民解放军进攻，并将破坏和谈的罪名转嫁到共产党头上。因此，如果公开地、毫不掩饰地拒绝南京方面的和平建议，就意味着中共把和平的旗帜这一如此重要的武器拱手让给了国民党；也将使国内

①安・列多夫斯基著，刘淑春译：《苏联历史档案选译——1949 年初国共和谈问题》，《近代史资料》总九十五号，中国社会科学出版社 1998 年版，第 220—221 页。

外的敌人污蔑共产党是继续打内战的好战分子，而赞扬国民党是和平的卫士；而且也会给美国以可乘之机，在欧美大造舆论，说不可与共产党讲和平，因为它不愿意要和平，唯一能够在中国实现和平的办法是由列强组织武装干涉。相反，如果表示愿意在中国实现和平，提出双方应在没有外国调停人参与的情况下进行谈判，并且谈判应在中国共产党与作为一个党的国民党之间进行，而不是与挑起内战因而失去民心的南京政府进行谈判，一旦双方就和平与中国领导权的问题达成了协议，军事行动就应当停止。国民党显然是不会接受这样的条件的，而这样做可以使人民明白，继续打内战的罪人是国民党而不是共产党，这样和平的旗帜就落在共产党手里了。①

接到斯大林14日的电报后，毛泽东明白了斯大林的用意所在，当天致电斯大林说："就基本方针而言，即阻止与国民党的广泛谈判和将革命进行到底，我们与您是完全一致的。"②

1月14日，毛泽东以中共中央主席的名义发表《关于时局的声明》，提出了与南京政府谈判的八项条件。声明宣布，虽然中国人民解放军具有充足力量和充足理由，确有把握在不要很久的时间之内，全部消灭国民党反动政府的残余军事力量，"但是为了迅速结束战争，实现真正的和

---

①安·列多夫斯基著，刘淑春译：《苏联历史档案选译——1949年初国共和谈问题》，《近代史资料》总九十五号，中国社会科学出版社1998年版，第222—225页。

②安·列多夫斯基著，刘淑春译：《苏联历史档案选译——1949年初国共和谈问题》，《近代史资料》总九十五号，中国社会科学出版社1998年版，第225页。

平，减少人民的痛苦，中国共产党愿意与南京国民党反动政府及其他任何国民党地方政府与军事集团在下列条件的基础之上进行和平谈判”。中共方面提出的和谈的条件是：(一)惩办战争罪犯；(二)废除伪宪法；(三)废除伪法统；(四)依据民主原则改编一切反动军队；(五)没收官僚资本；(六)改革土地制度；(七)废除卖国条约；(八)召开没有反动分子参加的政治协商会议，成立民主联合政府，接收南京国民党反动政府及其所属各级政府的一切权力。这八项条件，实际是要求南京政府无条件投降。声明强调：“中国共产党认为，上述各项条件反映了全国人民的公意，只有在上述各项条件之下所建立的和平，才是真正的民主的和平。如果南京国民党反动政府中的人们，愿意实现真正的民主的和平，而不是虚伪的反动的和平，那么，他们就应当放弃其反动的条件，承认中国共产党提出的八个条件，以为双方从事和平谈判的基础。否则，就证明他们的所谓和平，不过是一个骗局。”①这样，南京政府抛出的和平谈判口号，被中共接过手来，成为将革命进行到底的另一种方式。

因为在此之前，毛泽东和中共中央一再强调要将革命进行到底，反对半途而废，而现在又表示可以在八项条件下与南京政府进行谈判，必须向党内做解释工作。同一天，中共中央致电各中央局、分局、工委、总前委、前委并转

①《中国共产党中央委员会毛泽东主席发表关于时局的声明》，《人民日报》1949 年 1 月 15 日。

所属："为了揭穿和击破南京政府的和谈欺骗，中央于本日发表在八个条件下愿与国民党进行和平谈判的声明，这与新年献词《将革命进行到底》没有丝毫的矛盾。望向党内加以解释。"①

第二天，中共中央又发出致各中央局、分局、前委电："我方提出之八个和平条件是针对蒋方五个条件的。蒋方有宪法、法统、军队三条，我方亦有此三条。蒋提保持国家独立，我提废除卖国条约。蒋提保持自由生活方式及维持最低生活一条，我则分提没收官僚资本、改革土地制度两条。此外，我方的第一条（惩办战犯）及第八条（政协、联府、接收）是严正战争责任与不承认南京政权继续存在。双方的条件都是对方不能接受的，战争必须打到底。故与新年献词毫无矛盾，而给人民解放军及国民党区域被压迫人民一个打击国民党的武器，揭露国民党所提和平建议的虚伪性及反动性，望向党内干部及民主人士妥为解释。"②

很显然，中共此时提出在八项条件下与南京政府谈判，已充分估计到南京方面不可能接受，目的是揭露南京方面和谈的"虚伪性及反动性"。如果南京政府接受了八条，实际上就是宣布自己无条件投降，同样实现了将革命进行到底的目的。

---

① 中共中央文献研究室编：《毛泽东年谱（1893—1949）》（修订本）下，中央文献出版社 2013 年版，第 437 页。

② 中央档案馆编：《中共中央文件选集》第十八册，中共中央党校出版社 1992 年版，第 30 页。

二、桂系与中共的初步接触

这时，蒋介石处在内外交困之中，一向与蒋介石存在尖锐矛盾、以李宗仁白崇禧为首的新桂系集团决定乘机取而代之，于是从 1948 年年底起，白崇禧等人在武汉发动所谓的和平运动，逼使蒋介石早日下台。同时，桂系头脑们也很清楚，蒋不但是迷恋权位之人，而且仍有一定的实力，他们的所谓和平运动，与蒋的矛盾已是势同水火，而桂系从力量对比上还不是蒋的对手。因此，要彻底搞倒蒋介石，光靠自己的力量远远不够，还必须借助一贯反蒋、在国民党内有一定影响力的李济深等人的力量，同时也有必要摸清共产党方面的态度。李济深虽然不属于新桂系，但新桂系的崛起却得到了李的呵护与支持，其与李宗仁、白崇禧等人有着很深的渊源。此时的李济深已经明确表示响应中共的“五一”口号，与中共方面已发生了密切的联系，何况即使逼迫蒋介石下了台，新桂系自己撑起了国民党剩下的半壁江山，也必须直接面对共产党。所以，白崇禧在采取一系列的手段向蒋介石发难的同时，开始派人与中共方面接洽、联络。

1949 年 1 月 12 日，白崇禧、黄绍竑(新桂系的根基是李宗仁、白崇禧、黄绍竑三股势力的合流，随后形成了李、白、黄体制，1930 年中原大战后黄决意投蒋，但承诺不做有损桂系之事，在 1948 年李宗仁竞选副总统时，黄又出力甚多，故与桂系的关系实为藕断丝连）召开了一次桂系在武汉干部秘密会议。

会上，白崇禧首先发言："这回同老蒋闹翻了。淮海战役一结束，他（指蒋）迟早一定来收拾我们。南京的中国国民党党部是他的御用工具。我们一向是搞军事的，对于党务没有什么经验，以前我们屡次失败，都是没有政治上的支持，全靠枪杆来干。这回就大大不同了，不但要对付国民党内部，还要同中国共产党打交道。你们看怎样行呢？"接着他又说："我的意见，李任公（即李济深，引者）一向反蒋，他团结有一些民主力量，与共产党也有交情，不如请他到武汉来主持政治，我们就专管军事，这样就不怕了。"

在座诸人都表赞同。于是，就推举人给李济深写信，两易其稿，均不满意。黄绍竑说，最好派与李有关系的人去香港，当面说明这里的情形，比写信好得多。白崇禧想了想，说："这个重要使命只好请你负担。"黄也没有推辞，只是说："如果李任公已离开香港，我可否同中共驻港负责人接头呢？"白答应可以。[1]

白崇禧之所以同意黄绍竑去香港找李济深，是因为他认为蒋介石并不想下野，企图通过李济深同中共中央单独进行和谈，先借助中共的力量将蒋挤下台，然后与中共来个划江而治。

会后，白崇禧花重金包了一架原美国飞虎队队长陈纳德办的民用航空公司的"专机"，从汉口转桂林、柳州飞广

---

①黄绍竑：《李宗仁代理总统的前前后后》，《文史资料选辑》第六十辑，第53页。

州。所谓专机，不过是堆满货物的机舱中挪出一个座位而已。黄由广州到香港后，李济深已应中共中央之邀，秘密前往东北解放区，准备参加新政治协商会议。黄便将他致李济深的信函托民革(即中国国民党革命委员会，由国民党内的民主派组成，1948 年 1 月在香港正式成立，以李济深为主席)驻港负责人黄琪翔转交中共驻港负责人潘汉年。黄绍竑在信中说，白崇禧反蒋早具决心，希望李向中共方面转告武汉桂系反蒋经过及以后的决心与行动，请中共中央转告中共华中当局与白建立军事谅解，并商定以后的共同作战计划。白认为时机紧迫，若能早日得到中共的答复，随即便可发表反蒋宣言，军事上也可以立即行动。

在黄琪翔的安排下，黄绍竑与潘汉年见了面。黄叙说了李宗仁和白崇禧的情形，说白已决心和平，与蒋系已成敌对，但桂系军力在华中只及蒋的三分之一，湖南的程潜虽可联合，但如果得不到中共的配合，仍无成功的可能。[①]潘说，他也知道一些情况，白崇禧可能反蒋，但这样大的事他不能做主，必须打电报向中央请示，复电要三四天才能回来，请等候几天。

1 月 20 日，毛泽东以周恩来、李克农的名义起草致潘汉年电，要潘将下列各点答复黄绍竑：(一)中共对时局的态度已见毛主席十四日的声明，任何方面均可照此声明去做。(二)南京集团是主要内战罪魁，李、白对内战亦负有

① 李新总主编：《中华民国史大事记》第十二卷，中华书局 2011 年版，第 8776—8777 页。

责任，如欲减免内战罪责，必须对人民解放事业有具体而确实的贡献。如李宗仁尚欲取蒋而代，白崇禧尚欲获得美援反对我军，则将不能取得人民谅解，可以断定无好结果。(三)如白欲派代表与刘(伯承)、邓(小平)联络，可到郑州市政府接洽。①

1月24日，潘汉年在香港与黄绍竑举行第二次会晤，向黄转告了周恩来、李克农1月20日电的大意，促其立即电白崇禧，派长期在李、白身边任参议并与中共方面一直有联系的刘仲容，去郑州和刘伯承、邓小平联系。黄对此表示满意，并希望潘汉年派人和他一起去北平，转赴中共中央，“得一和平基础协议草案”。黄认为“李、白可考虑”。潘回答说：“李如能效法傅作义，先具体接受八条为先决条件，然后好谈和平解决方案。”潘还说：“目前李宗仁在宁之一切空谈，都是无法解决问题的。时机迫切，仍以劝白与我刘邓洽商军事反蒋为最实际。局部洽商如能成功，将可以发展到全面和平。”②

白崇禧在通过黄绍竑与中共方面进行接触的同时，又通过黄启汉(国民党广西省政府顾问兼驻香港对外贸易专员、国民党政府立法院立法委员)和李书城(老同盟会成员、中共一大代表李汉俊胞兄)与中共方面接洽。

1月20日晚上，白崇禧召集桂系重要干部在汉口三元

① 中共中央文献研究室编：《毛泽东年谱(1893—1949)》(修订本)下，中央文献出版社2013年版，第443页。

②《潘汉年致周恩来并中央电》，1949年1月25日，转引自朱宗震、陶文钊：《中华民国史》第三编第六卷，中华书局2000年版，第462页。

里他的办公室密谈。参加这次密谈的有李品仙(华中“剿总”副总司令)、夏威(第八绥靖区司令官兼安徽省政府主席)、李任仁(立法委员)、刘斐(刚辞职不久的国防部参谋次长)、徐祖贻(华中“剿总”参谋长)、韦永成(立法委员)和程思远(立法委员)等七八个人。会议结束后，白对因感冒发烧没有与会的黄启汉说：“自从我们发给蒋电，主张和平解决国共问题后，蒋很恼火，这一回势必和他闹翻了，而现在我们和共产党还没有取得联系，李任公又北上去了，怎么办呢？当前最迫切的问题，就是必须尽快和共产党取得联系，我想请你和一位老先生(即李书城先生)到信阳转赴前方，去和中共接头。第一步先搭上一条线，以后好联络。”黄启汉问白崇禧到那里后讲些什么，白崇禧说：“你只讲我们主张停止内战，恢复和平谈判解决问题，先彼此联系就是了。到那里以后，看情况，如交通许可，还可以到北方去找周(恩来)和叶(剑英)，也顺便找李任公。”

1 月 21 日，蒋介石宣布下野，其总统职位由副总统李宗仁代任。当天，白崇禧召集李品仙、刘斐、李任仁等人开会。白崇禧在会上说：“老蒋干不下去了，要德公作挡箭牌，看样子他还要在幕后操纵的，但事已至此，只好全力支持德公，早日实现停战和谈。”李任仁提出，要对中共提出的八项条件表态，华中五省先停止征兵征粮，以示对和谈的诚意。白崇禧之所以高喊和平，目的是要逼蒋介石下台，桂系上台。现在这个目的已经达到，南京总统府的主人已换成了桂系的李宗仁，长江以南已由蒋家的天下变成了桂系的天下。在白看来，桂系的基本力量还在，他的华中“剿总”还有几十万人马，李宗仁又取代了蒋介石，再与共产党方面谈和，目的已是划江而治，与共产党平分秋色，岂能接受中共方面的八条？于是，白崇禧很不高兴地对李任仁说：“还未开始谈，怎么能停止征兵征粮呢？万一谈不成，又怎么办呢？”可见，蒋介石下台前，白崇禧虽然也高喊和平，并不是要真和平，而是以此作为逼迫蒋介石下台的手段，不过是打和平牌而已。

白崇禧和李品仙对中共提出的八项条件，最不能接受的是第一条，即惩办战犯。在新华社1948年12月底公布的第一批战犯名单中，李宗仁排列第二，白崇禧排在第四。白崇禧说：“惩办战犯等于把我们一网打尽，这怎么受得了？”李任仁说：“惩办战犯，无非是明确战争责任，对于个人，只要促成和平，有助于和平、民主、统一，就可由战犯变成功臣。”黄启汉、刘斐也表明了同样的观点，白崇禧这才勉强同意以中共提出的八条作为谈判的基础。散会时，白崇禧把黄启汉留下来，并对黄启汉说：“既然蒋已引退，德公(李宗仁字德邻——引者)当了代总统，那就不必去信阳前方找关系了，可以从南京飞北平，也许能更直接和更快地找到共产党联系。”

白崇禧还给李济深写了一封信，希望李能到南京或武汉“指导一切”，实际是想打着李济深的旗号和凭借李济深与共产党的关系，来为桂系谋和。信中说：“禧对于革委会(指李组织的中国国民党革命委员会——引者)反帝、反封建、反独裁、反官僚资本等革命主张，素表赞同，建立真正民主和平之中国，尤早具决心，只以过去处境困难，未能完成志愿。去岁华中军民曾数以坚强语气电蒋建议和平停战，并请其早日引退，以谢国人，旋更联络各方施以压力，以扫除和平之障碍。兹蒋已去位，德公继承艰危，决以最诚恳态度与中共进行和平谈判，以坚确决心，扫除独裁祸根，将来国是全由国人公意抉择。务恳我公鼎力协助，共奠和平，千万生灵、民族生机，在此一举。尤望大驾及革委会诸同志，早日莅临武汉或南京，指导一切。”白崇禧还在信笺上端，特地加注了“中共八项条文，禧已有表示可以商谈”等字。黄启汉临走前，白崇禧又叮嘱黄启汉转告李宗仁：要注意防备蒋介石幕后捣鬼，最好请他到国外走走；孙科同桂系也是不合作的，这个问题必加注意。[①]

1 月 22 日，白崇禧派黄启汉到南京，见到了李宗仁，在座的还有抗战期间给李当过参议的刘仲华。李宗仁大略介绍了蒋介石下野与自己代总统的经过，然后说：“当前最迫切的事情就是要和共产党取得联系，要求解放军停止进攻。”并说他已经从空军定了一架飞机，明天就将黄和刘送去北平。李甚至表示，他愿意接受毛泽东提出的八项条件作为谈判基础。当得知白崇禧已给李济深写了一封信之后，李宗仁表示自己也应当给李济深写一封信，要黄带给李济深。信中说：“去岁迭奉惠书，弟因处境困难，未获裁复，实深抱歉。然对吾兄反独裁、反封建之主张则极表同情。兹者蒋已引退，弟勉支危局，愿以最大努力促和平之实现，

①黄启汉：《一九四九年“和谈”的回忆》，《文史资料选辑》第六十七辑，第 7—9 页。

中共方面亦已表示愿商谈。除由政府派定人员与中共进行和谈外，兹派黄启汉同志趋前承教，甚盼和平能早日实现，弟亦得早卸仔肩也。”①

李宗仁还让秘书给前不久接受和平改编的傅作义写了一封信，肯定傅接受和平改编做得对，希望傅支持他的和谈。李还一再嘱咐黄、刘二人，要求中共方面体谅他的处境，暂时停止军事进攻。

1月23日，黄启汉和刘仲华乘一架军用运输机去了北平。1月27日，黄和刘在颐和园见到了叶剑英(时任北平市军事管制委员会主任兼市长)。他们介绍了蒋介石下野的经过，以及李宗仁、白崇禧的处境和政治态度，并且表示：李、白同意以毛泽东1月14日《关于时局的声明》中指出的八项条件为基础，进行和平谈判。为了表示求和诚意，特意先派他们来同中共进行联络，希望中共方面尽早与李、白进行谈判。李、白愿与中共达成默契，在京沪一带作战中与中共军队配合，具体方案要等待叶剑英参谋长指教。叶剑英指出：欢迎你们到北平来谈和平谈判问题。在当前的形势下，虽然中共完全可以用武力彻底消灭国民党反动派，但我们仍然愿意同国民党南京政府和任何国民党地方政府或军事集团进行和平谈判。随后，叶将谈话的内容电告了中共中央。②

---

①黄启汉：《一九四九年“和谈”的回忆》，《文史资料选辑》第六十七辑，第10页。

②中国人民解放军军事科学院：《叶剑英年谱》上，中央文献出版社2007年版，第512页。

1 月 28 日，叶剑英设宴招待黄启汉和刘仲华。饭后，叶对黄、刘说：今天我们已有足够的力量可以完全、彻底消灭国民党残余势力，全国的解放，指日可待，但为了迅速结束战争，减少人民痛苦，毛主席已发表声明，可在八项条件的基础上，同国民党南京政府及其他任何国民党地方政府和军事集团进行和平谈判。我们要的是真正的和平，维护民族利益、人民利益的和平。古人云："识时务者为俊杰。"在这伟大的历史转折关头，谁能认清形势，顺应潮流，向人民靠拢，前途是光明的。① 当天，叶剑英致电林彪、罗荣桓等并报中共中央说："李、白代表无信件、无方案，似一种接上关系和刺探性质。"②

然而，中共中央了解了叶剑英与黄启汉的谈话内容后，认为有文章可做。2 月 1 日，中共中央就对待李宗仁、白崇禧等人的态度致电叶剑英等：叶剑英与李宗仁、白崇禧派来之黄绍竑(应为黄启汉，下同)、刘仲华二人 1 月 27 日谈话，1 月 30 日方见简报，彭真、叶剑英前电称谈话无甚具体内容，已让黄绍竑、刘仲华入城。现阅来电反证谈话是有政治内容的，且有文章可做，即有分裂反动统治内部，使李宗仁、白崇禧转向毛主席八条要求，反美反蒋，与黄埔系实行火拼，以利我各个击破的文章可做，但你们却对此不够重视。现黄绍竑、刘仲华两人是否均已返宁，如刘仲华尚在北平，望令其迅速返宁，面告李宗仁：如其果有

① 黄启汉：《一九四九年"和谈"的回忆》，《文史资料选辑》第六十七辑，第13 页。
② 中国人民解放军军事科学院：《叶剑英年谱》上，中央文献出版社 2007 年版，第 513 页。

反蒋反美接受毛主席八条要求的真意，即应迅速与蒋分裂，逮捕蒋之嫡系将领如顾祝同、汤恩伯、俞济时、陈大庆及特务头子毛人凤、郑介民、叶秀峰、郭紫峻、毛森等人，方能站稳脚跟，进行和谈。否则，李宗仁、白崇禧不扣复兴、西西(即国民党内以陈立夫、陈果夫为首的CC系)，结果，必致李宗仁、白崇禧为复兴、西西暗算，弄得身败名裂，两头失踏，中间道路是万万走不通的。如李宗仁、白崇禧确愿在行动上有反蒋反美的表示，刘仲华仍可来平，并携带密码呼波与叶剑英接洽，以便建立联系。如李宗仁、白崇禧托黄绍竑刘仲华转告之言，纯属骗局，则中共便宜无此余暇与之敷衍。”

根据中共中央的指示，叶剑英再次同黄、刘谈话，商定刘仲华留在北平负责联络，黄启汉回南京向李宗仁报告。黄启汉回到南京后，向李宗仁汇报了在北平见到叶剑英及谈话的详细内容，李宗仁很高兴地说：“总算很快就(与中共)搭上了关系。”李宗仁又问及关于他要求解放军停止进攻的问题，黄回答说：“这个问题叶参谋长只答应向中共中央反映。”李听了之后颇有些失望。黄说：“两军对垒，尚未达成任何协议就单方面要对方停止军事进攻，这本来是不合情理的，叶参谋长不当面驳斥我们，已经是很客气的了。”李表示，现在先力争全面和谈，且不考虑别的。[1]

1月23日，李书城在民盟湖北省执委李伯刚的陪同下，

---

①黄启汉：《一九四九年“和谈”的回忆》，《文史资料选辑》第六十七辑，第13—14页。

离开武汉北上。24 日，在河南信阳同国民党河南省主席张轸交换了意见，26 日到达解放区城市漯河，并在这里过春节。据 1 月 29 日刘伯承、陈毅、邓小平给中央军委的电报，李书城向中共方面转达的白崇禧意向是：白对毛泽东的八项条件基本同意，只是感到宣布的战犯太多，他白崇禧不应该包括在内。他很愿意联合中共军队共同对蒋系作战，他们充任江南反蒋之先驱，但希望中共能同意不改编他的部队，只接受解放军之名义与指挥，并希望能够让他参加联合政府。李书城承认，既然接受中共八项条件，改编军队自是天经地义，只要对白加以压力，不怕白不接受改编条件。只是对白应讲求方式方法，对白本人亦应从宽处理，允其立功赎罪。

2 月 8 日，李书城由漯河市政府派人护送经许昌到达商丘。时值中共中央中原局扩大会议刚刚结束，中原局、中原野战军、中原军区的主要干部都在这里。2 月 11 日，刘伯承、陈毅接见了李书城和李伯刚，并询问了白崇禧的情况。陈毅对李书城说：桂系在南京的做法，恐怕还是想窃取南京依靠美国的援助与解放军对抗。当李书城问及中共对白崇禧的态度时，陈毅表示：白作为第四号战犯的名字不能勾掉。白崇禧和其他人一样。不论任何人，他如果起义，我们就按起义对待；他如果投降，我们就按投降对待；他如果在战场上被俘，就按战俘对待。中国共产党、中国人民解放军有自己的政策。我们对待起义、投诚、战场上抓住的，从来就是这样对待的。至于白崇禧走什么样的道路，由他自己选择，但是名字决不能勾掉。刘、陈还以傅作义为例，反复说明白如果以实际行动做出了贡献，中共将欢迎和优待，对张轸、张笃伦也是如此。[①]

三、“反对伪和平，争取真和平”

1949年1月22日，李宗仁开始代行总统之职。就在这一天，他发表文告称：“宗仁当兹视事之初，愿为我全国同胞告者，政府今日即将以高度之诚意与最大之努力，谋取和平之实现。此一任务明知异常艰巨，但为国家为人民，宗仁必竭尽一切努力以赴。只要和平能早日实现，国家能早日步入和平建设之坦途，宗仁个人进退绝不计及……至于中共方面所提八条件，政府愿即开始商谈。兹已派定代表，俟得中共方面答复，和谈即可进行。”[②]

同一天，李宗仁指示南京政府行政院做出决议：派邵力子、张治中、黄绍竑、彭昭贤为和谈代表，邵力子为首席代表，等候中共代表在双方同意的地点进行和谈。邵力子于同日发表谈话，表示和平实在很需要，但又向行政院长孙科恳辞首席代表一职。

这一天李宗仁还派甘介侯去上海，访晤宋庆龄、章士钊、黄炎培等人，请他们为促成和谈有所赞助。李宗仁还致电宋庆龄及李济深、沈钧儒、章伯钧、张东荪等知名人

---

①李敬修：《刘伯承、陈毅与李书城的一次会见》，《商丘文史资料》第一辑，第139页。

②《中央日报》（南京），1949年1月23日第1版。

士，希望共策和平运动。

李宗仁想当然地认为，李济深等人转为亲共，“一方面固然是由于中共统战策略运用之灵活；同时也是蒋氏一帮为渊驱鱼的结果”，只要做他们的工作，使其支持自己，就会组成第三种力量，“对中共增加压力，庶几使中共不致毫无顾忌”。[①] 然而，在国民党失败已成定局，对桂系求和的实质又有相当了解后，这些人都不愿为李宗仁捧场。张澜、罗隆基、黄炎培与甘介侯面谈之后，复信给李宗仁说，“澜等此时不拟来京，定荷我公谅之”。并告诫李：“生而不有，为而不争，柱下名言，窃愿为我公诵之。”[②]

据甘介侯对美国驻华使馆人员说，中间派领袖们告诉他：“共产党人有三项必要条件，第一，没有‘中间道路’，所有的政团和派系，对中共都必须采取如同中国国民党革命委员会和民主同盟那样的态度。第二，不助长美国在中国事务中的影响，不助长和美国的接触，包括任何团体都不接受美国的援助。第三，不和任何团体在它所拥有的军事和辖区的基础上进行谈判，仅仅和个别人，按照他过去政治表现和现在的政治经历的基础上，进行谈判。”[③]李宗仁得知后甚是失望，不得不承认“这些民主人士也就无心再来烧国民党的冷灶了”[④]。

其实，就在李宗仁正式就任中华民国代总统的当天，

①《李宗仁回忆录》，广西师范大学出版社 2005 年版，第 655 页。
②《黄炎培日记》第 10 卷，华文出版社 2008 年版，第 180 页。
③朱宗震、陶文钊：《中华民国史》第三编第六卷，中华书局 2000 年版，第 458 页。
④《李宗仁回忆录》，广西师范大学出版社 2005 年版，第 655 页。

即1月22日，已进入解放区的李济深、沈钧儒等55人联名发表《我们对于时局的意见》，表示完全赞同中共的革命立场，强调在人民民主阵线之内，绝无反对派立足之余地，亦绝不容许有所谓中间路线之存在；彻底支持“真正的人民民主和平的八项条件”。并表示：“我们认为，革命必须贯彻到底，革命与反革命之间绝无妥协与调和之可能。辛亥以来，历次失败的惨痛教训，我们是应该牢牢记取的。在今天，帝国主义、封建主义和官僚资本主义，是中国人民革命之对象，是障碍中国实现独立、民主、自由、幸福之最大敌人，倘不加以彻底廓清，则名实相符的真正和平，绝不能实现。因此，我们对于蒋美所策动的虚伪的和平攻势，必须加以毫不容情的摧毁。”“我们确信，全国真正为民主革命而努力的人士，必能一致努力，务使人民民主阵营之内，决无反对派立足之余地。”①

1月27日，中国国民党革命委员会在沈阳发表《关于时局的声明》，明确表示“一致拥护中国共产党主席毛泽东先生对于时局之主张及八项和平条件”，“革命必须进行到底，不可姑息养奸，致重蹈辛亥以来革命失败之覆辙”。对于南京政府的和平攻势，声明认为这是李宗仁“装出了十足的欺骗人民的姿势，都是在美帝指使之下的反革命阴谋的公开表演”。② 中国民主同盟领导人也在这天发表严正谈话，说

---

① 中央档案馆编：《中共中央文件选集》第十八册，中共中央党校出版社1992年版，第73页。

②《国民党革命委员会号召各界拥护毛主席八项条件》，《人民日报》1949年2月2日。

过去国共两党之争，民盟曾经充当过第三者，但现在局势已完全改变，“现在是革命与反革命之争，而我们站在革命的一边，所以不能参加调解”①。这两个声明或谈话，算是对李宗仁上台之初要他们与其共策和平运动的公开回答。1 月 28 日，李济深发表致李宗仁的公开信，说“吾兄如真有和平诚意”，则应全部接受毛泽东提出的八项条件，“方有和谈之可言”②，明确表明了自己的政治立场。

桂系是利用所谓和平拱倒蒋介石的，现在如果不在和平上继续做文章，就没有出路。为了表明南京政府企求和平的诚意，1 月 23 日，李宗仁特饬令行政院：(一)将各地“剿匪总司令部”一律改为“军政长官公署”；(二)取消全国戒严令，接近前线者，俟双方下令停止军事行动后再行取消；(三)裁撤“戡乱建国总队”；(四)释放政治犯；(五)启封一切在“戡乱”期间因抵触“戡乱”法令被封之报馆、杂志；(六)撤销特种刑事法庭，废止刑事条例；(七)通令停止特务活动，对人民非依法不能逮捕。这就是所谓的“七大和平措施”。

李宗仁上台后，大打和平牌，一再同民主党派领导人联络，希望他们能对其和平主张“力加赞助”。对此，中共方面保持高度警惕，要求全党及时识破这种和平阴谋，并做好民主人士的工作，使其站稳立场，不要为李宗仁的和平烟幕所蒙蔽。1 月 24 日，中共中央致电东北局：“你们将

---

①李新总主编：《中华民国史大事记》第十二卷，中华书局 2011 年版，第 8794 页。
②李新总主编：《中华民国史大事记》第十二卷，中华书局 2011 年版，第 8795 页。

李宗仁致李、沈、章、张电报送交他们是对的，国民党对于各民主人士的勾引是必然要继续进行的，企图破坏在我党领导下的新政协，这不仅是李宗仁个人的活动，而且是蒋介石匪帮有计划的活动，我们必须充分注意。但蒋介石匪帮大势已去，依附蒋匪帮没有最后出路，只要我们工作做得好，争取李沈章蔡(李沈指李济深、沈钧儒，章系张之误，指张东荪，蔡即蔡廷锴，引者)及其他诸人站在二十二日他们自己的声明的立场上，和我们一道反对伪和平，争取真和平，是完全可能的。”①

1月25日，中共中央发出《关于揭破美蒋和平欺骗的指示》，强调“尤其要注意争取各中间派分子”。指示指出：美国政府指挥国民党发动的和平攻势，在我党一月十四日声明打击下已起分化，死硬派中的少数反动头子(蒋介石、陈立夫等)在美国压力下暂时退入幕后指挥，而扶起李宗仁、孙科、邵力子、张治中等以比较新的手法，大谈其和平民主，企图欺骗人民，分化各民主党派，破坏在我党领导之下的政治协商会议，阻止我军渡江南进。我们必须在民众中在各民主党派中揭破这种欺骗。②

1月28日，中共中央致电上海党组织，要他们同尚在上海的张澜、罗隆基、黄炎培等交换意见，要求着重说服他们坚持李济深等55人声明(即《我们对于时局的意见》)的

① 中央档案馆编：《中共中央文件选集》第十八册，中共中央党校出版社1992年版，第72页。

② 中共中央文献研究室、中央档案馆编：《建党以来重要文献选编(1921—1949)》第二十六册，中央文献出版社2011年版，第84页。

立场，同时动员在解放区的民主人士做工作，请他们坚持正确的立场。毛泽东还在电报上加写了这样一段话："望要刘仲容即去告李、白绝不要相信蒋介石的一套，桂系应准备实行和蒋系决裂，和我方配合解决蒋系，才能在人民面前和蒋系有所区别。"①算是对李宗仁 27 日来电的答复。这说明，中共中央对桂系还是抱着争取的态度的，关键是桂系要同蒋介石集团划清界限。

桂系虽然有反共的历史，并且也参加了蒋介石发动的全面内战，但桂系之反共毕竟与蒋介石有所区别，且与蒋介石又有着尖锐的矛盾，而桂系在此时此刻又在高喊和平，因而中共中央希望能够争取李宗仁、白崇禧在接受八项条件的前提下，实现国内和平。同一天，中共中央致电东北局说：南京方面极混乱，企图拉拢张澜、黄炎培、罗隆基等站在南京方面的计划已告失败。北平和平解决，傅作义将功折罪，可以免除战犯名，此点可告民主人士，将来李宗仁、白崇禧等如能照此办理，亦可许其将功折罪，惟蒋系各主要战犯决不能宽待。

1 月 30 日，中共中央又致电东北局负责人高岗等，要他们说服李济深正确对待桂系，并通过黄绍竑转告李、白：只有坚决站在人民方面，完全接受中共提出的八条，与中共一道彻底消灭蒋介石残余势力，并直接派人到前线与人民解放军负责人接洽，与蒋介石反动集团分开，才能取得

① 中共中央文献研究室编：《毛泽东年谱(1893—1949)》(修订本)下，中央文献出版社 2013 年版，第 550 页。

人民的谅解。电文说：现在国民党反动营垒，混乱已极。蒋介石仍在暗中指挥，企图以李宗仁、孙科、邵力子、张治中等进行和平攻势，掩护他重整第二线阵容，并准备在李宗仁和谈不成或倾向投诚时，蒋介石好再起，目前国民党宣传广播机构，即依此方针进行挑拨和破坏，而蒋系军队亦正纷纷由江北向苏浙皖后撤。因此，李宗仁、白崇禧与蒋系裂缝正在扩大。我们的方针是加深李宗仁、白崇禧与蒋系的分裂，逼其站在我们方面，走上推翻美国及蒋介石统治的道路。为欲达此目的，必须公开地揭露李宗仁、白崇禧同是战犯的罪状，取消其现有资本，压其与蒋系公开破裂，然后方有可能迫使李宗仁、白崇禧向人民低头。这个电报明确表达了中共中央对于李、白等人的态度。

与此同时，毛泽东和中共中央通过发表发言人谈话等形式，对李宗仁的“和平攻势”进行了揭露与抨击。

1月25日，中共发言人就22日南京政府派定和谈代表一事发表谈话，指出：“我们愿意在1月14日毛泽东主席对时局声明的基础之上和南京反动政府谈判和平解决的问题。南京反动政府应负发动反革命内战的全部责任，全国人民对于这个政府早已完全丧失信任，这个政府早已没有代表中国人民的资格。有资格代表中国人民的政府，只能是由即将召开的没有反动分子参加的新的政治协商会议所产生的民主联合政府。因此，我们允许南京反动政府派出代表和我们进行谈判，不是承认这个政府还有代表中国人民的资格，而是因为这个政府手里还有一部分反动的残余军事力量。”谈话又说，现在南京反动政府方面放出了许多虚伪的装腔作势的和平空气，企图欺骗人民，以达其保存反动势力，获得喘息机会，然后卷土重来，扑灭革命力量之目的。全国人民应有清醒的头脑，决不可被那些伪善的空谈所迷惑。谈判的地点，要待北平完全解放后才能确定，大约将在北平。谈话还明确反对南京政府以彭昭贤为和谈代表，认为彭昭贤是“主战最力的国民党 CC 派的主要干部之一，人们认为是一个战争罪犯，中共方面不能接待这样的代表”。①

1 月 26 日，南京政府发言人对中共发言人 25 日发表的谈话做出反应，发表谈话称：“政府为提早结束战争，以减轻人民痛苦，一月以来已作种种措施与步骤。本月 22 日更正式派定和谈代表。日来只待中共方面指派代表，约定地点，以便进行商谈。惟据新华社陕北 25 日广播中共发言人谈话，一面虽声明愿与政府商谈和平解决，一面则肆意侮谩，语多乖戾。且谓谈判地点要待北平完全解放后才能确定。试问中共方面如不即时指派代表，约定地点，又不停止军事行动，而竟诿诸所谓北平完全解放以后，岂非拖延时间，延长战祸？须知全国人民希望消弭战祸，已属迫不及待。政府为表示绝大之诚意，仍盼中共认清：今日之事，应以拯救人民为前提，从速指派代表进行商谈，使和平得以早日实现。”同一天，南京政府国防部审判战犯军事法庭宣布：日本战犯、前中国派遣军总司令官冈村宁次大将

①《中共发言人发表谈话，人民应有清醒头脑不为伪善的空谈所迷惑》，《人民日报》1949 年 1 月 26 日。

无罪。

1月27日，李宗仁致电毛泽东说："弟主政之日起，即决心以最高之诚意，尽最大之努力，务期促成和平之实现。""在今日之情势下，决无继续诉诸武力，互相砍杀，以加重人民与国家痛苦之理由。除遵循全国民意，弭战谋和，从事政治解决之外，别无其他途径可循。""贵方所提八项条件，政府方面已承认可以作为基础，进行和谈，各项问题自均可在谈判中商讨决定。在双方商讨尚未开始以前，即要求对方必须先行执行某项条件，则何能谓之为和谈？""总之，今日之事，非一党一人之荣辱，而为国家命脉、人民生死之所系。弟个人亦绝无丝毫成见与得失之心，如能迅消兵革，召致祥和，俾得早卸仔肩，还我初服，固所时刻馨香祷祝者。掬诚布悃，希卓裁见复为幸。"电中就中共所述与美国勾结问题，则断然予以否认，说"这种观点，显系基于某种成见而来"，并表白说，他的对外政策是"夙主亲仁善邻，无所轩轾，凡有助于我国之和平建设，均应与之密切合作"。[①]

很显然，李宗仁一方面勉强同意以八项条件为谈判基础，另一方面又质疑八项条件，认为既然要和谈，双方就应该对等，不能"要求对方必须先行执行某项条件"。李宗仁认为，蒋介石失败不等于南京政府失败，更不等于桂系的失败，现在他成了南京政府的最高领导人，他还领导着中国的半壁江山，有与中共方面讨价还价的本钱。

---

①《中央日报》(南京)，1949年1月28日第2版。

1 月 28 日，毛泽东以中共发言人名义发表谈话，算是对李宗仁 27 日来电的一个公开回应。谈话“提出严重警告”，南京政府“必须立即将冈村宁次重新逮捕监禁，不得违误”。因为此事与南京政府现在要求和中共进行谈判一事“有密切关系”。中共方面认为，南京政府此举是在企图以虚伪的和平谈判掩护重整战备，“其中包括勾引日本反动派来华和你们一道屠杀中国人民一项阴谋在内”。谈话强调：“八条不是抽象的条文，要有具体的内容，目前这一个短时期内还是大家想一想要紧，为此耽搁一段时间，人民也会原谅的。老实说，人民的意见是要好好地准备这一次谈判。谈是一定要谈的，谁要中途翻了不肯谈，那是决不许可的，因此你们的代表一定得准备来。但是我们还得一些时间做准备工作，不容许战争罪犯们替我们规定谈判的时间。”①谈话还说，中共方面正在同各民主党派、人民团体和无党派民主人士商量战争罪犯的名单问题，因此还不能立即进行和谈。在此期间，李宗仁政府并非没有事做，除了逮捕日本战犯冈村宁次以外，必须立即动手逮捕包括蒋介石在内的一批战犯，才能显示南京方面和谈诚意。

1 月 31 日，南京政府发言人对中共 28 日发言人的谈话做出答复。对于中共要求其负责重新逮捕日本侵华罪魁冈村宁次，该发言人说，这“是一个司法问题。这完全与和谈无关，更不能作为和谈的先决条件”。对于中共要求其负责逮捕战争罪犯蒋介石等人，南京方面称“真正的和平不应该

①《毛泽东选集》第四卷，人民出版社 1991 年版，第 1394、1396 页。

有先决条件”，并且说中共发言人的声明“态度上似乎不够郑重”。对此，2月5日，毛泽东以中共发言人名义发表声明对此逐一加以驳斥，强调南京政府除去历次的卖国罪以外，释放冈村宁次等日本战犯现在又犯了一次卖国罪，而且这一次犯得很严重，和平谈判会议上必得谈这个问题。

2月15日，新华社发表毛泽东写的《四分五裂的反动派为什么还要空喊“全面和平”?》的评论。评论指出：“国民党反动派从今年一月一日开始搬起的一块名叫‘和平攻势’的石头，原想要用来打击中国人民的，现在是打在他们自己的脚上了；或者说得正确些，是把国民党自己从头到脚都打烂了。”“虽然蒋介石、李宗仁和美国人对于这一手曾经作过各种布置，希望合演一出比较可看的双簧，但是结果与他们的预期相反，不但台下的观众愈走愈稀，连台上的演员也陆续失了踪迹。”“虽然国民党已经没有一个‘全面’的‘政府’，虽然无论在南京，在上海，在广州，在武汉，在长沙，在西北，在西南，到处都在进行着局部和平的活动，但是国民党死硬派却在反对局部和平而要求所谓全面和平，其实际意义就是取消和平。”①

2月13日，国民党中央宣传部发出给各党部各党报的《特别宣传指示》：“叶剑英向我后方宣传中共对和平有诚意，而指责政府军事布置为无诚意谋和。各报对此，必须依据下列各点从正面与侧面力加驳斥。”这个《特别宣传指

①《反动派集团既已四分五裂还空喊什么“全面和平”》，《人民日报》1949年2月17日。

示》一连列举了好几点应当“驳斥”的理由：“政府与其无条件投降，不如作战到底。”“毛泽东一月十四日声明所提八点为亡国条件，政府原不应接受。”“中共应负破坏和平之责任。今日中共反而提出所谓战犯名单，将政府负责人士尽皆列入，更要求政府先行逮捕，其蛮横无理，显而易见。中共如不改变此种作风，则和平商谈之途径，势难寻觅。”

2 月 16 日，新华社发表毛泽东撰写的评论《国民党战犯集团妄图拯救他们自己，由呼吁“和平”改为呼吁战争》，指出：“国民党死硬派就是这样倒霉的，不管什么人，就是他们党内稍有良心的人们也罢，只要谁不愿意跟他们一路走，就得遭迫害，挨打击，因而把他们自己孤立在宝塔的尖顶上，而且至死也不悔悟。长江流域和南方的人民大众，包括工人，农民，知识分子，自由资产阶级，开明绅士，有良心的国民党人都听着：站在你们头上横行霸道的国民党死硬派，没有几天活命的时间了，我们和你们是站在一个方面的，一小撮死硬派不要几天就会从宝塔尖上跌下去，一个人民的中国就要出现了。”①

四、“对桂系形式上要打，实际上要拉”

李宗仁上台之后，先后组织了两个民间代表团前往北

①《国民党战犯集团妄图拯救他们自己，由呼吁“和平”改为呼吁战争》，《人民日报》1949 年 2 月 18 日。

平，一个是“南京和平代表团”，一个是“上海和平代表团”。这两个代表团是前后脚来到北平的。

对于这两个代表团即将来北平，中共方面相当重视。2月3日，中共中央致电林彪、罗荣桓等人：“南京公布有南京地方人民代表团八人一日飞平，不久并有上海颜惠庆、章士钊、江庸、陈光甫、冷御秋五人代表团来北平，据说他们是得李宗仁同意，从事沪宁局部和平试探工作的。你们不要拒绝他们来北。他们来平后，你们应礼貌地招待他们，探明来意，报告中央。”[①]

2月5日，中共中央复电彭真、叶剑英、徐冰：同意让刘仲华回南京一次，并指出：“上海五代表及李之私人代表如果不是为着进行和平攻势，而是真想用和平方法解决京、沪、汉问题(全国问题谈不到)，则我们可以许其来平和我方地方人员(北平市长)试谈一次；如果是为着美蒋利益欲来进行所谓和平攻势，则无来之必要，即使来了，我们亦必尖锐地揭露之。此点请叶明确地告诉刘仲华，叫他回去通知李、白及上海、南京、武汉想来谈和者。”[②]

“南京和平代表团”由南京中国人民和平促进会及中国各大学教授国策研究会出面组成，成员包括邱致中、吴裕后、曾资生、邓季雨、宋国枢、夏元芝、吴哲生、苗迪青、刘达逵、黄诰等，于2月6日由南京经青岛飞抵北平。

---

①中国人民解放军军事科学院编：《叶剑英年谱》上，中央文献出版社2007年版，第517页。

②中国人民解放军军事科学院编：《叶剑英年谱》上，中央文献出版社2007年版，第518页。

2 月 7 日，中共代表叶剑英与代表团进行了初步接触。8 日，又同代表团成员进行了长谈。代表团中的吴裕后等以书面形式提出了一连串问题，要求答复。其中心内容在于责问中共：既然国民党政府已经表示承认八条为和谈基础，中共为何对和谈仍旧反应消极？为何迟迟不指派和谈代表及地点？为何不考虑战争给人民给国家带来的痛苦？其他代表也表示：他们之求和，是因为担心战争再起。

事实上，战争根本上不能有损蒋介石等国家战犯的生命财产，倒霉的只是人民。相反，和平谈判对中共有百利而无一害。因为南京政府暴虐无能，早为国际国内所公认，和平谈判达成统一，不仅为人民所拥护，而且便于人民政府接收旧政权。由此而产生的联合政府，也易于为国际社会所承认。且利用桂蒋矛盾，首先解决桂系，进而以联合政府名义明令讨伐蒋系，名正言顺，更容易根本摧毁蒋系残余。

代表团还特地拟定了一份《和平谈判纲领》给中共中央，提出了他们关于“和平谈判”的具体步骤：

一、双方各派全权和谈代表，即以中共所提八项条件为谈判基础，并请公正人士参与调停。二、双方参战军队即刻停战，未参战者止于原防。三、双方即刻停止一切宣传战，同时释放政治犯，开放言禁，并下令停止征兵、征粮、征购、征借。四、和谈后，即行召开新的政治协商会议，其构成分子为共产党、国民党、中间党派、民意机关、人民团体、社会领袖六方面各六人成“六六比例制”。五、和谈及新政协地点在北平。

经过叶剑英解释之后，代表团成员认为中共方面确实有和平的诚意，于是他们建议利用桂蒋矛盾，以和平方式解决问题。他们建议的要点是：一、相信蒋无和平诚意，李、白亦不足望，但蒋、桂矛盾应该利用。二、另立新中央，不如利用和谈占有旧中央，因旧中央已为国际及民众所承认，占据旧中央便于顺利占据全中国，更便于号召全中国及发布讨伐令。三、与桂系和谈成功，则西起宜昌，东至上海，即可解放，如此蒋只剩赣、闽、粤、台四省，如此则不仅更容易取胜，而且可以大大减少人民和解放军的各种损失。四、以李宗仁为对象，表示全面和谈姿态，依据轻重缓急首先解决局部问题，有利于争取江南民心，并能够对蒋系起到分化瓦解作用。

2 月 9 日，彭真、叶剑英等将与“南京和平代表团”谈话的情况向中共中央做了汇报。第二天，中共中央复电肯定他们“对南京代表团所取态度是适当的”，并且认为“可向和桂系有关的代表暗示，只要桂系今后行动是站在有利于人民解放事业及能达成真正持久和平之目的，我们是不会拒绝他们的”①。

2 月 11 日，代表团返回南京。临行前，代表团发言人在取得中共方面的同意后，发表谈话称：“本团此次来平，承叶剑英将军及中共在平当局热烈招待，同仁至深感谢。连日以来，先后与叶剑英将军等会谈二次，第二次谈话达

① 中共中央文献研究室、中央档案馆编：《建党以来重要文献选编（1921—1949）》第二十六册，中央文献出版社 2011 年版，第 114 页。

四小时之久。叶剑英将军态度异常诚恳，表示愿将吾人意见转达中共中央，并告以中共对于和平向具诚意，如南京政府确有和平诚意的事实表现，吾人当准备与他们谈判，以期获得有利于人民的真正和平。”①

“南京和平代表团”成行前，在甘介侯的策划下，2 月 1 日，李宗仁前往上海拜访各界名流章士钊、颜惠庆、江庸等人，请其以私人资格北上，呼吁和平。李于当天回到南京，留下甘介侯在上海协助邵力子组织“上海和平代表团”，相机北上，试探中共方面对和谈的态度。2 月初，代表团人员确定，以甘介侯领衔，成员有颜惠庆、章士钊、江庸、陈光甫、凌宪初、欧元怀、侯德榜等。

“上海和平代表团”的人选确定之后，适逢黄启汉从北平见过叶剑英回来，便问李宗仁派这个代表团的目的是什么？李说，他们去就是“敲和平之门”。黄启汉感到很奇怪，事实上，“和平之门”是开着的，根本不需要敲。甘介侯似乎看出了黄的心思，说是来一个“宣传攻势”，制造舆论，对促进和谈大有好处。黄启汉对此不以为然，认为这是虚张声势，并不是诚心诚意地为着和平。坐在一边的邵力子也说，代表团不去也可以。但李宗仁表示：“还是让代表团去吧，至少没有什么妨碍。”就这样拍了板。②

代表团启程前几天，即 2 月 7 日，毛泽东以新华社发言人名义发表谈话说：“甘介侯声明颜惠庆、章士钊等六人组

①《以私人资格来平商谈国是，南京人民代表团即将南返》，《人民日报》1949 年 2 月 13 日。

②黄启汉：《一九四九年“和谈”的回忆》，《文史资料选辑》第六十七辑，第14 页。

织之和平代表团，将于二三日内飞往北平。”“中共发言人声明：如果上海颜惠庆章士钊诸先生是以私人资格前往北平参观，并于国事有所商谈，则北平市长叶剑英将军准备予以接待。如果照甘介侯声明‘代表团之唯一任务为从事敲门，敦促中共迅速指派和谈代表，并决定和谈之时间地点，以便政府代表团前往开始和平商谈’，则中共早已声明，和平谈判的准备工作尚未做好，目前无从谈起，我们对于任何方面的人暂时均不准备接待。至于甘介侯这类从事‘和平攻势’的政治掮客，他只有资格在南京上海一带出卖其‘和平攻势’牌的美国制造的廉价商品，人民的北平不欢迎这类货色，对不起，请止步。如果甘介侯竟敢混入北平，贩卖私货，则北平人民很可能把他驱逐出境。”①

同一天，中共中央致电叶剑英等人，就邵力子等人来北平问题做出具体指示：甘介侯，他是从事和平攻势的政治掮客，我们决不许其来平。如果他混来了，叶剑英拒绝接见，并将其驱逐出北平。如果邵力子已至青岛，而又声明是私人资格，不是以和谈代表资格，则可允许他和颜惠庆等一同来北平，否则不许他来。电话中对颜惠庆、章士钊等应表示尊重态度，对甘介侯则表斥责态度。

本来甘介侯对于去北平与中共方面商谈最积极，不停地在南京与上海间飞来飞去，没想到中共方面对他与美国来往密切甚是不满，公开声明要将其拒之门外，他本存心

---

①《中共发言人声明，和平谈判准备工作尚未做好，不接待甘介侯这类政治掮客》，《人民日报》1949年2月9日。

去“敲门”，结果连“门”边都没有挨到。由于种种原因，最初确定的陈光甫、凌宪初、欧元怀、侯德榜不愿北上。2 月 8 日，李宗仁再次赶到上海，最终决定由颜惠庆、章士钊、江庸三人以“上海和平代表团”的名义北上，作为国民党要人的邵力子则以私人身份前往。

这四个人中，颜惠庆是 73 岁，曾任北洋政府外交部次长，巴黎和会中国代表团顾问，北洋政府国务总理兼外交总长，国务总理并摄行大总统职权等；章士钊，68 岁，著名律师、教育家，曾任北洋政府司法总长、教育总长，国民参政会参政员等职；江庸，72 岁，曾任南北议和随员，京师高等审判厅厅长，北洋政府司法部次长，司法部总长，修订法律馆总裁，北京政法大学校长，司法部大法官等，与章士钊一样是著名的大律师；邵力子，68 岁，曾参加过中国共产党，后任过甘肃省省长、陕西省省长、国民党中央宣传部部长、驻苏联大使等。此四人平均年龄超过 70 岁，都是当时中国知名的人物，其中除了邵力子之外，都没有国民党的背景。代表团除了颜、章、江、邵“四老”之外，还有李宗仁派往北平担任联络工作的黄启汉、刘仲华，负责联系南北通航的金山及“四老”的秘书等人。

经过双方的沟通，北平军管委主任叶剑英同意“上海和平代表团”北上，同时通知南京方面三条注意事项：(一)双方谈话要守秘密，非经许可不得向报界发表；(二)不准新闻记者随行；(三)以私人资格来平，不得代表政府。①

①《叶剑英传》编写组：《叶剑英传》，当代中国出版社 2006 年版，第 250 页。

中共中央对“上海和平代表团”的到来十分重视。2月10日，就与邵力子等人谈话方针指示叶剑英等：谈话时应强调八条，特别是第一条。应痛斥蒋、宋、孔、陈四大家族祸国殃民。蒋、宋、孔、陈四大家族发动的和谈是美国指使的和平攻势，并无和平诚意。现在蒋介石、顾祝同、孙科等正在美国的策动下积极备战。中共向来是愿意和平的，战争是蒋、宋、孔、陈四大家族为首的国民党发动的。现在要和平，必须在八条的基础之上才有可能获得。中共正和各民主党派商量战犯名单及其他和谈有关问题。一俟准备就绪，即将通知对方，约定时间地点。你们诸位以私人资格来商谈，我们甚表欢迎。诸位的意见，均将转达党中央。惟国民党现已四分五裂，并无统一政府存在，将来究竟找何人谈判，却是颇为困难的问题。此外对南北通船、通航、通邮、通电四事，你们应表示关切。

“南京和平代表团”返回南京后，李宗仁曾起草了五点要求，要刘仲华带到上海，由即将北上的“上海和平代表团”转交中共方面。这五点要求是：(一)政府同意通过政治方法解决一切国家问题；(二)双方立即组织正式代表团恢复和谈；(三)和谈时期停止一切军事行动；(四)今后国家建设应遵循下列原则：政治民主，经济平等，军队国家化，人民自由生活；(五)今后外交方针应遵守平等互惠之原则。[①]

代表团出发前两天，李宗仁又要黄启汉带给毛泽东一

①《李宗仁回忆录》，广西师范大学出版社2005年版，第658页。

封信，并口头向叶剑英或其他中共领导人转达六点意见：(一)希望能实现全面和平，倘有局部人反对，再合力以政治军事力量对付之；(二)和谈以毛泽东提出的八项原则为基础，但战犯问题之处理，最好留待新政府成立之后；(三)绝不期望以外援进行内战，只要答应进行和谈，可作公开声明；(四)希望能及早派定代表，开始商讨和平方案；(五)对蒋介石本人，如认为他留在国内于和谈有碍，可提出使之出国；(六)对国际关系，希望中国成为美苏友好关系的桥梁，不希望依附一国反对另一国，美苏两国的友谊，均须争取。李宗仁要黄启汉把这几条意见用笔记下来，再三叮嘱务必传达勿误。①

2 月 13 日，“上海和平代表团”从上海经青岛飞往北平，当天在青岛住一晚。据江庸回忆：“我们飞到青岛，停下加油。才发现飞机的左翼坏了，不是为加油停下，一定会出危险。并且在青岛与北京联系，才晓得除我与颜、邵、章四人外，尚有十余人，都来与北平方面接过头。回电说要先开一名单来，俟许可后，方能起飞，因此耽搁了一天。”②14 日下午，颜惠庆一行到达北平，下榻在当时北平最好的六国饭店。

“上海和平代表团”抵达北平的当天，中共中央就对代表团的谈话方针致电叶剑英等：邵力子等到平后，对他们

---

①黄启汉：《一九四九年“和谈”的回忆》，《文史资料选辑》第六十七辑，第 15—16 页。

②江庸：《1949 年和谈回忆录》，《西柏坡记忆》第二卷，中央文献出版社 2011 年版，第 205 页。

"招待要周到，谈话要恳切。谈话以叶剑英负主责。林彪、罗荣桓、董必武、聂荣臻等四人都应和他们见面"。如果他们愿意和在北平的民主人士谈话，应当允许和加以介绍。"傅作义、邓宝珊和他们见面，应允许。如果他们想单独谈，不愿我们的人参加，我们亦可不参加。""如他们要求到石家庄和中央的人见面商谈，你们应允许转达中央指示。""谈话时应强调八条，特别是第一条。"①

当天晚上，叶剑英单独接见了黄启汉，黄启汉将李宗仁给毛泽东的信给了叶并请其转交，又将李宗仁的六点意见向叶做了转达。李宗仁给毛泽东的信，主要是表白南京方面希望早日和谈，实现和平愿望，并介绍"四老"前来代为请教等语，并无实质内容。

2月15日，叶剑英(据颜惠庆日记所载，代表团住在六国饭店的四层，叶住在饭店的三层)看望代表团的"四老"，并表示欢迎。下午，叶剑英设宴招待代表团成员。出席宴会的还有董必武、罗荣桓、聂荣臻、薄一波等中共高级干部；刚刚率部接受和平改编的原国民党华北"剿总"总司令傅作义及与傅关系密切的邓宝珊(华北"剿总"副总司令)等也应邀参加。叶剑英在与颜惠庆等人谈话时表示，中共是有和平诚意的，同时强调坚持八项条件的必要性，至于战犯名单并非不可改变，并以傅作义为例做了说明。颜惠庆等人表示，希望中共方面不要把他们当作和谈代表，他们

---

① 中国人民解放军军事科学院编：《叶剑英年谱》上，中央文献出版社2007年版，第522页。

真心想做共产党的朋友，也衷心希望共产党成功，但不要操之过急，调子不要唱得太高，并提出可否将战犯一事后移一点。章士钊还说，现在是楚汉相争，桂系正起着韩信那样的作用，韩信如果偏向项羽，则刘邦就不可成功，意即中共争取桂系实属必要。章甚至还暗示说，中共的所作所为，不要让人害怕，不要逼走桂系，不要逼得美国武装日本来对付中共，进而引起外国干涉等。①

章士钊等人这种抬高桂系作用、惧怕帝国主义干涉的做法，中共中央自然不会认同，并于 2 月 18 日和 19 日两度致电林彪、罗荣桓等，对如何与颜惠庆等人谈话提出具体要求。

2 月 18 日，中共中央复电林彪、罗荣桓、聂荣臻、薄一波、董必武、彭真、叶剑英："我们的政策是要拉拢李、白、张、邵(张指张治中，邵指邵力子，引者)及上海资产阶级(以颜惠庆、杜月笙等为代表)，打击国民党死硬派，便利我们向南进军。但李宗仁在上任后的和平吹嘘和一月二十日以前蒋介石及 CC 系的和平攻势并无区别，故我们必须揭露和回击。此种和平攻势，今后还是一样，不管什么人，只要他是在做和平攻势，我们必须回击并粉碎之。但最近时期李、白等人的态度好了一点，我们亦可以考虑对他们缓和一点。但必要的批评还是不可少的，李、白还是应当列在战犯名单之内。一则因为桂系是坚决地参加了内战的，不列李、白，显得不公道；二则列了李、白并不有

① 李新总主编：《中华民国史大事记》第十二卷，中华书局 2011 年版，第 8817 页。

碍和谈，不列李、白，则李、白反不便应付蒋党。”①

在2月19日的指示中，中共中央更是说得具体。

——在以后的谈话中，你们应痛骂美国帝国主义和日本帝国主义，特别是要当着章士钊的面骂日本，说如果美国人装备日本军队侵略中国，我们必须并完全有把握彻底干净消灭之。美国在中国的走狗必须肃清，决不许其存在。要当着邵力子、章士钊的面痛骂桂系，说桂系军队比蒋介石军队还要野蛮，白崇禧过去是主战最力的人，他是仅次于蒋、宋、孔、陈四大家族的战争罪犯，将来人民法庭审判难免被枪毙，李宗仁完全是骗子，他1月27日给毛主席的电报，以“千古罪人”威胁毛主席完全是做和平攻势。蒋系也是做和平攻势，但蒋系比桂系老实。蒋系始终是凶神恶煞，桂系昨天是凶神恶煞，今天是笑面虎。你们这样说目的是将邵力子、章士钊的法宝拆穿，但不要说得使邵力子、章士钊难堪就行。

——你们几个人的态度，林彪、聂荣臻要唱武戏，董必武要唱文戏，叶剑英以文为主，以武为辅。

——表示对江浙工商业的关心，我们希望不要任何破坏现象发生，南北应迅速通船、通航、通邮、通商。

——欢迎李济深、沈钧儒及原在北平的民主人士，颜惠庆、江庸、邵力子、章士钊不要参加，但请李济深、沈钧儒等吃饭则要(他们四人)参加。

---

①中国人民解放军军事科学院编：《叶剑英年谱》上，中央文献出版社2007年版，第525—526页。

——民主人士去访问南京四人事，要有一批左派表示激进态度。

——我们对桂系形式上要打，实际上要拉。上海四人回去时，中央将有几点意见托他们带回去。

2 月 17 日上午，叶剑英约“四老”单独谈话。在与颜惠庆谈话时，颜说，国家需要立即实现和平，如果中共准备进行和平谈判，就要尽快地讨论并采取一定的步骤、程序和方案。广播宣传和相互指责是无法实现和平的。①

在与江庸谈话时，江对叶说，和平是合乎全国人民愿望的，要打仗的不是共产党，而是蒋介石。今天蒋介石下台，李宗仁既有和平的要求，尽管他缺乏实力，共产党不妨答应。江请叶将这些话代为向毛泽东转达。②

2 月 18 日，董必武、林彪等人与颜惠庆等就全国和平问题交换看法，并根据中共中央的指示，由董必武唱文戏，林彪唱武戏。据颜惠庆日记所载：“董先生表示赞成和平，但必须是真正的和平。林将军表示，他更赞成彻底的、百分之百的革命。显然，这些话的意思是，他们希望把革命进行到底，取得一个永久的和平。”“我们的论点是，从历史上看，没有任何一次革命百分之百地达到了目的。在赞扬了他们的精神和勇气的同时，我们还指出，一般人民无法承受这样残酷、激烈的战争，因而，完全的革命无异于损

---

①《颜惠庆自述——一位民国元老的历史记忆》，商务印书馆 2003 年版，第 386 页。

②江庸：《1949 年和谈回忆录》，《西柏坡记忆》第二卷，中央文献出版社 2011 年版，第 205 页。

害整个国家。作为大众和国家遭受苦难的见证人，我们这些长者不同意这样强硬的和为完美的和平付出的代价。”①

2月20日下午，林彪、罗荣桓等在北京饭店设宴招待北平民主人士，颜惠庆等“四老”亦被邀请参加。林彪在致辞中说：“北平未经炮火而得解放，对人民是很好的，全国人民殷望和平，共产党对和平一片真诚，但对方依靠美帝，想作挣扎的企图是显明的。希望邵公等南返，向人民转达中共之意，一齐为永久的真和平努力。”②叶剑英说，和平、民主、统一建设新中国，这是全国人民的共同愿望。实现这一伟大目标，基本上有两种方式。一种是天津方式，就是以人民的武装力量，粉碎负隅顽抗的反动军队，扫除和平民主统一的障碍，在这方面，中国人民解放军完全具有足够的力量，可以胜任愉快。另一种是北平方式，就是通过谈判，和平解决问题。叶剑英指出，从我们的愿望来说，希望用北平方式，可以减少人民的损失，但这取决于国民党是否以民族利益为重，以人民利益为重，改弦易辙，“放下屠刀，立地成佛”，傅作义将军能做到的事，别人也应该能做得到。③ 代表团的邵力子则表示：“我是四位北来老人中的小兄弟，和平未能早见是憾事，但和平是‘野火烧不尽，春风吹又生’，希望和平障碍得以扫除。我此来不能代表任何方面，惟江南人民切盼和平，并且宁选北平式的和

---

①《颜惠庆自述——一位民国元老的历史记忆》，商务印书馆2003年版，第389页。

②张丰胄：《1949年国共和谈的有关史料》，《文史资料选辑》第三十二辑，第74页。

③黄启汉：《一九四九年“和谈”的回忆》，《文史资料选辑》第六十七辑，第17页。

平，不选天津式的和平。一周来在平观光，觉得很好。这种力量，工作长久下去，一定成绩可观。”①

同日，毛泽东为中共中央起草致叶剑英并告林彪、罗荣桓、彭真电：“请告颜、邵、章、江，毛主席欢迎他们来谈，时间二十二日或二十三日。”②宴会结束前，叶剑英告诉黄启汉，毛泽东准备到石家庄接见四位代表，希望他和刘仲华二人中有一人陪同。

2 月 22 日，应毛泽东的邀请，颜惠庆、邵力子、章士钊、江庸在刘仲华的陪同下，乘飞机到石家庄转往西柏坡，同行的还有傅作义和邓宝珊。毛泽东和周恩来当天就会见了颜惠庆等人。颜惠庆在日记中写道：“晚饭后，毛泽东先生来到我们住处，一直待到 11 点钟。我第一次亲眼见到他(石家庄宾馆挂有他的照片)，他那愉快的精神给我留下了深刻的印象。他穿着一件普通的棉衣和肥大的裤子。他与我的同事们沉浸在对许多往事的回忆中，特别是有关在重庆的日子。他的言谈十分幽默。由于刚见面，双方都没有过多地谈及我们此行的目的，但是，对毛先生给予我们这次陈述情况的机会，我们表达了谢意。”“毛先生严厉地批评了国民党过去的所为，并表示中共愿意商谈和平，但是他认为双方在选择谈判代表时应该非常慎重。”③

2 月 23 日，毛泽东和周恩来再次与颜惠庆等人做了长

①张丰胄：《1949 年国共和谈的有关史料》，《文史资料选辑》第三十二辑，第 74 页。

②中共中央文献研究室编：《毛泽东年谱(1893—1949)》(修订本)下，中央文献出版社 2013 年版，第 462 页。

③《颜惠庆自述——一位民国元老的历史记忆》，商务印书馆 2003 年版，第 392 页。

时间的谈话。毛泽东表示尊重人民对于和平的愿望，但提出和平的要求必须是真诚的而不是别有用心的。毛、周还解答了代表团提出的中共关于银行、工业等方面的政策问题。

2月24日，毛泽东同颜惠庆、章士钊、江庸、邵力子举行非正式的谈判，达成八点秘密协定，这个协定只交给李宗仁。协定全文是：一、谈判以中共与南京政府各派同数代表为之，地点在石家庄或北平。二、谈判方式取绝对秘密及速议速决。三、谈判以中共1月14日声明及所提八条为基础，一经成立协议立即开始执行。其中有些部分须待联合政府办理者，在联合政府成立后执行之。四、谈判协议发表后，南京政府团结力量与中共共同克服可能发生之困难。五、迅速召集新政协成立民主联合政府。六、南京政府参加新政协及参加联合政府之人选，由中共（包括民主人士）与南京政府商定之。七、南方工商业按照原来环境，依据中共城市政策，充分保障实施。八、有步骤地解决土地问题，一般先进行减租减息，后行分配土地。[①] 当天下午，颜惠庆等人乘飞机回到北平。

2月27日，"上海和平代表团"乘原机返回南京，将八点秘密协定交给了李宗仁。当天，颜惠庆等人发表书面谈话称："同人等此次以私人资格访问北平，历时两周，迭与中共领袖叶剑英、林彪、聂荣臻、董必武、罗荣桓、薄一

---

① 中共中央文献研究室编：《毛泽东年谱（1893—1949）》（修订本）下，中央文献出版社2013年版，第463页。

波诸先生共同或个别洽谈，中间并应邀赴石家庄一行，承中共主席毛泽东先生与周恩来将军延见，就和平谈判问题广泛交换意见。同人等深觉和谈前途虽困难尚多，而希望甚大。此行任务可告终了，因即南旋，拟向李代总统报告后，再行返沪。在北平及石家庄时，对于便利南北人民之通航通邮诸项问题，均经于原则上商得同意，并承中共诸领袖恳挚款待，尤应附志感谢之意。”①

国共谈判破裂后，章士钊、邵力子致书李宗仁说：“犹记某等初次到平，中共领袖对于公之是否力能谋和，颇难释然，经某等再三譬说，以为和平本身有无穷民意为之后盾，即属一种不可侮之力量；加以中共在同一旗帜之下相与提携，双流会合，并于一响，应足以克服可能发生之困难而有余。中共同意此说，和平之门以启。”②这说明，在李宗仁上台之初，中共中央对他是否有和谈诚意是怀疑的，经过四位老人的解释，才确定以李宗仁为和谈的对象。

这时，中共方面对李宗仁、白崇禧主张和谈的真正意图还不是十分了解，“上海和平代表团”返回上海、南京时，毛泽东托他们给李宗仁带几句话：“南京要真正和谈，我希望派一个比较恰当的人来，这个人姓刘，叫刘仲容。他不是共产党员，是我们的朋友，又是你们的亲信，他来比较合适。”章士钊将毛泽东的上述谈话转告了李宗仁。

刘仲容是湖南益阳人，1933 年结识中共地下党员刘子

---

①《颜惠庆等返抵南京》，《人民日报》1949 年 3 月 2 日。

②张丰胄：《1949 年国共和谈的有关史料》，《文史资料选辑》第三十二辑，第 87—88 页。

华，1935 年刘仲容被刘子华派到广西，了解李宗仁、白崇禧对抗日的态度，从事中共与桂系的联络工作。全民族抗战爆发后，李宗仁派刘仲容为广西驻延安的代表。1938 年 2 月起，刘到白崇禧身边工作，先后任桂林行营参议、军训部参议、副参谋总长办公室参议、国防部参议等职。白对刘颇为赏识与信任，曾让其住进自己的公馆，充当白家“总管”。1947 年 3 月，蒋介石根据特务的“举报”，要白崇禧逮捕刘仲容。因为刘深知白的许多内情，即被白派到上海照管其上学的子女，躲避了风头。刘在上海联系上了中共地下党负责人吴克坚，并与中共中央建立了联系。

李宗仁得知毛泽东同意刘仲容为联络人后，对刘仲容说：“颜惠庆带回毛先生的口信，欢迎你去，说你是‘桂系的亲信，又是共产党的朋友’。我们认为你去北方是合适的。”随后，刘仲容前往武汉，白崇禧也同意派刘仲容去解放区，对他说：“你跟我们十几年，是我们办外交的能手，相信你这一次一定不辱使命。”①白崇禧还说上海一定有共产党的关系，让刘到上海去找。刘说在上海找不到，可以去香港找。

到香港后，香港中共组织要刘仲容与上海的中共组织联系。随后刘回到了武汉，与白崇禧做了商量，白同意刘去上海。据刘仲容回忆：“于是，我就到上海与党组织接上了头。约定，从河南沿平汉线，由信阳往北走，在信阳与

① 平杰三、罗青长：《真诚的朋友，智勇的战士——纪念刘仲容同志》，《人民日报》1990 年 4 月 5 日。

遂平间，由解放军迎接。当时信阳、遂平间有四十里真空地带，张轸派兵往北送二十里，解放军从遂平往南迎二十里。由上海回到武汉后，上海党组织又打电话告诉我，说可以让我带电台、密码和译电员。并且把武汉地下党的关系也告诉了我，让我可到明德饭店，写组织交给的名字找党的武汉负责人。让我什么时候动身，可先告知武汉地下党，以便与解放区取得联系。”①

临行前，白崇禧找刘仲容谈了话，大意是：李宗仁代总统后，国共双方都表示愿意和平解决争端，和平气氛有了，下一步要看中共方面的实际行动，希望早日举行和平谈判；今后可以有一个“划江而治”的政治局面，希望中共军队不要渡过长江。白崇禧强调：国民党的主力虽然已被歼灭，但是还有强大的空军和数十艘军舰，如果中共硬要渡江，他们是会吃亏的。共产党既然表示愿意和谈，如果他们过了江，打乱了摊子，那就不好谈了。白还对刘说：“见到毛先生时，你务必向他们陈明利害，把我这层意思同他们讲清楚。”他还交给刘一封致毛泽东和周恩来的亲笔信。②

3 月初，刘仲容由汉口动身，白崇禧派装甲车送其到河南信阳，找到了张轸。白还亲自致电张轸，让他派兵护送刘北上。刘仲容经过遂平、许昌，前往郑州。刘原计划去

---

①《一九四九年国共和谈的一些情况——访问刘仲容同志谈话记录》，《党史资料通讯》1982 年第 7 期。

② 刘仲容：《回忆我在桂系工作时的几件事》，《文史资料选辑》第七十三辑，第 48—49 页。

石家庄，因毛泽东已离开西柏坡到了北平，乃乘火车由郑州经徐州、济南，于3月28日到达北平。

当天晚上，刘仲容前往香山的双清别墅，向毛泽东介绍了李、白关于和谈的内心想法。刘仲容说，李、白虽然同是桂系，但必定各有不同。白崇禧的名堂要多一些。白崇禧关于和谈的条件是“划江而治”。白崇禧曾对刘仲容说：“中共在华北，那里的群众都靠近共产党。我们在华中，民心在我们这边。中共在华北只有六十万军队，如果他们要过江，一是兵力不足，二是民心不会跟中共走。这两条，都为兵家所忌，是中共过江的不利条件，力劝中共，不要过江。”当刘把白的这番话转达给毛泽东之后，毛泽东说：“你在白崇禧的身边，应当知道他的内心想法是怎样的。”刘说：白的后面主要是有美国人的支持，美国人叫白坚持“划江而治”。①

对于白崇禧所说的解放军不要过江的意见，毛泽东明确指出：“白先生要我们不过江，这是办不到的。”“等我们过了江，江南的广大人民是拥护我们的，到那时候，共产党的力量就更强大了，这是白先生没有估计到的。”②

自从李宗仁上台之后，不断地提出要与中共方面和谈。中共方面的条件很明确，就是毛泽东1月14日提出的八项条件，而这八项，不论是蒋介石还是李宗仁、白崇禧，都

①《一九四九年国共和谈的一些情况——访问刘仲容同志谈话记录》，《党史资料通讯》1982年第7期。

②刘仲容：《回忆我在桂系工作时的几件事》，《文史资料选辑》第七十三辑，第50页。

认为是要南京政府投降。实际上，虽然一时间和谈成为南京的热门话题，但李宗仁和谈的底线无非是两个：一是与共产党划江而治，二是划江而治不成，就与共产党建立平起平坐的联合政府。

五、北平和谈的启动

2 月 25 日，李宗仁从桂林经长沙、汉口飞抵南京，并于当日召集会议，确定了如下与中共和谈的基本原则：“(一)和谈双方必须建筑在平等的基础上，共方不能以战胜者自居而迫我接受屈辱条件；(二)有鉴于铁幕内各国之惨痛遭遇，政府断不应接受由中共作为执政党之联合政府，政府为此应向共方提议划疆(江)而治；(三)中共所提八条要求，政府决不能全面接受，只有在两个政府共存的原则之下，以其为谈判基础。”[①]上述这几条原则，也就是李宗仁和南京政府对于国共和谈的基本立场，这显然与中共提出的八项条件南辕北辙。

这年 3 月初，李宗仁曾与刘斐有一段关于如何与共产党和谈的对话。李宗仁对刘斐说，他主和有三方面的有利条件：全国人民要和，立法院多数委员主张和；司徒雷登表示美国方面会支持他和，美国的态度会对局势产生很大影响；蒋介石也表示不妨碍他搞和谈。

①《李宗仁回忆录》，广西师范大学出版社 2005 年版，第 663 页。

刘斐问他："你想和到什么样子呢？"

李说："现在正在研究，我想做到划江而治，共产党总满意了吧？！只要东南半壁得以保全，我们就有办法了。"

刘问："若还不行怎么办呢？"

李说："那以后再说嘛！"并反问刘："你的看法呢？"

刘答："划江而治是你的如意算盘。我估计在目前情况下是很难做到的。你是以主和上台的，离开和平就没有你的政治生命。因此，在有利的条件下要和，在不利的条件下也只有和。必须有坚决以和平始，以和平终的决心，并在行动上一反蒋介石之所为，才做得通，所以首先要你有决心。"

李颇为自信地说："我有决心！"

刘问他："将来即使条件谈得好，要签字履行，蒋也是会破坏的；若谈判的条件不好，他更会破坏。你处在蒋的势力笼罩下，他一个电话就可以使你成为阶下之囚，你不怕吗？"

李回答说："和谈如果成功，我一定签字，我尽可能在这里(南京)签字；万一在这里受逼不能签，我就跑到桂林去签，他们就奈我不何了。你放心去谈判罢！我自有办法。只要把蒋搞倒了，共产党已取得这么多的地方，我想它一时也不能消化。如能确保东南半壁，至少是可以在平分秋色的基础上来组织民主联合政府的。"①

在竞选副总统时，桂系三巨头之一的黄绍竑为李宗仁

① 刘斐：《1949年北平和谈的片断》，《文史资料选辑》第三十二辑，第103页。

出谋划策，出力不小。蒋介石下野后，白崇禧将黄绍竑请到了汉口。有一日上午，黄找白面谈，白说，共军行动并不因老蒋下野而缓和。黄认为这是当然的事情，并说，叫你派代表接头，指定的代表尚未派出，双方仍然是敌对的，决不能因为老蒋一走，和平就可以实现。黄问白到底是怎样的主意，白回答说："如果迫我太甚，仍然还是打。你知道我们以前是草鞋出身的，最后还可以上山打游击，同他们(指中共)拼一下。"黄听了白这番话，很不以为然，说道："打正规战已经输了，还打什么游击战？要知道人家是打游击战的老祖宗。"又说："全国人都希望和平，而蒋又屡战屡败，他才不得不暂时宣布下野，缓和一下人心，准备再战。这种用意难道你不知道吗？你一个月前主张和平，迫老蒋退回溪口，示意要下野。如果淮海战役是他胜利了，难道他真的下野不进而收拾我们吗？你怎能在一个月之间出尔反尔呢？"白听黄这么一说，也很生气，据黄绍竑后来回忆说，他与白之间"从来没有过这样的大争论"。最后还是白崇禧说："算了吧，谈旁的事好了。"①

可见，不论李宗仁与白崇禧，虽然他们和平的声调很高，但其和平并非为国家社稷考虑，而是出于桂系的私利。所以，蒋介石还在台上之时，桂系用和平作为逼蒋介石下台的武器；蒋下台后用和平作为阻止共产党过长江、保住江南半壁江山的手段。

---

①黄绍竑：《李宗仁代理总统的前前后后》，《文史资料选辑》第六十辑，第 57—58 页。

李宗仁 1 月 27 日致毛泽东电中，表示可以中共八项条件作为谈判基础，蒋介石闻知，乃指使行政院长孙科以文电未交国民党中央常委会和中央政治会议讨论为由，加以反对。按理，行政院是总统领导下的五院之一，自然应服从总统。然而孙科是蒋任命的，在竞选副总统时，李、孙两人曾明争暗斗，最后是孙科败北。现在李宗仁当上了代总统，变成自己的顶头上司，孙科自然不甘心听命于李，于是在李宗仁的文电发出之后，带着内阁要员悄悄去了上海。

孙科和内阁要员去了上海，等于把行政院也搬走了。蒋介石一不做，二不休，与陈立夫、张群、黄少谷等人商量后，决定将国民党中央党部也迁去广州，以孤立李宗仁。2 月 1 日，国民党中央党部迁移到广州办公。

在南京政府的五院中，重要的莫过于行政院。面对这种情况，李宗仁只得亲去上海，挽留孙科内阁回到南京办公。2 月 1 日，李宗仁乘专机到上海。当日下午，在外滩中国银行四楼召集行政院长孙科、副院长吴铁城及其他内阁成员开会，劝请这些人早回南京，共撑危局。无奈孙科始终不为所动。说到最后，孙科说：一周以前，共军前锋已达浦镇，南京正在共军的远程大炮射程之内，为使政治重心不受军事上的威胁，行政院已决议 2 月 4 日迁往广州。[①]

内阁搬了，中央党部走了，蒋介石还不罢休，通过陈立夫拉拢立法委员去广州复会。凡愿去广州的立委，每人送船票一张、美元一百，到广州后，月给津贴港币三百元。

① 程思远：《李宗仁先生晚年》，文史出版社 1985 年版，第 46 页。

于是，一些亲蒋的立委去了广州。好在多数立法委员留在南京或上海，以示对李宗仁主张和谈的支持。

2 月 14 日，李宗仁以代总统名义命令内阁迁回南京，可是孙科却在广州回答说，他有病在身，无法前往。

李宗仁请不动孙科，也就对与孙科合作不抱任何希望，转而请何应钦、张治中、翁文灏出面协助。孙科擅自将行政院迁到广州，确实于情于理都说不过去，在上海的立法委员电责孙科渎职，舆论对李宗仁的谋和表示同情，敦促行政院回宁办公。

2 月 20 日，李宗仁以南巡为名突然飞抵广州，向孙科伸出合作之手。抵达广州机场时，孙科和陈立夫只得去机场迎接。当天晚上，李宗仁和孙科做竟夜之谈，要孙科将行政院和各机关立刻迁回南京。孙科仍旧以炮火之下不能办公的老调为托词。李宗仁对孙科说："哲生兄，抗战八年，哪一天我们不在敌人炮声隆隆之下办公呢？"孙科只得同意回返南京。[①]

2 月 21 日晚，国民党中央常委会和中央政治委员会召开联席会议，先由李宗仁介绍"上海和平代表团"北上的一些情况，然后由孙科报告国民党中常会对和议问题的意见，其要点是：一、应在平等地位上进行和谈，中共不能以战胜者自居。二、依照国际惯例，内战不存在战犯问题；三、关于将来举行和谈，对政治体制的谈判，不外下列范围：(一)联合政府形式；(二)邦联与联邦政府形式；(三)隔江

①《李宗仁回忆录》，广西师范大学出版社 2005 年版，第 660 页。

分治形式。由于第二次世界大战以后东欧一些国家的历史经验，同共产党合作的联合政府都不会有什么好结果，因此应排除联合政府这种形式。至于二、三两个方案，如果能够尽善尽美，都可以召致长治久安之局。[①] 国民党中常会提出的这些和谈意见，显然与中共提出的八项条件相距甚远。由于李宗仁原本就是主张隔江而治的，所以对这些和议意见并无异议。

2 月 25 日，李宗仁绕道桂林、武汉回到南京。三天后，孙科也灰溜溜地将行政院迁回了南京，而国民党中央党部则依旧拒绝北返。孙科回到南京后，许多人对孙科将行政院搬到广州十分不满，监察院乃抓住他的二夫人蓝妮在上海的部分染料被南京政府“敌伪产业管理局”没收，孙科曾致函请求发还一事对其进行弹劾。立法院本是孙科的大本营，孙本人是前立法院院长，但部分立法委员对孙科擅自将行政院搬到广州很有看法，准备于3 月 8 日在院中对孙提出“质询”。孙科一看形势于己不利，于 3 月 8 日在总统府政务会议上正式提出辞呈。

李宗仁又欲任命何应钦为行政院院长。何为蒋介石嫡系，在黄埔系中是仅次于蒋的二号人物，中共方面对何应钦任行政院院长甚为不满。“上海和平代表团”离开北平之后，尚留在北平从事联络工作的黄启汉得知这一情况后，于 3 月 11 日致电李宗仁说：“当兹和谈机会接近之际，行政院人选，各方甚注意，似宜以令争取和谈，顺利进行者

①程思远：《李宗仁先生晚年》，文史出版社 1985 年版，第 55 页。

为第一前提，尤力避免引起误会是为幸祷。”何应钦是白崇禧推荐的人选，而李也认为何主阁对控制军队有利，乃于 16 日复电黄启汉解释说：“今日揆诸国际国内、客观主观之形势，国共双方舍弥战谋和，别无其他途径。亦惟有循此努力，吾人庶可免为国家之罪人。故弟自主政之日起，切取决心争取和平，只以复杂因素作梗，若干措施未能顺利推行。但经月余来之努力，及大势所趋，和平民主之力量已逐渐有战胜封建死硬势力之倾向，如能继续扩大，和平前途绝对可以乐观。此次敬之(何应钦字敬之)兄出组新阁，不特渠为一力主和平之人，且因其对黄埔系军人能加以控制，对于今后裁军工作即可望顺利进行。故实为现阶段一极适当之人选，亦足以增强和平民主之证。”

3 月 19 日，周恩来让中共中央统战部秘书长齐燕铭到六国饭店与黄启汉见面，齐向黄透露，中共方面不日即将宣布定期举行正式会谈，暗示黄可先对李宗仁打个招呼。第二天，黄通过长途电话把这一消息告诉了李宗仁，建议李在宣布和谈代表前先征得中共方面的同意，以免临时发生分歧，不好处理。李对此表示同意，并告诉黄，已内定张治中、邵力子、章士钊、黄绍竑、李蒸为和谈代表人选，以张治中为首席代表。黄当天就将南京政府拟定的和谈代表名单抄齐燕铭转告中共中央，中共方面对此没有提出异议。①

---

①黄启汉：《一九四九年“和谈”的回忆》，《文史资料选辑》第六十七辑，第 24 页。

3 月 23 日，何应钦宣誓就任行政院院长。24 日，何应钦召集行政院政务会议，指定张治中、黄绍竑、邵力子、章士钊、李蒸为和谈代表。

3 月 26 日，中共中央就与南京政府谈判问题做出决定。

（一）谈判开始时间：4 月 1 日。

（二）谈判地点：北平。

（三）派周恩来、林伯渠、林彪、叶剑英、李维汉为代表(4 月 1 日加派聂荣臻为代表)，周恩来为首席代表。以 1 月 14 日毛泽东主席对时局的声明及其所提八项条件为双方谈判基础。

（四）将上列各项经广播电台即日通知南京政府，按照上述时间地点，派遣其代表团，携带为八项条件所需的必要材料，以利举行谈判。

3 月 28 日，何应钦召集南京政府和谈代表张治中、黄绍竑、邵力子、章士钊、李蒸及翁文灏(总统府秘书长)、彭昭贤(曾任内政部部长)、贺耀祖(行政院政务委员)、黄少谷(行政院秘书长)等人开会，对和谈问题进行研究，形成了一个腹案九条，作为代表团赴北平商谈的依据。这九条是：

一、双方既确认以和平商谈解决国是为全国人民之要求，则双方所应商谈者，端在国家元气之如何保存，人民痛苦之如何解除，国家政策之如何拟订，及政治制度之如何建立，以谋长治久安，是以关于战争责任问题，不应再提。

二、同意重订新宪法，此新宪法之起草，南京方面应有相当比例之人数参加。

三、关于法统问题，与前项有连带关系，可合并商讨。

四、双方军队应分期分年各就驻在区域自行整编，并应树立健全的军事制度，俾达成军队国家化之目的，至分期整编时及双方应保留之军队数字，另作商讨。

五、“没收官僚资本”一节，原则同意，但须另行商订施行条例办理。

六、“改革土地制度”一节，原则同意，但须另行商订施行条例办理。

七、关于“废除卖国条约”一事，将来由政府根据国家独立自主之精神、平等互惠之原则，就过去对外签订的条约加以审查，如有损害国家领土主权者，应予修改或废止。

八、同意召开政治协商会议，并由该会产生联合政府，惟在该会议与联合政府中，我方与共方应以同等名额参加，其属于第三方面人士之名额，亦于双方区域中各占其半。

九、代表团抵平后，即向中共提出双方应于正式商谈开之前，就地停战，并参酌国防部所拟停战意见进行商谈。

对于以上九项，确定仅系商谈之预定腹案，并不书面提出。其内容亦仅为南京方面可能让步之原则性的限度，商谈时仍应逐条力争，不得已时方渐次让步，如中共要求超过以上各项限度，应由代表团随时发电报给南京请示核夺。

3 月 29 日，南京政府行政院召开临时政务会议，通过加派刘斐为和谈代表，并指派张治中为首席代表。李宗仁让刘斐为和谈代表，曾引起蒋氏父子的极度不满，说刘斐参与制订过三个年头的“剿共”作战计划(抗战后至 1948 年中，刘斐任国防部参谋次长，负责作战计划），而“李必欲其充当代表，简直不惜以我方的全部军事秘密计划与内容，贡献共党，以示其投诚之真意”[①]。

3月30日，国民党在广州的中央执、监常委及中央政治委员举行谈话会，提出和谈代表到达北平后，应先提出双方立即无条件停战，和谈一切公开报道，和谈进行详情，应及时报告党的中央，谈判结果并应对党完成法定程序，和谈内容应坚持下列原则：(一)国体不容变革；(二)人民之自由生活方式必须保障；(三)宪法之修改必须依法定程度；(四)土地改革应首先遵行，但反对以暴力实行土地革命；(五)战争责任问题，应毋庸议。[②]

3月31日，南京政府代表团秘书长卢郁文率领电台报务员及译电人员等乘机飞往北平。4月1日，代表团由首席代表张治中率领乘中国航空公司的“天王号”专机北上，在青岛做短暂停留后，于下午到达北平，国共和谈正式启动。经过十几天的谈判，南京政府代表表示可以接受中共方面提出的《国内和平协定(最后修正草案)》。可是，南京政府却拒绝在《国内和平协定》上签字，国共和谈再次破裂。4月21日，中国人民解放军发动渡江战役。4月23日，解放南京，延续22年的国民党南京政府的统治宣告覆灭。

---

①《蒋经国回忆录》，东方出版社2011年版，第178页。

②中国国民党中央委员会党史委员会：《中华民国重要史料初编——对日抗战时期》第七编“战后中国”，1981年编印，第941页。

新中国内政外交基本方针的形成

1947年，解放战争从战略防御转入战略进攻后，战争形势日益朝着有利于人民的方向发展，党的领导人曾预计从1946年6月全面内战爆发算起，用五年左右的时间即可基本打倒国民党，从而也开始描绘未来新中国的蓝图。1949年初，三大战役结束后，国民党军队的主力已经基本被消灭，原来预计的战争进程大大缩短，中国共产党即将迎接在全国执政的局面。在中国革命即将胜利之际，毛泽东和党的其他领导人开始绘制未来新中国的蓝图，确定新中国的内政外交方针。

一、新中国的主要经济政策的提出

1946 年国共内战爆发之后，党的领导人首次对未来新中国的经济构成做出分析与判断，是在 1947 年年底的十二月会议上。毛泽东在此次会议上所做的《目前形势和我们的任务》的报告中指出："新中国的经济构成是：(1)国营经济，这是领导的成分；(2)由个体逐步地向着集体方向发展的农业经济；(3)独立小工商业者的经济和小的、中等的私人资本经济。这些，就是新民主主义的全部国民经济。而新民主主义国民经济的指导方针，必须紧紧地追随着发展生产、繁荣经济、公私兼顾、劳资两利这个总目标。一切离开这个总目标的方针、政策、办法，都是错误的。"①

1948 年七八月间，中共中央做出再过三年可基本打倒国民党反动派的估计之后，党的领导人开始深入思考新中国经济构成及应对其采取的政策。在 1948 年的九月会议(即这年 9 月召开的中共中央政治局扩大会议)的发言中，刘少奇着重阐述了新民主主义经济建设问题，指出：整个

①《毛泽东选集》第四卷，人民出版社 1991 年版，第 1255—1256 页。

国民经济，包含着自然经济、小生产经济、资本主义经济、半社会主义经济、国家资本主义经济以及国营的社会主义经济。国民经济的总体就叫做新民主主义经济。新民主主义经济包含着上述各种成分，并以国营的社会主义经济为其领导成分。① 毛泽东在九月会议的报告中，则对新民主主义经济是“新资本主义”的提法提出批评，说“这个名词是不妥当的，因为它没有说明在我们社会经济中起决定作用的东西是国营经济、公营经济，这个国家是无产阶级领导的，所以这些经济都是社会主义性质的。农村个体经济加上城市私人经济在数量上是大的，但是不起决定作用。我们国营经济、公营经济，在数量上较小，但它是起决定作用的。我们的社会经济的名字还是叫‘新民主主义经济’好”②。

9月，刘少奇写出了《论新民主主义的经济与合作社》一文。文章指出，国家经济、合作社经济和私人资本主义经济及被允许设立的外国私人经济机关，这就是今天的解放区及将来的新中国的经济构成。刘少奇认为，“在新民主主义的社会制度下，在国民经济中还存在着占有相当比重的私人资本主义经济。这种经济，在以后还要发展，而且这种经济在一定程度上的发展，也还是必要的，有益的，不是可怕的”③。

同年9月15日，张闻天为中共中央东北局起草了《关于东北经济构成及经济建设基本方针的提纲》，提出东北经

①《刘少奇论新中国经济建设》，中央文献出版社1993年版，第3页。
②《毛泽东文集》第五卷，人民出版社1996年版，第139页。
③《刘少奇论新中国经济建设》，中央文献出版社1993年版，第14页。

济由六种经济成分构成，这就是国营经济、合作社经济、国家资本主义经济、私人资本主义经济、小商品经济、秋林经济（秋林是苏联在东北开办的一家公司名称）。并且提出，东北经济建设的基本方针应是："以发展国营经济为主体，普遍地发展并紧紧地依靠群众的合作社经济，扶助与改造小商品经济，容许和鼓励有利于国计民生的私人资本主义经济，尤其是国家资本主义经济，防止与反对商品的资本主义经济所固有的投机性和破坏性，禁止与打击一切有害于国计民生的投机操纵的经营。"①

9月30日，东北局将这个提纲报送给中共中央，得到了中共中央的高度重视，毛泽东和刘少奇都对提纲做了修改。毛泽东在修改这个提纲时，强调了以下五点：（一）实行国民经济组织性与计划性必须严格限制在可能和必要的限度内，国营经济首先要适应这种组织性与计划性；（二）除开国家总的计划外，必须特别重视地方性的国民经济计划；（三）使合作社成为普遍的社会制度，必须经过长时期的艰苦工作，才能一处一处和一步一步地做到；（四）在批判小资产阶级或资产阶级路线时，又必须严格防止任何急性的"左"倾冒险主义；（五）由于有了多种经济成分，而且有了私人资本主义经济，特别是商人资本主义这一切情形，这使我们必须有无产阶级明确而周密的经济政策、经济计划与整套的经济组织去指导国民经济建设，绝不容许有任

---

①《张闻天选集》，人民出版社1985年版，第416页。

何的模糊和混乱。①

10月26日，毛泽东致信刘少奇，建议将提纲中“决不可采取过早地限制私人资本经济的办法”，改为“决不可以过早地采取限制现时还有益于国计民生的私人资本经济的办法”。理由是“因为就我们的整个经济政策说来，是限制私人资本的，只是有益于国计民生的私人资本，才不在限制之列。而‘有益于国计民生’，这就是一条极大的限制，即引导私人资本纳入‘国计民生’的轨道之上。要达到这一点，必须经常和企图脱出这条轨道的私人资本作斗争。而这些私人资本虽然已经纳入这条轨道，他们总是想脱出去的，所以限制的斗争将是经常不断的”②。

这年十一二月间，刘少奇对《关于东北经济构成及经济建设基本方针的提纲》再次做了修改，并且重点论述了合作社问题，认为“在新民主主义的国家中，合作社应该成为广大劳动人民所易于接受和了解的一种经济组织形式和一种普遍的社会制度”，提出合作社主要应该分为消费合作社、供销合作社和农业(或工业)生产合作社三种类型，农业生产合作社从低级到高级又可分为劳动互助社、集体农场和农业公社三种形式，后两种是农业生产合作社的高级组织形式，在中国现在还不能实行。前一种是现时就能普遍实行的。在对结论部分的修改中指出：“在我们批判与反对小资产阶级的或资产阶级的路线时，又必须坚决地严密地防

---

①薄一波：《若干重大决策与事件的回顾》上卷，中共中央党校出版社1991年版，第23页。

②《毛泽东文集》第五卷，人民出版社1996年版，第177页。

止任何急性的'左'倾冒险主义的倾向，即是过早地和过多地在国民经济中采取社会主义的步骤，超出实际的可能性和必要性去机械地实行计划经济，因而使我们失去农民小生产者的拥护。这是一种极危险的'左'的偏向，我们必须严格地加以防止。"①

12月25日，刘少奇在华北财政经济委员会所做的报告中，就新民主主义经济的性质做了进一步的阐释，认为它既不能是资本主义，也不是社会主义的，它既有社会主义成分，也有资本主义成分。这是一种特殊的历史形态，它的特点是过渡时期的经济，可以过渡到社会主义，也可以过渡到资本主义。②

在1949年1月的中共中央政治局会议上，毛泽东在讲话中对新中国经济建设的方针做了如下论述："今后对经济构成是应有一个通盘的认识。国营经济是带社会主义性质，合作经济也是带社会主义性质并向社会主义前进的，国家资本主义经济、私人资本主义经济和个体经济，那个东西基本上(是)对的，但要注意两条战线斗争。一方面不要以为新民主主义经济不是计划经济，不是向社会主义发展，而认为是自由贸易、自由竞争，向资本主义发展，那是极端错误的"；"另一方面，必须注意，必须谨慎，不要急于社会主义化"。③

---

①杜润生主编：《中国的土地改革》，当代中国出版社1996年版，第167—168页。

②《刘少奇论新中国经济建设》，中央文献出版社1993年版，第49页。

③薄一波：《若干重大决策与事件的回顾》上卷，中共中央党校出版社1991年版，第24页。

1949年3月，中共七届二中全会在河北平山县的西柏坡召开。这是一次为新中国确定大政方针的重要会议。毛泽东在报告中就新中国经济成分及对各种经济成分的政策，做了系统的论述。他指出："国营经济是社会主义性质的，合作社经济是半社会主义性质的，加上私人资本主义，加上个体经济，加上国家和私人合作的国家资本主义经济，这些就是人民共和国的几种主要的经济成分，这些就构成新民主主义的经济形态。"毛泽东还提出，由于中国经济现在还处在落后状态，在革命胜利以后一个相当长的时期内，还需要尽可能地利用城乡私人资本主义的积极性，以利于国民经济的向前发展。在这个时期内，一切不是于国民经济有害而是于国民经济有利的城乡资本主义成分，都应当容许其存在和发展。毛泽东同时又强调，新中国成立后，虽然允许私人资本主义的存在和发展，但"不是如同资本主义国家那样不受限制任其泛滥的"，而是在税收政策、市场价格、劳动条件等各方面，"按照各地、各业和各个时期的具体情况，对于资本主义采取恰如其分的有伸缩性的限制政策"。同时，"对于私人资本主义采取限制政策，是必然要受到资产阶级在各种程度和各种方式上的反抗的，特别是私人企业中的大企业主，即大资本家。限制和反限制，将是新民主主义国家内部阶级斗争的主要形式"。毛泽东还认为，对个体农业和个体手工业，"必须谨慎地、逐步地而又积极地引导它们向着现代化和集体化的方向发展"。①

①《毛泽东选集》第四卷，人民出版社1991年版，第1433、1431—1432、1432页。

既然在新中国成立之后将允许私人资本主义存在和发展，就存在一个如何处理同资本家的关系和如何看待资本主义剥削的问题。对此，刘少奇做了较多的思考。1949 年 4 月 3 日，他在中共北平市委和北平市人民政府召集的党员干部会议上讲话时指出：有些资本家不安心，应想法使之安心生产。我们可以宣布既定方针，保障资本家的合法利润，禁止非法盈利。我们还应考虑哪些生产不妥当，要加以节制；哪些生产需要发展，加以帮助。在劳资问题上，应向资本家和工人宣布，在可能范围内适当改善工人待遇，但我们要反对过高的要求，反对把工厂分散，我们可说服资本家满足工人的正当要求。①

4 月 10 日，为贯彻中共七届二中全会精神，受中共中央委托，刘少奇到天津视察和指导工作。他在第二天听取天津军管委和中共天津市委负责人黄克诚、黄敬等人汇报时说：根据今天中国情况，劳资双方不能斗争太激烈，劳资双方今后还不是你死我活的斗争问题。4 月 18 日，刘少奇在中共天津市委会议上的讲话，对毛泽东提出的四面八方政策做了全面阐释。他指出：天津是完整的接收了，很有成绩。现在接收工作告一段落，当前任务是如何改造、管理与发展这一城市。自由资产阶级不是斗争对象，一般的是团结的对象，争取的对象。对资产阶级也有斗争，但重点在团结，如果把它当作斗争对象，那就犯路线的错误。因此，公私兼顾、劳资两利政策必须确切执行，这是我们

---

①杜润生主编：《中国的土地改革》，当代中国出版社 1996 年版，第 190—191 页。

的战略任务中很重要的组成部分。毛主席说过，我们考虑问题要全面，要照顾四面八方。四面就是公私关系、劳资关系、城乡关系、内外关系；八方就是城乡关系的城乡两方，内外关系的内外两方，公私关系的公私两方，劳资关系的劳资两方。这四面八方都要照顾到，才叫全面照顾。我们一定要熟悉资本家，不熟悉不行。我们党员不熟悉资本家，怎能代表无产阶级？[①] 在4月24日的天津干部会议上，刘少奇又说："我们要注意把工人放在第一，但也要照顾资本家，特别是在生产上、经济上，资本家比我们有办法，发展生产应该首先和资本家合作，资本家在城市生产方面占很高的地位。"[②]

在28日出席天津市职工代表大会讲话时，刘少奇指出："对民族资产阶级有斗争的一面，有联合的一面。在政治上要联合他们，和帝国主义、封建主义、官僚资产阶级作斗争。在经济上要联合他们发展生产，但在联合当中不能缺少斗争。因此只斗争不联合是错误的，只联合不斗争也是错误的。但以哪个为主呢？今天来讲，重点是联合不是斗争。因此和民族资产阶级进行必要的适当的斗争，但不能破坏联合。如果斗争到把资产阶级消灭，这样工厂减少了，生产下降，工人失业，对工人，对国家，对人民都不利。今天中国不是资本家太多，太发展了，而是太少，

① 中共中央文献研究室编：《刘少奇年谱》下卷，中央文献出版社1996年版，第194—195页。

② 中共天津市委党史资料征集委员会编：《刘少奇在天津》，天津人民出版社1993年版，第18页。

太不发展。”“其他国家的资本主义都发达了几百年了，而我们才只几十年，所以在新民主主义的经济下，在劳资两利的条件下，还让资本家存在和发展几十年。这样做，对工人阶级的好处多，坏处少。”①

5月2日，刘少奇在与天津进出口贸易、染织、皮革、火柴等十多个行业的工商业家代表座谈时，明确表示：在我们整个国民经济中，近代化的工业生产只占10%，90%是落后的农业和小手工业。在10%的工业中，一部分是国营的，一部分是私营的。国营和私营企业之间，可能会有竞争、有矛盾，但是政府的方针，是要使国营企业和私营企业互相合作配合，减少竞争。政府要发展国营生产，也要发展私人生产，这就是公私兼顾。也许私营生产会超过公营的，但政府并不怕。我们的主要目的是发展生产，并不反对哪样生产发展得多。在讲到剥削问题时，刘少奇说："现在有好些人怕说剥削，但剥削是一个事实。尽管工厂有几千几百个股东，但你是代表股东、代表资方在工人身上剥削剩余价值的，一块钱也是剥削。有这个事实，只好承认。但是，认为‘剥削多，罪恶大，要审判，要枪毙’，因而苦闷，这种想法是错误的。今天在我国资本主义的剥削不但没有罪恶，而且有功劳。封建剥削除去以后，资本主义剥削是有进步性的。今天不是工厂开得太多，剥削的工人太多，而是太少了。你们有本事多开工厂多剥削一些工

① 中共天津市委党史资料征集委员会编：《刘少奇在天津》，天津人民出版社1993年版，第44、45页。

人，对国家人民都有利，大家赞成。”“今天中国资本主义是在年轻时代，正是发挥它的历史作用、积极作用和建立功劳的时候，应赶紧努力，不要错过。今天资本主义剥削是合法的，愈多愈好。”①

虽然资本主义剥削“愈多愈好”的表述有些绝对化，但联系到当时讲话的特殊背景，刘少奇的这些话是很有见地的。天津解放之初，资本家对共产党的政策不摸底，以为共产党在农村清算了地主，进行土地改革，实际上已经“共”了地主的“产”；现在共产党进了城，是否也要“共”资本家的“产”，心里不踏实。而事实上，也确有一些工人、店员自发地搞对资本家的清算。据薄一波回忆，当时平、津地区工业生产中的问题，除了城乡交换阻隔、外贸断绝、原料匮乏、产品滞销、通货膨胀外，工作中没有处理好公私、劳资等关系，也是存在的突出问题。“工人、店员误认为我们允许分厂、分店，进行清算斗争。天津解放一个月内，曾发生53起清算斗争。”“资本家脑子里有三怕：一怕清算，二怕共产党只管工人利益，三怕以后工人管不住，无法生产。”因此，他们抱着消极等待、观望的态度，甚至跑去香港，天津的私营企业的开工率不足30%。② 这种状况如果继续下去，后果将十分严重。最终消灭剥削无疑是共产党人的奋斗目标，但剥削现象的最终消灭是一个相当长

---

① 中共天津市委党史资料征集委员会编：《刘少奇在天津》，天津人民出版社1993年版，第44、59页。

② 薄一波：《若干重大决策与事件的回顾》上卷，中共中央党校出版社1991年版，第50—51页。

的过程，只有当社会生产力高度发展，当社会真正具备了实行单一公有制条件的时候，才有可能消灭剥削现象。当时的中国，社会生产力水平十分低下，资本主义的发展很不充分，私人资本主义于国计民生的积极一面要远远大于它的消极一面，如果在此时就匆匆忙忙地提出要消灭剥削，显然是不利于社会发展的。可惜在后来的实践中，人们对私人资本主义过多地看待其剥削的落后性、生产的无计划性，而对其有利于国计民生的一面重视不够，给历史留下了某些遗憾。

党的领导人关于新中国经济构成的上述设想，在后来起到临时宪法作用的《中国人民政治协商会议共同纲领》中得到了充分体现。《共同纲领》规定："中华人民共和国经济建设的根本方针，是以公私兼顾、劳资两利、城乡互助、内外交流的政策，达到发展生产、繁荣经济之目的。国家应在经营范围、原料供给、销售市场、劳动条件、技术设备、财政政策、金融政策等方面，调剂国营经济、合作社经济、农民和手工业者的个体经济、私人资本主义经济和国家资本主义经济，使各种社会经济成分在国营经济领导之下，分工合作，各得其所，以促进整个社会经济的发展。"①

在中共七届二中全会的报告中，毛泽东还谈到了革命胜利后的基本矛盾问题，指出："中国革命在全国胜利，并且解决了土地问题以后，中国还存在着两种基本的矛盾。

①《中国人民政治协商会议共同纲领》，《人民日报》1949年9月30日。

第一种是国内的，即工人阶级和资产阶级的矛盾。第二种是国外的，即中国和帝国主义国家的矛盾。因为这样，工人阶级领导的人民共和国的国家政权，在人民民主革命胜利以后，不是可以削弱，而是必须强化。对内的节制资本和对外的统制贸易，是这个国家在经济斗争中的两个基本政策。谁要是忽视或轻视了这一点，谁就将要犯绝大的错误。”①

当时之所以对新中国成立后国内主要矛盾做出这种判断，主要依据是：随着中国革命的胜利，意味着半殖民地半封建社会的终结，中国将进入新民主主义社会，而新民主主义的前途又只能是社会主义。这样，新中国成立之后，国内的主要矛盾也将发生转换，不可能再是原来的人民大众与封建主义的矛盾，因为封建主义经过土地改革已经被消灭。当然，中国人民同帝国主义的矛盾仍然存在，因为帝国主义出于其反共意识形态，必然对新中国采取敌对的政策。同时，新民主主义社会是一个具有过渡性质的社会阶段，它客观上有两种发展可能，即过渡到资本主义或过渡到社会主义。因为新民主主义社会允许社会主义和资本主义两种经济成分同时存在，这两种不同的经济成分之间必将产生矛盾，这种矛盾导致的双方力量的此消彼长，决定了新民主主义社会的过渡方向。

当然，社会主要矛盾的变化将有一个过程，并不等于新中国一建立，无产阶级与资产阶级的矛盾就会迅速激化，

---

①《毛泽东选集》第四卷，人民出版社 1991 年版，第 1433 页。

并由此产生两个阶级之间的尖锐对立。更重要的是，这样的矛盾在无产阶级(共产党)已经掌握政权的情况下，决定矛盾演变发展方向的，已不是资产阶级而是无产阶级，资产阶级实际上已很难将中国引向资本主义道路。因此，无产阶级与资产阶级虽然有矛盾、有斗争，但这种矛盾是可控的，并不一定演变为激烈的阶级对抗。

虽然党的领导人一再强调，新中国的社会主要矛盾将是无产阶级与资产阶级的矛盾，但他们又意识到，随着革命在全国的胜利，摆在党面前的首要任务并不是立即开展同资产阶级的斗争，而是应当“即开始着手我们的建设事业，一步一步地学会管理城市，恢复和发展城市中的生产事业”。因此“必须用极大的努力去学习生产的技术和管理生产的方法，必须去学习同生产有密切联系的商业工作、银行工作和其他工作。只有将城市的生产恢复起来和发展起来了，将消费的城市变成生产的城市了，人民政权才能巩固起来。城市中其他的工作，例如党的组织工作，政权机关的工作，工会的工作，其他各种民众团体的工作，文化教育方面的工作，肃反工作，通讯社报纸广播电台的工作，都是围绕着生产建设这一个中心工作并为这个中心工作服务的”①。在已经基本获得解放的长江以北地区，除了少数的新解放区外，这些地区“已经推翻了国民党的统治，建立了人民的统治，并且根本上解决了土地问题。党在这里的中心任务，是动员一切力量恢复和发展生产事业，这

---

①《毛泽东选集》第四卷，人民出版社 1991 年版，第 1428 页。

是一切工作的重点所在”①，明确提出已解放地区必须以生产事业为中心。

关于革命胜利后的主要矛盾问题，1949 年 7 月刘少奇率中共代表团秘密访苏时在给联共(布)中央和斯大林的报告中，曾有另一种表述。报告中有这样一段话：“有人说：‘在推翻国民党政权之后，或者说在实行土地改革之后，中国无产阶级与资产阶级的矛盾，便立即成为主要矛盾，工人与资本家的斗争，便立即成为主要斗争。’这种说法，我们认为是不正确的；因为一个政权如果以主要的火力去反对资产阶级，那便是或开始变成无产阶级专政了。这将把目前尚能与我们合作的民族资产阶级赶到帝国主义那一边去。这在目前的中国实行起来，将是一种危险的冒险主义的政策。”“在推翻国民党政权之后，劳资间的矛盾是客观存在的，并将逐渐地加紧起来，因此，工人阶级要向资产阶级进行必要的和适当的斗争，才能保护工人阶级与人民民主专政的利益；但同时，还要和民族资产阶级实行必要的和适当的妥协与联合，以便集中力量去对付外部敌人和克服中国的落后现象。”②事后看来，刘少奇在这个报告中关于新中国成立后主要矛盾的表述，更符合当时的实际情况一些。可惜对于这一点，后来没有坚持下来，而是恢复到无产阶级与资产阶级矛盾的判断上。

既然即将建立的新中国还只能是新民主主义的，而实

---

①《毛泽东选集》第四卷，人民出版社 1991 年版，第 1429 页。

②《建国以来刘少奇文稿》第一册，中央文献出版社 2005 年版，第 7 页。

现社会主义又是中国共产党人的奋斗目标，这就决定了新民主主义社会是一个过渡性质的社会。与此相关联，党的领导人也开始考虑需要多长时间向社会主义过渡的问题。在1948年9月的中共中央政治局会议上对何时转入社会主义进行了讨论。刘少奇在发言时提出，不能过早地采取社会主义，毛泽东插话说："到底何时开始全线进攻？也许全国胜利后还要十五年。"[①]当天为会议做结论时，毛泽东又说："关于完成新民主主义到社会主义的过渡的准备，苏联是会帮助我们的，首先帮助我们发展经济。我国在经济上完成民族独立，还要一二十年时间。我们要努力发展经济，由发展新民主主义经济过渡到社会主义。"[②]在1949年1月的政治局会议上，毛泽东又表示，不要急于追求社会主义化，合作社不可能很快发展，大概要准备十几年工夫。这是党的领导人对新民主主义转入社会主义最早提出的具体时间表。

1949年7月4日，毛泽东在中央团校第一期毕业典礼上又讲：二十年后，我们工业发展到一定程度，看情况即转入社会主义。[③] 刘少奇访苏期间在给斯大林的报告中也说："在中国从现在起到实行一般民族资本国有化，还需要经过许多步骤，需要一段相当长的时间。这一段时间到底需要多久？这要看国际的和国内的各种条件来决定，我们

---

①《刘少奇论新中国经济建设》，中央文献出版社1993年版，第7页。

②《毛泽东文集》第五卷，人民出版社1996年版，第146页。

③中共中央文献研究室编：《毛泽东年谱（1893—1949）》（修订本）下，中央文献出版社2013年版，第527页。

估计或者需要十年到十五年。”①

这是一个内部掌握而没有向社会公布的时间表。在1949年中国人民政治协商会议筹备会讨论《共同纲领》时，有人提出，既然承认新民主主义是一个过渡性质的阶段，一定要向社会主义过渡，因此在《共同纲领》中就应该把这个前途写出来。经过讨论，最后没有采纳这种意见，周恩来为此解释说：“筹备会讨论中，大家认为这个前途是肯定的，毫无疑问的，但应该经过解释、宣传特别是实践来证明给全国人民看。只有全国人民在自己的实践中认识到这是唯一的最好的前途，才会真正承认它，并愿意全心全意为它而奋斗。所以现在暂时不写出来，不是否定它，而是更加郑重地看待它。而且这个纲领中经济的部分里面，已经规定要在实际上保证向这个前途走去。”②

概括来说，毛泽东、刘少奇等党的领导人，在中共七届二中全会前后关于新中国的经济构成与经济建设思想，大体包括如下内容：其一，即将建立的新中国经济，其性质既不是社会主义的，也不是资本主义的，而是新民主主义的，在五种经济成分中，社会主义性质的国营经济在经济生活中是领导力量并起决定性的作用，这种新民主主义经济的前途只能是社会主义。其二，革命胜利后相当长的一个时期内，还有利用私人资本主义的积极性，其目的在于促进社会生产力的发展，恢复和发展国民经济。限制与

①《建国以来刘少奇文稿》第一册，中央文献出版社2005年版，第7页。

②中共中央文献研究室编：《建国以来重要文献选编》第一册，中央文献出版社1992年版，第16—17页。

反限制的斗争，是新民主主义国家内部阶级斗争的主要形式。其三，必须引导占国民经济总产值90%的个体农业和个体手工业，向集体化的方向发展，合作社是引导个体农业和个体手工业走上社会主义之路的根本途径。其四，新民主主义有和平转入社会主义的可能性，实现这种转变的时间需要一二十年。

二、新中国的国体与政体

对于全国执政后将要建立的新国家的国体和政体问题，毛泽东在1948年1月为中共中央所起草的《关于目前党的政策中的几个重要问题》的决定草案中，第一次做了详细的论述，明确提出："新民主主义的政权是工人阶级领导的人民大众的反帝反封建的政权。所谓人民大众，是包括工人阶级、农民阶级、城市小资产阶级、被帝国主义和国民党反动政权及其所代表的官僚资产阶级（大资产阶级）和地主阶级所压迫和损害的民族资产阶级，而以工人、农民（兵士主要是穿军服的农民）和其他劳动人民为主体。这个人民大众组成自己的国家（中华人民共和国）并建立代表国家的政府（中华人民共和国的中央政府），工人阶级经过自己的先锋队中国共产党实现对于人民大众的国家及其政府的领导。这个人民共和国及其政府所要反对的敌人，是外国帝国主义、本国国民党反动派及其所代表的官僚资产阶级和地主阶级。""中华人民共和国的权力机关是各级人民代表大会及其选出的各级政府。”①

在1948年的九月会议上，毛泽东进一步指出：“我们政权的阶级性是这样：无产阶级领导的，以工农联盟为基础，但不是仅仅工农，还有资产阶级民主分子参加的人民民主专政。”“我们是人民民主专政，各级政府都要加上‘人民’二字，各种政权机关都要加上‘人民’二字，如法院叫人民法院，军队叫人民解放军，以示和蒋介石政权不同。”“人民民主专政的国家，是以人民代表会议产生的政府来代表它的。现在我们就用开‘人民代表会议’这一名词。我们采用民主集中制，而不采用资产阶级议会制。”②

1949年2月初，苏共中央政治局委员米高扬秘密访问西柏坡，毛泽东在讲到将建立的新政权问题时，曾这样说：这个新政权的性质简括地讲，就是在工农联盟基础上的人民民主专政，它的实质就是无产阶级专政。不过对我们这个国家来说，称人民民主专政更合适，更为合情合理。它是由各党各派、社会知名人士参加的民主联合政府，但名义上不这样叫。现在中国除共产党外，还有好几个民主党派，与我们已合作多年了，但国家政权的领导权是掌握在中国共产党的手里，这是确定不移的，丝毫不能动摇的。就是说，新政权建立后，中国共产党是核心，同时要不断加强和扩展统一战线工作。③

---

①《毛泽东选集》第四卷，人民出版社1991年版，第1272—1273页。

②《毛泽东文集》第五卷，人民出版社1996年版，第135—136页。

③中共中央文献研究室编：《毛泽东传（1893—1949）》，中央文献出版社1996年版，第910页。

1949年6月30日，毛泽东公开发表《论人民民主专政》一文，对人们普遍关心的新中国的国体问题做了一个总的回答。他指出："人民是什么？在中国，在现阶段，是工人阶级，农民阶级，城市小资产阶级和民族资产阶级。这些阶级在工人阶级和共产党的领导之下，团结起来，组成自己的国家，选举自己的政府，向着帝国主义的走狗即地主阶级和官僚资产阶级以及代表这些阶级的国民党反动派及其帮凶们实行专政，实行独裁，压迫这些人，只许他们规规矩矩，不许他们乱说乱动。如要乱说乱动，立即取缔，予以制裁。对于人民内部，则实行民主制度，人民有言论集会结社等项的自由权。选举权，只给人民，不给反动派。这两方面，对人民内部的民主方面和对反动派的专政方面，互相结合起来，就是人民民主专政。""总结我们的经验，集中到一点，就是工人阶级（经过共产党）领导的以工农联盟为基础的人民民主专政。这个专政必须和国际革命力量团结一致。这就是我们的公式，这就是我们的主要经验，这就是我们的主要纲领。"①

人民民主专政是毛泽东在《新民主主义论》中提出的各个革命阶级联合专政思想的发展。那么，人民民主专政的国家政权如何建立？如何使包括民族资产阶级在内的人民，在新中国的国家政权中都有自己的话语权？中共中央的考虑，就是建立中国共产党领导的、各民主党派参加的联合政府。为此，《共同纲领》明确规定："中国人民民主专政是

①《毛泽东选集》第四卷，人民出版社1991年版，第1475、1480页。

中国工人阶级、农民阶级、小资产阶级、民族资产阶级及其他爱国民主分子的人民民主统一战线的政权，而以工农联盟为基础，以工人阶级为领导。”“中华人民共和国为新民主主义即人民民主主义的国家，实行工人阶级领导的、以工农联盟为基础的、团结各民主阶级和国内各民族的人民民主专政。”

至于新中国的政体，党的领导人的思想一直很明确，这就是人民代表大会制。毛泽东在《新民主主义论》中提出：“中国现在可以采取全国人民代表大会、省人民代表大会、县人民代表大会、区人民代表大会直到乡人民代表大会的系统，并由各级代表大会选举政府。但必须实行无男女、信仰、财产、教育等差别的真正普遍平等的选举制，才能适合于各革命阶级在国家中的地位，适合于表现民意和指挥革命斗争，适合于新民主主义的精神。这种制度即是民主集中制。”①毛泽东在中共七大所做的《论联合政府》的报告中，再次重申了这一主张，指出：“新民主主义的政权组织，应该采取民主集中制，由各级人民代表大会决定大政方针，选举政府。它是民主的，又是集中的，就是说，在民主基础上的集中，在集中指导下的民主。只有这个制度，才既能表现广泛的民主，使各级人民代表大会有高度的权力；又能集中处理国事，使各级政府能集中地处理被各级人民代表大会所委托的一切事务，并保障人民的一切必要

①《毛泽东选集》第二卷，人民出版社1991年版，第677页。

的民主活动。”①

在九月会议的报告中，毛泽东对新中国的政体为何要实行人民代表大会制度做了解释。他说：“关于建立民主集中制的各级人民代表会议制度问题，我们政权的制度是采取议会制呢，还是采取民主集中制？过去我们叫苏维埃代表大会制度，苏维埃就是代表会议，我们又叫‘苏维埃’，又叫‘代表大会’，‘苏维埃代表大会’就成了‘代表大会代表大会’。这是死搬外国名词。现在我们就用‘人民代表会议’这一名词。我们采用民主集中制，而不采用资产阶级议会制。议会制，袁世凯、曹锟都搞过，已经臭了。在中国采取民主集中制是很合适的。我们提出开人民代表大会，孙中山遗嘱还写着要开国民会议，国民党天天念遗嘱，他们是不能反对的。外国资产阶级也不能反对，蒋介石开过两次‘国大’他们也没有反对。德国、北朝鲜也是这样搞的。我看我们可以这样决定，不必搞资产阶级的议会制和三权鼎立等。”②

此前的1948年4月27日，毛泽东致信中共晋察冀中央局城市工作部部长刘仁，请其邀请张东荪、符定一、许德珩、吴晗等民主人士来解放区，参加各民主党派、各人民团体代表会议，讨论召开人民代表大会成立民主联合政府和关于加强各民主党派、人民团体的合作及纲领政策问题。并提出会议的名称拟称为政治协商会议，开会地点在哈尔

①《毛泽东选集》第三卷，人民出版社1991年版，第1057页。

②《毛泽东文集》第五卷，人民出版社1996年版，第136页。

滨，开会时间在1948年冬季，一切民主党派及重要人民团体均可派遣代表参加。会议的决议必须是参加会议的每一单位自愿同意，不得强制。[①] 5月1日，中共中央发布纪念“五一”劳动节口号，号召“各民主党派、各人民团体、各社会贤达迅速召开政治协商会议，讨论并实现召集人民代表大会，成立民主联合政府”。这就是说，当时设想的成立联合政府的程序，是先召开政治协商会议，讨论召开人民代表大会的相关事宜，然后召开人民代表大会，选举产生中央人民政府。

在发布“五一”口号的同一天，中共中央致电上海局和香港分局，指出：“(一)我党准备邀请各民主党派及重要人民团体的代表来解放区来〔开〕会讨论：(甲)关于召开人民代表大会并成立民主联合政府问题。(乙)关于在反对美国帝国主义侵略及蒋介石卖国政府的斗争中加强各民主党派各人民团体的合作及纲领政策问题。(二)我党认为召开此项会议讨论上述问题的时机业已成熟，但须征求各民主党派的意见，即他们是否亦认为时机业已成熟及他们是否愿意派遣代表来解放区。”[②]

按照原来五年内从根本上打倒国民党反动派的估计，中共中央设想到1950年才有可能建立自己领导的中央政府。随着辽沈战役的胜利结束，淮海战役、平津战役的顺

① 中央档案馆编：《中共中央文件选集》第十七册，中共中央党校出版社1992年版，第143—144页。

② 中央档案馆编：《中共中央文件选集》第十七册，中共中央党校出版社1992年版，第149页。

利进展，中共中央决定加快建立中央人民政府的步伐，在1949年内将这样的中央政府建立起来。问题是按照原来的设想，中央人民政府须由全国人民代表大会选举产生，人民代表大会的召开又须先进行普选，而当时长江以南、西南、西北尚有大片的国土没有解放，解放这些地方无疑需要一定的时间，从这些地方解放到开展普选也需要一个过程。如果非要召开全国人民代表大会后才组成中央政府，在1949年内恐难做到。即使在已获得解放的地区，因忙于战争支前，结束土改与整党工作，加之需抽调大批干部南下，使得原计划1948年冬至1949年春建立县、区、村三级人民代表会议，选举三级政府委员会的工作不得不推迟。为此，1948年12月20日，中共中央发出《关于县、村人民代表会议的指示》，提出将各解放区县、区、村三级人民代表会议的正式选举工作，暂时推迟至1949年秋后举行。

为了不致因全国性的人民代表大会暂时不能召开而影响中央人民政府的建立，中共中央开始考虑不经过人民代表大会，直接由新的政治协商会议产生中央人民政府的方案。1948年10月8日，中共中央将《关于召开新的政治协商会议诸问题(草案)》发给东北局，向已经到达哈尔滨的民主人士征求意见。这个草案的内容包括：(一)新的政治协商会议的召集。提议由中国共产党及赞成中共中央“五一”口号第五项的各主要民主党派、人民团体及无党派民主人士的代表们成立一个新政协的筹备会。(二)新的政治协商会议的参加者。提议在南京反动政府系统下一切反动党派及反动分子必须排除，不得许其参加外，由反对美国帝国主义侵略，反对国民党反动统治，反对封建主义和官僚资本压迫的各民主党派、各人民团体及无党派民主人士的代表人物组成之。(三)新的政治协商会议的时间、地点。提议新政协召开的时间为1949年，具体时间视各方代表到达的情况由新政协筹备会加以决定；地点从目前看哈尔滨较为适宜，但依情况的发展，也可能改在华北某一大城市。(四)新的政治协商会议应讨论的事项。中共中央认为，新的政治协商会议应讨论和实现两项重要问题：一为共同纲领问题；二为如何建立中华人民民主共和国临时中央政府问题。

民主人士在讨论过程中，对于如何成立中央人民政府一项产生了不同意见，有的认为新政协会议即等于临时人民代表会议，即可产生临时中央人民政府，有的主张要先召开全国人民代表大会，然后成立民主联合政府。中共中央了解这一情况后，认为可采纳前一种意见。这年11月3日，中共中央致电东北局负责人高岗、李富春，认为“依据目前形势的发展，临时中央人民政府有很大可能不需经全国临时人民代表会议即径由新政协会议产生”①。同月25日，高岗、李富春与在哈尔滨的民主人士沈钧儒、谭平山、章伯钧、蔡廷锴、王绍鏊、朱学范、高崇民、李德全等，对政治协商会议诸问题达成协议：新政协举行的时间为1949年，具体时间地点由筹备委员决定；新政协应讨论和

① 中共中央文献研究室编：《周恩来年谱(1898—1949)》(修订本)，中央文献出版社1998年版，第815页。

实现的问题有二：（一）共同纲领的制定；（二）中华人民共和国中央人民政府的建立。

对此，1949 年 1 月 8 日的中共中央政治局会议正式通过决议："一九四九年必须召集没有反动派代表参加的以完成中国人民革命任务为目标的各民主党派各人民团体的政治协商会议，宣告中华人民民主共和国的成立，组成共和国的中央政府，并通过共同纲领。"① 1949 年 6 月 15 日，新政治协商会议筹备会第一次全体会议在北平开幕，毛泽东在讲话中宣布："我们召集新的政治协商会议成立民主联合政府的一切条件，均已成熟。"②

经过一段时间的筹备，这年 9 月 21 日，新政治协商会议即中国人民政治协商会议召开。会议随后通过的《共同纲领》规定："中华人民共和国的国家政权属于人民。人民行使国家政权的机关为各级人民代表大会和各级人民政府。各级人民代表大会由人民用普选方法产生之。各级人民代表大会选举各级人民政府。""国家最高政权机关为全国人民代表大会。""在普选的全国人民代表大会召开以前，由中国人民政治协商会议的全体会议执行全国人民代表大会的职权，制定中华人民共和国中央人民政府组织法，选举中华人民共和国中央人民政府委员会，并付之以行使国家权力的职权。"

至于国家结构形式，也就是采取联邦制还是单一制的

---

① 中央档案馆编：《中共中央文件选集》第十八册，中共中央党校出版社 1992 年版，第 21 页。

②《毛主席讲词》，《人民日报》1949 年 6 月 20 日。

问题，受列宁民族自决与苏联采取联邦制的影响，中国共产党曾一度主张建立联邦制。1922 年中共二大通过大会宣言提出“用自由联邦制，统一中国本部、蒙古、西藏、回疆，建立中华联邦共和国”[①]，这是中国共产党首次就国家结构形式发表意见。这种通过民族自决建立联邦制共和国的思想，一直延续到 1945 年的中共七大。七大通过的党章的总纲指出：“中国共产党在目前阶段的任务是：对内，组织与团结中国的工人、农民、小资产阶级、知识界和一切反帝反封建的人们以及国内各少数民族同自己一道，……为建立独立、自由、民主、统一与富强的各革命阶级联盟与各民族自由联合的新民主主义联邦共和国而奋斗。”[②]

抗战胜利后，中共的民族政策开始发生重大变化，逐渐淡化“民族自决”“独立自治”观点，转而强调“民族团结”和“国家统一”。在国家结构形式上，逐步放弃由各民族共同组建联邦共和国的构想，代之以统一国家之下的民族地方自治。1946 年 1 月 16 日，中共代表团在政治协商会议上提出“和平建国纲领草案”，明确表示“在少数民族区域，应承认各民族的平等地位及其自治权”[③]，而不再提“民族自决权”。这一主张为政治协商会议所采纳，1 月 31 日会议一致通过的《和平建国纲领》第三节第六条和第七条规定：

---

① 中共中央文献研究室、中央档案馆编：《建党以来重要文献选编（1921—1949）》第一册，中央文献出版社 2011 年版，第 133 页。

② 中央档案馆编：《中共中央文件选集》第十五册，中共中央党校出版社 1991 年版，第 116 页。

③ 中央档案馆编：《中共中央文件选集》第十六册，中共中央党校出版社 1992 年版，第 42 页。

“积极推行地方自治，实行由下而上之普选，迅速普遍成立省、县(市)参议会，并实行县长民选，边疆少数民族所在之省、县，应以各该民族人口之比例，确定其实行选举之省县参议员名额。”“自治县政府，对于其辖区内之国家行政，应在中央监督指挥之下执行之。”①

同年2月24日，就“内蒙古共和国临时政府”和“东蒙古人民自治政府”的成立一事，中共中央在给东北局的指示信中明确指出：“东蒙今天应依和平建国纲领第三节第六条实施地方自治，在辽北省与热河省政府下成立自治区，至多要求成立一单独的省，作为普通地方政府出现，而不应与中国形成所谓宗主国与类似自治共和国的关系，不必要求单独的货币，单独的军队，甚至单独的国旗。”② 3月23日，中共中央就内蒙古自治问题做出指示，强调“内蒙民族自治政府与中国的关系问题，在大会宣言中应确定内蒙自治政府非独立政府，它承认内蒙民族自治区仍属中国版图，并愿为中国真正民主联合政府之一部分，它所反对的为蒋介石国民党独裁政府及其所制定的取消民族自治权利的伪宪与其卖国内战反动的政策”③。

1947年4月23日至5月3日，内蒙古人民代表会议在王爷庙(今乌兰浩特市)召开。大会通过了《内蒙古自治政府施政纲领》及内蒙古自治政府组织大纲，选举产生出内蒙古

①《和平建国纲领》，《解放日报》1946年2月2日。

②中共中央统战部编：《民族问题文献汇编(1921年7月—1949年9月)》，中共中央党校出版社1991年版，第1011页。

③中央档案馆编：《中共中央文件选集》第十六册，中共中央党校出版社1992年版，第431页。

临时参议会，选出博彦满都为参议长，云泽(乌兰夫)为自治政府主席。5月5日，内蒙古自治政府宣布成立。内蒙古人民代表会议在其宣言中明确宣布：“内蒙古自治政府，是内蒙古民族各阶层联合内蒙古区域内各民族实行高度区域性自治的地方民主联合政府，并非独立自治政府，它是中华民国的组成部分。”[①]内蒙古自治政府是中国共产党领导下的第一个省级民族自治单位，是中国共产党关于民族区域自治纲领的首次付诸实践。

当时，少数民族聚居地区已经获得解放的主要是内蒙古地区的东部。至于其他少数民族地区，大部分还没有获得解放，建立中国共产党领导的全国政权的条件也还没有成熟，未来的新国家究竟采取何种结构形式更为有利，还不是一个十分迫切的问题。因此，此后一段时间，一些重要的文告或高级干部的讲话中，仍有“联邦”这样的表述。如1947年10月10日发表的著名的《中国人民解放军宣言》，第七条乃是“承认中国境内各少数民族有平等自治及自由加入中国联邦的权利”[②]。1948年8月3日，高岗在内蒙干部会议上的讲话中说：“随着形势的开展，内蒙自治政府的统一性必更加强。在全国解放后，则将按照自愿和民主的原则，由中国境内各民族组成中华民主共和国联邦(毛主席《论联合政府》)。内蒙自治政府，将是这个联邦在国境北部的主要组成部分。”高岗同时又强调：“但是总之，内蒙

①《内蒙开始创造自由光明的新历史》，《人民日报》1947年7月16日。
②《中国人民解放军宣言》，《人民日报》1947年10月10日。

在各方面都与中国其他部分不可分割，决不可能幻想离开同国内外友邻民族（如汉民族、苏联、外蒙等）的团结帮助，而能够孤立地求得自己的巩固发展。”①

在新政治协商会议筹备期间，毛泽东就新中国的国家结构形式是单一制还是联邦制的问题，征询了党内对民族问题颇有研究并在陕甘宁边区从事过民族工作的中共中央统战部部长李维汉的意见。李维汉认为我国同苏联国情不同，不能实行联邦制，建议在统一的中华人民共和国内，在少数民族聚居区，实行民族区域自治的政策和制度。其理由在于：一是俄国十月革命前，俄罗斯民族是典型的压迫民族，而我国各民族包括汉族人民在内都同样遭受帝国主义的压迫剥削，都是受欺凌的被压迫民族。二是俄国少数民族人口占总人口的50%，而我国少数民族当时人口只占5%左右。三是俄国少数民族聚居集中，联系密切，我国少数民族大都同汉族或其他少数民族杂居或交错聚居。四是俄国经过二月革命和十月革命，许多民族实际上已经分离为不同国家，不得不采取联邦制把各个国家联合起来；而我国是在中国共产党领导下，由平等联合进行革命，到平等联合建立统一的人民共和国。五是我国抗日战争时期，特别是1947年内蒙古自治区成立后，已经对实行民族区域自治取得了宝贵的经验。②

这个建议为毛泽东和中共中央所采纳。1949年9月7

① 高岗：《在内蒙干部会议上的讲话》，《人民日报》1948年11月24日。

② 王兆国：《统一战线工作者的光辉典范——深切缅怀李维汉同志》，《人民日报》1994年8月7日。

日，周恩来在给即将出席中国人民政治协商会议的代表做《关于人民政协的几个问题》报告时，指出："关于国家制度方面，还有一个问题就是我们的国家是不是多民族联邦制。现在可以把起草时的想法提出来，请大家考虑。中国是多民族的国家，但其特点是汉族占人口的最大多数，有四亿人以上；少数民族有蒙族、回族、藏族、维吾尔族、苗族、夷族、高山族等，总起来，还不到全国人口的百分之十。当然，不管人数多少，各民族间是平等的。首先是汉族应该尊重其他民族的宗教、语言、风俗、习惯。这里主要的问题在于民族政策是以自治为目标，还是超过自治范围。我们主张民族自治，但一定要防止帝国主义利用民族问题来挑拨离间中国的统一。""任何民族都是有自决权的，这是毫无疑问的事。但是今天帝国主义者又想分裂我们的西藏、台湾甚至新疆，在这种情况下，我们希望各民族不要听帝国主义者的挑拨。为了这一点，我们国家的名称，叫中华人民共和国，而不叫联邦。今天到会的许多人是民族代表，我们特地向大家解释，同时也希望大家能同意这个意见。我们虽然不是联邦，但却主张民族区域自治，行使民族自治的权力。"①

对于这个问题，《共同纲领》规定："各少数民族聚居的地区，应实行民族的区域自治，按照民族聚居的人口多少和区域大小，分别建立各种民族自治机关。凡各民族杂居的地方及民族自治区内，各民族在当地政权机关中均应有

①《周恩来统一战线文选》，人民出版社 1984 年版，第 139—140 页。

相当名额的代表。”

1949 年 10 月 5 日，中共中央就少数民族问题向中国人民解放军第二野战军前线党委发出指示：关于党的民族政策，应当根据人民政协《共同纲领》中民族政策的规定贯彻执行。关于少数民族的“自决权”问题，今天不应再去强调。过去在内战期间，为了反对国民党的反动统治，曾强调过这一口号，这在当时是完全正确的。今天新中国已经诞生，为了完成国家的统一大业，为了反对帝国主义及其走狗分裂中国民族团结的阴谋，在国内民族问题上，就不应再强调这一口号，应强调中华各民族的友爱合作与互助团结。①

三、新中国的外交方针

基于 1949 年将建立自己领导的中央政府的考虑，中共中央在确定即将建立的新中国的国体、政体和各项经济政策的同时，也在开始确立新中国的对外政策和外交方针。

由于中国共产党尚未建立自己的中央政府，自然与任何外国均未建立正式的外交关系，而长期以来，帝国主义国家出于其反共意识形态，对中国革命一直采取敌视的态度，所以中国共产党在即将全国执政之际，对国民党政府与帝国主义各国所建立的外交关系，一概采取不承认的态

① 中共中央文献研究室编：《建国以来重要文献选编》第一册，中央文献出版社 1992 年版，第 24 页。

度。1948 年 11 月 10 日，沈阳刚刚解放，中共中央就指示东北局：英、美、法等国政府未承认我们的政府，我们对他们现在的领事亦应采取不承认而只承认为普通侨民的方针。[①] 11 月 23 日，中共中央再次指示东北局：不承认国民党与英、美、法这些国家的外交关系，使我外交立于主动，并不等于我们永远不与这些国家发生外交关系，也不等于对待这些国家毫无区别。[②]

在 1949 年 1 月的中共中央政治局会议上，毛泽东在谈到外交问题时说，现在帝国主义在中国没有合法地位，不要忙于要他们承认。我们是要打倒它，不是承认它。但政策不乱，侨民要保护。将来要通商，但亦不忙，忙的是同苏联及民主国家通商建立外交关系。周恩来说：外交政策以不承认为好，对帝国主义国家要观察，根据需要将来再说。总的观念是百年来受压迫，现在站起来了。应该有这样的气概。[③] 这就是新中国成立初期重要外交方针之一的“另起炉灶”。

根据这样的指导思想，1949 年 1 月 19 日，中共中央发出《关于外交工作的指示》，指出：“目前我们与任何外国尚无正式的国家的外交关系”，因此，不承认这些国家现在派在中国的代表为正式的外交人员，实为理所当然。采取这种态度，“可使我们在外交上立于主动地位，不受过去任何

① 中共中央文献研究室编：《周恩来年谱（1898—1949）》（修订本），中央文献出版社 1998 年版，第 816 页。

② 中共中央文献研究室编：《周恩来年谱（1898—1949）》（修订本），中央文献出版社 1998 年版，第 819—820 页。

③《胡乔木回忆毛泽东》，人民出版社 1994 年版，第 546 页。

屈辱的外交传统所束缚。在原则上，帝国主义在华的特权必须取消，中华民族的独立解放必须实现，这种立场是坚定不移的。但是在执行的步骤上，则应按问题的性质及情况，分别处理”。“总之，在外交工作方面，我们对于原则性与灵活性应掌握得很恰当，方能站稳立场，灵活机动。”①指示还对外交关系、外资关系、对外贸易关系、海关税收、外国传教士、外国人办的学校、外国人办的医院、外国人办的报纸、外国人办的文化机关、外国人办的救济机关、外国雇员、外国人入境等项做了具体规定。

这年初，苏共中央政治局委员米高扬访问西柏坡期间，毛泽东详细地介绍了中共中央即将采取的外交政策，明确提出了“打扫干净屋子再请客”的方针。毛泽东说，我们这个国家，如果形象地把它比作一个家庭来讲，它的屋内太脏了，柴草、垃圾、尘土、跳蚤、臭虫、虱子什么都有。解放后，我们必须认真清理我们的屋子，从内到外，从各个角落以至门窗缝里，把那些脏东西通通打扫一番，好好加以整顿。等屋内打扫清洁、干净，有了秩序，陈设好了，再请客人进来。我们的真正朋友可以早点进屋子来，也可以帮助我们做点清理工作，但别的客人得等一等，暂时还不能让他们进门。

毛泽东又说，我想，打扫干净，陈设好了，再请客人进门，这也是一种礼貌，不好么？我们的屋里本来就够脏

---

①中共中央文献研究室、中央档案馆编：《建党以来重要文献选编（1921—1949）》第二十六册，中央文献出版社2011年版，第55页。

的，因为帝国主义分子的铁蹄践踏过。而某些不客气、不讲礼貌的客人再有意地带些脏东西进来，那就不好办了。因为他们会说："你们的屋子里本来就是脏的嘛，还抗议什么?!"这样我们就无话可说啦。我想，朋友们走进我们的门，建立友好关系，这是正常的，也是需要的。如果他们又肯伸手援助我们，那岂不更好么！关于这方面的问题目前只能讲到这里。但我们知道，对我们探头探脑，想把他们的脚踏进我们屋子里的人是有的，不过我们暂时还不能理睬他。至于帝国主义分子，他们抱着不可告人的目的，一方面想进来为自己抓几把，同时也是为了搅浑水。浑水便于摸鱼。我们不欢迎这样的人进来。①

在中共七届二中全会上，毛泽东在谈及新中国的外交政策时，进一步指出："不承认国民党时代的任何外国外交机关和外交人员的合法地位，不承认国民党时代的一切卖国条约的继续存在，取消一切帝国主义在中国开办的宣传机关，立即统制对外贸易，改革海关制度，这些都是我们进入大城市的时候所必须首先采取的步骤。在做了这些以后，中国人民就在帝国主义面前站立起来了。剩下的帝国主义的经济事业和文化事业，可以让它们暂时存在，由我们加以监督和管制，以待我们在全国胜利以后再去解决。对于普通外侨，则保护其合法的利益，不加侵犯。关于帝国主义对我国的承认问题，不但现在不应急于去解决，而

---

①师哲口述，李海文著：《在历史巨人身边——师哲回忆录》(修订本)，中央文献出版社 1995 年版，第 379—380 页。

且就是在全国胜利以后的一个相当时期内也不必急于去解决。我们是愿意按照平等原则同一切国家建立外交关系的，但是从来敌视中国人民的帝国主义，决不能很快地就以平等的态度对待我们，只要一天它们不改变敌视的态度，我们就一天不给帝国主义国家在中国以合法的地位。”①

既然不承认国民党政府与各国政府建立的旧有的外交关系，也不急于取得帝国主义对新中国的外交承认，但新中国毕竟需要发展对外关系，于是，中共中央将发展对外关系的重点，放在联合苏联和其他社会主义、人民民主主义国家上，也就是所谓的“一边倒”政策。

1947 年年初，毛泽东曾提出访问莫斯科。6 月 15 日，斯大林复电表示同意，但要求对此事绝对保密。可是，到了这年 7 月 1 日，斯大林又致电在陕北担任医生兼联络员的奥尔洛夫(又名阿洛夫)：“鉴于即将举行的战役，鉴于毛泽东若离开，会对战事发生不良影响，我们认为暂时推迟毛泽东的出行为宜。”②1948 年 4 月 12 日，毛泽东再次提出访苏的问题，并同周恩来、任弼时商量了此事，周、任对此都表示同意。4 月 26 日，毛泽东致电斯大林，表示决定提早动身赴苏联。斯大林先是复电同意，但过了十余天致电毛泽东说，考虑到中国战局的发展和途中的安全，再次建议他推迟访苏。这年 7 月，毛泽东又向斯大林提出访苏要求，但斯大林回电说苏联粮食征购工作马上开始，领导同

---

①《毛泽东选集》第四卷，人民出版社 1991 年版，第 1434—1435 页。

②安·列多夫斯基著，李玉贞译：《米高扬与毛泽东的秘密谈判》，《党的文献》1995 年第 6 期。

志要分赴各地开展这项工作，要到 11 月才能回来，如果毛泽东一定要来，也要等到 11 月底，实际上是再次拒绝了毛泽东的访苏要求。后来，毛泽东“又几次致电斯大林提出访苏问题，但由于种种原因最终也未能成行”①。

毛泽东的访苏要求虽然一再为斯大林所拒，但由于中国革命的形势发展迅速，中国革命胜利在望，又由于中国共产党对苏共将南斯拉夫共产党开除出共产党和工人党情报局采取了支持态度，斯大林最终解除了对毛泽东是铁托式的民族主义者的疑问，于是在 1949 年 1 月底 2 月初委托米高扬密访西柏坡，了解中国革命的形势和中国共产党的内政外交政策。

1 月 31 日，米高扬从大连飞抵石家庄，然后前往西柏坡。当天下午，毛泽东与朱德、刘少奇、周恩来等会见了米高扬。对于此行的目的，米高扬说：中国革命形势发展迅猛异常，在这关键的时候，毛泽东同志不能离开指挥岗位；再者，中国境内交通不便，还要通过敌人的封锁线，也要考虑到安全问题；到苏联往返的时间太长，怕影响毛泽东同志的身体健康，因而，斯大林不主张毛泽东到苏联去。斯大林十分关心中国革命形势的发展，派我代表他到中国来听取你们的意见。你们所讲的话我回国后向斯大林汇报。任何事情由斯大林决定。② 米高扬这番话，算是对斯大林为何一再拒绝毛泽东访苏做了解释。

---

①《胡乔木回忆毛泽东》，人民出版社 1994 年版，第 547 页。

②师哲口述，李海文著：《在历史巨人身边——师哲回忆录》(修订本)，中央文献出版社 1995 年版，第 374 页。

米高扬的这个解释虽然并非毫无道理，但恐怕不是斯大林拒绝毛泽东访苏的全部原因。实际上，斯大林曾一度怀疑毛泽东是南斯拉夫铁托式的民族主义者。1944 年 6 月，他在与美国驻苏大使哈里曼的谈话中，公开说中国共产党不是真正的共产党，而是“人造黄油”式的共产党。1948 年 6 月，斯大林做出将南斯拉夫共产党开除出共产党和工人党情报局的决定。7 月 10 日，中共中央发表声明，明确表示“完全同意由保、罗、匈、波、苏、法、捷、意各国共产党所参加的情报局会议关于南斯拉夫共产党问题所通过的决议”，公开认为以“铁托、卡德尔、德热拉斯、兰科维奇为代表的南斯拉夫共产党的领导集团，在其对内对外的背叛性的和错误的行动中，违反了马克思列宁主义的基本观点”，表示“南斯拉夫党内所发生的事件，不是偶然的和孤立的现象，这是阶级斗争在无产阶级革命队伍中的反映”，要求“全党干部都应当认真研究共产党情报局会议关于南斯拉夫共产党问题的决议，借以加强党内关于阶级的、党的、国际主义的、自我批评精神和纪律性的教育”。[①] 到这时，斯大林才确认毛泽东并非铁托式的人物，中国共产党也并非“人造黄油”式的共产党。

此外，二战结束后，苏美从战时的合作走向对抗，1947 年 3 月 12 日，美国总统杜鲁门在国会正式提出“对苏联发动冷战以遏制共产主义”。同年 7 月，美国又正式启动抵制苏联影响的马歇尔计划，苏联随后实施莫洛托夫计划

---

①《中共中央委员会关于南共问题的决议》，《人民日报》1948 年 7 月 14 日。

与之对抗。显然，在苏美冷战已拉开序幕，而美国又明确支持蒋介石政府的情况下，如果毛泽东前往苏联访问，不管如何保密，恐怕也很难保证毛泽东访苏的消息不被外界所知，而这样的消息一旦透露出去，必定引起美国的强烈反应。所以，在国共内战胜负未分的情况下，斯大林显然不愿让毛泽东出现在苏联的土地上。

米高扬于2月1日、2日、3日连续三天与毛泽东进行会谈。毛泽东详细地向他介绍了中国革命的进展情况和中国共产党即将采取的方针政策。米高扬此行加深了斯大林对中共和毛泽东的了解，对推动中苏两党关系的发展，以及中共决定采取“一边倒”的外交政策，起了重要作用。就莫斯科方面而言，减少了对毛泽东和中国共产党人的疑虑，米高扬称赞毛泽东“有远大的眼光，高明的策略，是很了不起的领袖人物”①。虽然米高扬表示自己“只是带耳朵来的，没有权利发表意见”，但在此关键时刻，斯大林和苏共中央将其派来，本身就是对中国共产党取得革命胜利的肯定与支持。

在中共七届二中全会上所做的总结中，毛泽东特地就十月革命与中国革命的关系讲了很长的一段话，并且明确表示：“我们不能设想，没有苏联，没有欧洲的和美国的工人运动吸引美帝国主义的力量在西方，我们中国革命也能胜利。我说，东方的空气比较稀薄，而西方的气压很重，

① 师哲口述，李海文著：《在历史巨人身边——师哲回忆录》（修订本），中央文献出版社1995年版，第385页。

我们就在东方冲破帝国主义力量比较薄弱的这一环。中国革命胜利以后的巩固也是一样，帝国主义是要消灭我们的，没有各国无产阶级，首先是苏联的援助，巩固是不可能的。自然，我们受人帮助，也要时刻准备帮助别人。这就是国际主义。中苏关系是密切的兄弟关系，我们和苏联应该站在一条战线上，是盟友，只要一有机会就要公开发表文告说明这一点。现在对非党人士也要说明这一点，也要做这种宣传。”①

中共中央很快就做了这样的“宣传”。这年 4 月 3 日，中共和各民主党派联合发表毛泽东草拟的《中国各民主党派联合声明反对北大西洋公约》，第一次公开点明苏联是新中国的盟友。其中说：“如果帝国主义侵略集团竟敢挑动这个危害全世界人民的反动的战争，那么我们将团结全国人民，遵守孙中山先生的不朽遗嘱，采用必要的方法，与中国的盟友苏联和各国和平民主势力，携手并进，向侵略战争的发动者作坚决的斗争，打败侵略者，推翻整个帝国主义制度，实现全人类的解放和永久的和平。”②

6 月 30 日，毛泽东公开发表《论人民民主专政》一文，其中更是明确提出新中国在对外关系上要“一边倒”。他说：“一边倒，是孙中山的四十年经验和共产党的二十八年经验教给我们的，深知欲达到胜利和巩固胜利，必须一边倒。积四十年和二十八年的经验，中国人民不是倒向帝国主义

①《毛泽东文集》第五卷，人民出版社 1996 年版，第 262 页。

②《中国各民主党派联合声明反对北大西洋公约》，《人民日报》1949 年 4 月 4 日。

一边，就是倒向社会主义一边，绝无例外。骑墙是不行的，第三条道路是没有的。我们反对倒向帝国主义一边的蒋介石反动派，我们也反对第三条道路的幻想。不但中国，全世界也一样，不是倒向帝国主义，就是倒向社会主义，绝无例外。中立是伪装的，第三条道路是没有的。”①

对于为什么要实行“一边倒”，这年7月19日邓小平在向中共中央华东局负责人传达毛泽东的口头指示时，曾做了如下解释：“帝国主义的各种花样直到封锁，其目的在于迫我就范，我们的斗争也在于迫使帝国主义就范。我们绝不会就帝国主义之范，而一个多月的经验看出，帝国主义就我之范亦非易事。这一时期双方斗争实际上都是试探的性质，直到英美摊出封锁的牌。封锁，在目前说来，虽增加我们不少困难，但对我仍属有利，即使不封锁，我们许多困难也是不能解决的。但封锁太久了，对我则是极不利的。打破封锁之道，毛主席强调从军事上迅速占领两广云贵川康青宁诸省，尽量求得早日占领沿海各岛及台湾。同时我们提出的外交政策的一面倒，愈早表现于行动则对我愈有利（毛主席说，这样是主动的倒，免得将来被动的倒）；内部政策强调认真的从自力更生打算，不但叫，而且认真着手做（毛主席说，更主要的从长远的新民主主义建设着眼来提出这个问题），毛主席说这两条很好，与中央精神一致。我们这样做，即占领全国、一面倒和自力更生，不但可以立于坚固的基础之上，而且才有可能迫使帝国主义就

①毛泽东：《论人民民主专政》，《人民日报》1949年7月1日。

我之范。”①

6月21日至8月14日，刘少奇率中共代表团秘密访问苏联，会见联共(布)领导人斯大林、莫洛托夫、马林科夫、米高扬等，向联共(布)中央通报中国革命战争即将取得胜利并将召开新的政治协商会议，成立联合政府的有关事宜。7月4日，刘少奇在给联共(布)中央和斯大林的书面报告中，详细介绍了中共即将采取的外交政策。报告提出，在今后的外交活动中，中共中央将根据这样几项原则进行：(一)和各帝国主义国家进行斗争，以便实现中国民族的完全独立；(二)在国际事务中和苏联及各人民民主国家站在一道，反对新的战争危险，保卫世界和平与民主；(三)利用各资本主义国家之间和这些国家内部的矛盾；(四)在平等互惠的条件下发展中国与外国的通商贸易，特别是发展与苏联及其他人民民主国家的贸易。

报告提出，在新的中央政府成立以后，就会发生与各国建立正式外交关系的问题，参加联合国及其他国际组织和国际会议的问题。“如果帝国主义各国采取承认中国的新政府的政策，那我们就要准备和这些国家建立外交关系。”“对于国民党与外国订立的各种条约和协定，我们准备重新审查，分别处理。其原则就是：凡是对于中国人民及世界和平民主有利者，我们都准备加以承认和继承，例如：联合国宪章、开罗宣言、中苏友好同盟条约等。凡是对于中国人民及世界和平民主不利者，我们都准备加以废除，例

①《邓小平文选》第一卷，人民出版社1994年版，第134页。

如：中美通商航海条约等。另有一些，则准备在加以修改后，予以承认。”“在国际活动的政策上，我们一定要与苏联一致。”“若干党外人士曾批评我们的政策是向苏联一面倒，毛泽东同志答复他们说：我们的政策就是要向苏联一面倒，如果不和苏联一起，站在反帝国主义阵营，而企图走中间路线，那是错误的。”①

就这样，从1948年9月中共中央政治局会议到1949年6月《论人民民主专政》的发表，即将成立的新中国内政与外交的基本方针均已确立。

①《建国以来刘少奇文稿》第一册，中央文献出版社2005年版，第13—14页。

干部、制度、预警：中共在全国执政前的准备

1948年9月中共中央政治局会议至1949年3月中共七届二中全会这半年的时间里，解放战争的形势发展很快，从华东野战军攻打济南开始，国共之间的战略决战在辽沈、淮海、平津三个战场上相继展开，人民解放军攻城略地、势如破竹，“打倒蒋介石、解放全中国”的目标即将实现。在这样的情况下，中共中央在确定新中国内政外交大政方针的同时，开始在干部上、制度建设上为即将在全国执政做准备。

一、“训练全国各方面工作的干部”

到1948年9月中共中央政治局会议召开之时，虽然彻底打倒国民党反动派已成定局，但仍有大半国土还没有解放，而随着人民解放军向这些未解放地区进军，广大新解放区必须相应地建立各级政权组织与党的组织，这就需要大量的干部，于是干部短缺的问题日显突出。9月政治局会议专门讨论了为夺取全国胜利所需干部的准备问题。毛泽东在报告中提出：“训练干部，不仅要训练党内的，而且要训练党外的。冀中村干部轮训，是大批训练基层干部的办法。政府要办学校，包括大学、专门学校，大批培养各种干部。训练全国各方面工作的干部，是一个大问题。要出兵川、湘、鄂、赣，马上就需要两三万干部。所以要搞一个计划。”①

同年10月10日，中共中央在《关于九月会议的通知》中强调：“夺取全国政权的任务，要求我党迅速地有计划地训练大批的能够管理军事、政治、经济、党务、文化教育

①《毛泽东文集》第五卷，人民出版社1996年版，第137页。

等项工作的干部。战争的第三年内，必须准备好三万至四万下级、中级和高级干部，以便第四年内军队前进的时候，这些干部能够随军前进，能够有秩序地管理大约五千万至一万万人口的新开辟的解放区。中国地方甚大，人口甚多，革命战争发展甚快，而我们的干部供应甚感不足，这是一个很大的困难。第三年内干部的准备，虽然大部分应当依靠老的解放区，但是必须同时注意从国民党统治的大城市中去吸收。国民党区大城市中有许多工人和知识分子能够参加我们的工作，他们的文化水准较之老解放区的工农分子的文化水准一般要高些。国民党经济、财政、文化、教育机构中的工作人员，除去反动分子外，我们应当大批地利用。解放区的学校教育工作，必须恢复和发展。"①

中共中央对准备干部的问题抓得很紧。1948 年 10 月 28 日，中共中央做出《关于准备五万三千个干部的决议》。当时基于五年从根本上打倒国民党反动派的预计，中共中央估计在战争第三第四两年内(即 1948 年 7 月至 1950 年 6 月)，人民解放军可能夺取的国民党统治区域，将包含有 1.6 亿左右的人口、500 个左右的县及许多中等的和大的城市，并在这些新的区域建立政权。根据过去发展新区的经验，每一个新开辟县，至少需要县级及区级干部 75 人，500 个县，则需干部 3.75 万人左右。平均 5 个县设一地委，每一地委至少需干部 60 人，500 个县有 100 个地委，共需干部 6000 人左右。平均 30 县设一区党委，每一区党委至少需

①《毛泽东选集》第四卷，人民出版社 1991 年版，第 1347 页。

干部 80 人，500 个县有 17 个区党委，共需干部 1360 人左右。500 个县左右的地区需成立 4 个中央局，每一中央局至少需干部 200 人，共需干部 1200 人左右。此外还需准备 7000 人左右的干部在大城市工作。以上所需中央局、区党委、地委、县委、区委等五级及大城市的各项干部，共 5.3 万人左右。在这个文件中，中共中央还将这 5 万多干部的准备任务，具体落实到了各战略区，规定华北解放区 1.7 万人，华东解放区 1.5 万人，东北解放区 1.5 万人，西北解放区 0.3 万人，中原解放区 0.3 万人。

这样一来，有计划地大量地培养、训练和提拔干部，便成为各级党委当前的重大任务。这样数量庞大的干部从何而来，中共中央提出了如下具体措施。

(一)各区中央局(分局)、区党委两级，应即开办党校，或加强和扩大已有的党校，抽调各级各类适当的干部到党校学习。地、县两级，应即普遍开办短期训练班，训练区、村干部。县委办的训练班，应轮训村级干部，并从其中挑选一批人，脱离生产，以一部分补充区级缺额，一部分送地委或区党委或省委办的党校去学习。

(二)中央局(分局、工委)、区党委(省委)、地委、县委、区委等五级各种重要工作岗位，一律增设副职。逐级挑选一批下一级干部到上一级担任副职，使各级担任副职的干部能在实际工作中得到锻炼，以备将来提拔使用。

(三)各大军区开办军政学校，或加强和扩大已有的军政学校，培养军区、军分区及地方部队所需要的军事及政治工作干部。

（四）创办中等学校，并办好已有的中等学校，培养大批具有中等文化程度的人才，准备补充各级各项工作的干部。

（五）在可能开设大学的地区，应即开办正规大学，以培养将来为政治、经济、文化各方面工作所需要的较高级的人才。

（六）创办各种专门学校，培养各种专门人才。上述中学、大学及专门学校中，均可大量地附设短期的速成学校或训练班，以应急需。

（七）在解放了的城市中，放手地大量地使用及训练改造除了反动分子以外的原来的企业人员及公教职员，以补城市工作干部之不足。经过一个时期之后，可从此类人员中抽出一批加以训练派往新解放地区去工作。

（八）从国民党统治的大城市大量地吸收工人及知识分子到解放区来，加以必要的训练之后，派往各种岗位去工作。

为了减少派往新区工作干部的后顾之忧，这个决议还特别决定，凡过去及今后调往新区工作的地方干部，其家庭一律按军属待遇。

中国革命走的是农村包围城市的道路，必须长时期在农村积聚革命力量，但革命要在全国胜利，最终必须夺取城市。1947 年 11 月，晋察冀人民解放军攻克石家庄，表明人民解放军已具备攻坚作战和夺取重要城市的能力，这就意味着今后将会有更多的大中城市被夺取，如何管理好城市成为一个重要的课题。1948 年 2 月 25 日，毛泽东在为中共中央起草的给各中央局、分局、前委的一份电报中指出："多年以来我们占领了很多城市，有了丰富的经验。但是没有总结，让这些经验埋没，让各种错误的方针及方法反复重犯，让良好的经验限于一地无法为全党取法。这是经验主义、地方主义还在我们党内占有重要地位并在这个问题上表现出来的结果。"他着重指出："为了将党的注意力不偏重于战争与农村工作而引导到注意城市工作，为了使现已取得的城市的工作在我们手里迅速做好，为了对今后取得的城市的工作事先有充分的精神准备与组织准备，中央责成各中央局、分局、前委对于自己占领的城市凡有人口五万以上者逐一作出简明扼要的工作总结，并限三至四个月内完成此项总结。"①此后，他又一再提醒全党必须更加注重城市工作。

在1949年3月的中共七届二中全会上，毛泽东着重讲述了党的工作重心转移的问题。他指出："从一九二七年到现在，我们的工作重点是在乡村，在乡村聚集力量，用乡村包围城市，然后取得城市。采取这样一种工作方式的时期现在已经完结。从现在起，开始了由城市到乡村并由城市领导乡村的时期。党的工作重心由乡村移到了城市。"他要求全党"必须用极大的努力去学会管理城市和建设城市。必须学会在城市中向帝国主义者、国民党、资产阶级作政治斗争、经济斗争和文化斗争，并向帝国主义者作外交斗争。既要学会同他们作公开的斗争，又要学会同他们作荫

①《毛泽东文集》第五卷，人民出版社1996年版，第71—72页。

蔽的斗争”。[1] 随着中国革命进入先夺取城市后占领乡村的时期，对城市管理特别是工矿企业的管理就显得十分重要，对于城市管理，从乡村成长起来的广大干部无疑十分陌生。在这种情况下，除了要求现有的干部要学会对城市工作的管理外，中共中央决定从两个方面加强对于新区所需要干部的培养。

其一，在产业工人中提拔培养干部。1948 年 12 月 21 日，中共中央发出了《关于大量提拔培养产业工人干部的指示》。指示指出：“中国革命正在迅速胜利地发展，全国各大城市及大工业、大运输业、大商业和银行、对外贸易等，均已或将要归人民政府所掌握，我党必须立即训练和准备大批接管全国各大城市及大工商业的干部，否则，决不能应付迅速发展的客观形势。”中共中央认为，“新提拔的产业工人和职员干部，懂得工商业技术的干部，对于接管大城市及大的工商业是很能干和很积极热情的，起了很大很好的作用。而农村工作干部及缺少工商业知识的干部，则对于接管大城市和大的工商业，就有很多困难”[2]。指示提出，必须从解放区的产业工人和职员中，立即训练、培养和提拔大批的干部，以便能够派遣他们和老干部一起去接管新解放的大城市及大的工商业，并且参加党政军民各方面的工作。因此，大批地培养、训练和提拔产业工人和职员干部，已成为目前全党性的迫切的中心任务之一。根据中共

---

①《毛泽东选集》第四卷，人民出版社 1991 年版，第 1426—1427 页。

② 中央档案馆编：《中共中央文件选集》第十七册，中共中央党校出版社 1992 年版，第 609 页。

中央的指示精神，各已解放的城市的党组织从产业工人中提拔培养了大批干部，解放较早、产业工人数量较多的东北解放区，从工人和职员中共提拔干部32172人，其中工人干部20469人。在新提拔的干部中，担任科长、厂长的1716人，担任股长的4306人，担任技术干部的1649人，从事党务工作的3392人，从事工会、青年团工作的3649人。①

其二，团结教育改造知识分子。1948年6月30日，中共中央宣传部在《关于对中原新解放区知识分子方针的指示》中指出："除尽可能地办军政学校（短期训练班性质）外，应当采取组织宣传队，剧团，随军工作队，以及财政、税收、司法、会计、医药、通讯、新闻等各种短期训练班，大量吸收现在已决心参加工作的贫苦的或其他阶层出身的知识分子。"②7月3日，中共中央批转了新华社副社长陈克寒关于新区宣传工作与争取青年知识分子致新华总社电，并在批注中指出："争取和改造知识分子，是我党重大的任务，为此，要办抗大式的训练班，逐批地对已有知识的青年施以短期的政治教育。要大规模地办，目的是争取大多数知识分子都受一次这样的训练，训练后，因才施用，派往各种工作岗位，再在实际工作中去锻炼。"③同年12月19

① 中共中央党史研究室第一编研部编：《苍茫大地主沉浮——中共中央在西柏坡》，人民出版社2003年版，第302页。

② 中共中央宣传部办公厅、中央档案馆编研部编：《中国共产党宣传工作文献选编（1937—1949）》，学习出版社1996年版，第702页。

③ 中共中央宣传部办公厅、中央档案馆编研部编：《中国共产党宣传工作文献选编（1937—1949）》，学习出版社1996年版，第711页。

日，中共中央致电林(彪)罗(荣桓)，并彭(真)聂(荣臻)叶(剑英)，华北局，东北局：建议在华北军政大学(简称华北军大)设立一军政干部队，招收高中及大学生 6000 人，经短期训练后分配给东北野战军及其他野战军；由华北大学在平津招收大中学生 6000 人，并由华大以文工团、宣传队等名义招收 1000 人，将来由中共中央统一分配；由中共中央华北局办华北革命干部学校，招收学生 7000 人，“培养党与群众工作的干部，准备将来使用于江南”①。

作为争取和改造知识分子的一个重要步骤，中共中央决定在各大行政区成立人民革命大学。1949 年年初，华北解放区设立华北人民革命大学，招生 1.2 万人，学员以学生出身的占大多数，工厂机关职员学校教师次之，此外还有一小部分商贩、旧军人和失业工人等。随后，其他地区也设立了类似的学校。这些革命大学的学员许多参加了南下工作团，不少人成为新区接管工作的骨干。

由于长期的革命战争环境，军队成为中共各级干部的重要来源，因此，为解决新区干部严重不足的问题，中共中央和毛泽东明确提出了变军队为工作队的要求。1949 年 2 月 8 日，毛泽东在为中央军委所写的复第二野战军和第三野战军的电报中指出：“我们现在正在准备五万三千个干部随军南下，但是这个数目很小。占领八九个省、占领几十个大城市所需要的工作干部，数量极大，这主要依靠军队

---

① 中共中央文献研究室、中央档案馆编：《建党以来重要文献选编(1921—1949)》第二十五册，中央文献出版社 2011 年版，第 723 页。

本身自己解决。军队就是一个学校，二百一十万野战军，等于几千个大学和中学，一切工作干部，主要地依靠军队本身来解决。”中共中央要求军队干部应当全体学会接收城市和管理城市，熟悉军队干部和战士们所不熟悉的一切城市问题，“军队变为工作队，现在已经要求我们这样提出任务了。如果现在我们还不提出此种任务，并下决心去做，我们就会犯极大的错误”。[①] 在中共七届二中全会的报告中，毛泽东再次强调，人民解放军永远是一个战斗队，又是一个工作队，“现在准备随军南下的五万三千个干部，对于不久将要被我们占领的极其广大的新地区来说，是很不够用的，我们必须准备把二百一十万野战军全部地化为工作队。这样，干部就够用了，广大地区的工作就可以展开了。我们必须把二百一十万野战军看成一个巨大的干部学校”[②]。

由于及时做了干部的准备工作，保证了随后人民解放军向江南、华南、西南和西北地区的大进军中，能够在解放一地区之后，留下一批干部与原来坚持在本地斗争的地下党干部一起，迅速建立各级中共组织和政权组织，开展稳定地方和支前工作，使前方迅速变成后方，做到解放一地巩固一地。

---

①《毛泽东选集》第四卷，人民出版社 1991 年版，第 1406 页。

②《毛泽东选集》第四卷，人民出版社 1991 年版，第 1426 页。

二、加强党的集中统一

随着党的工作重心的转移和全国执政局面的到来，全党的集中统一就比以往显得更为重要。自大革命失败后开展土地革命起，中共在各地建立了若干相对独立的根据地。这是中国革命发展的特殊产物，正是这一个个革命根据地的发展壮大，才使中国革命在全国的胜利日渐成为可能。但是，由于这些根据地互不统属，又大都远离中共中央，这就难免存在政策不统一等问题，以至于“地方主义的和经验主义的恶劣作风，事前不请示事后不报告的恶劣作风，多报功绩少报(甚至不报)错误缺点的恶劣作风，对于原则性问题粗枝大叶缺乏反复考虑慎重处置态度的恶劣作风，不愿精心研究中央文件以致往往直接违反这些文件中的某些规定的恶劣作风，仍然存在”①。而随着中国革命在全国胜利的到来，加强中央的集中统一日显重要。

作为加强中央集中统一的第一个重要步骤，就是建立党内报告制度。1948 年 1 月 7 日，毛泽东为中共中央起草《关于建立报告制度》的党内指示，规定“各中央局和分局，由书记负责(自己动手，不要秘书代劳)，每两个月，向中央和中央主席作一次综合报告。报告内容包括该区军事、政治、土地改革、整党、经济、宣传和文化等各项活动的

①《毛泽东文集》第五卷，人民出版社 1996 年版，第 86 页。

动态，活动中发生的问题和倾向，对于这些问题和倾向的解决方法”。要求“从今年起，全党各级领导机关，必须改正对上级事前不请示、事后不报告的不良习惯”。“各野战军首长和军区首长，除作战方针必须随时报告和请示，并且照过去规定，每月作一次战绩报告、损耗报告和实力报告外，从今年起，每两个月要作一次政策性的综合报告和请示。”①

同年 4 月 10 日，中共中央更是明确提出要将各战略区“全国一切可能和必须统一的权力统一于中央”。毛泽东在为中共中央起草的一份给各中央局、分局、前委的电报中强调：“中国新的革命高潮的到来，我党已经处在夺取全国政权的直接的道路上，这一形势要求我们全党全军首先在一切政治上的政策及策略方面，在军事上的战略及重大战役方面的完全统一，经济上及政府行政上在几个大的区域内的统一，然后按照革命形势的发展进一步地考虑在军队的编制和供应上，在战役行动的互相配合上，以及在经济上在政府行政上(那时须建立中央政府)作更大的统一。”同时要求“各地领导同志必须迅速完成在这方面的一切必要的精神准备和组织准备”。② 这些规定，对于保证全党集中统一起到了重要作用。

毛泽东对建立报告制度抓得很紧。当时，中共中央东北局没有及时向中央做综合报告，毛泽东于 1948 年 3 月 25

---

①《毛泽东选集》第四卷，人民出版社 1991 年版，第 1264—1265 页。

②《毛泽东文集》第五卷，人民出版社 1996 年版，第 86—87 页。

日和8月9日两次致电东北局予以严肃批评。8月13日，东北局呈报一份综合报告，但内容比较简单，毛泽东于8月15日致电东北局，再次批评东北局有关领导人在请示报告这件事上，“心中存在着一种无纪律思想”。毛泽东的严厉批评引起了东北局的重视，随即开会检讨，并于8月15日和19日向中央提交了综合报告和检讨报告，承认“对于按期给中央作报告，没有提到政治的组织的原则高度去认识”，“没有完全自觉地意识到不按期向中央作报告，就是一种政治上的错误与组织上的违犯纪律的行为”。并且今后将“保证定期向中央作报告”，“与各种无纪律观念继续作斗争”。8月20日，毛泽东致电东北局书记林彪，强调：“必须有此种报告，并要有多次此种报告之后，才能使我们看得出一个大战略区的全貌。对于写作此种报告的同志亦有一种好处，就是他必须在写作时既要联系又要超脱各项具体问题、各项事务工作，在全局上，在共同性上，好好思索一会。而这种思索则是一个领导同志所不可缺少的，缺少了此种思索，领导工作就会失败。”①8月22日，毛泽东又复电东北局，表示“你们这次检讨是有益的，这样，你们就可以脱出被动状态，取得主动”，并且认为加强纪律建设是取得全国胜利的“一个中心环节”。②

在1948年9月的中共中央政治局会议上，毛泽东提出，必须切实纠正从中央机关、中央代表机关，一直到各地，

① 中共中央文献研究室编：《毛泽东年谱(1893—1949)》(修订本)下，中央文献出版社2013年版，第337—338页。

②《毛泽东文集》第五卷，人民出版社1996年版，第125页。

报喜不报忧，瞒上不瞒下，封锁消息的现象，“要在战争的第三年内，在全党全军克服无政府、无纪律状态”①。同年10月10日，中共中央在关于九月会议的通知中，再次强调：“由于我党我军在过去长时期内是处于被敌人分割的、游击战争的并且是农村的环境之下，我们曾经允许各地方党的和军事的领导机关保持着很大的自治权，这一种情况，曾经使得各地方的党组织和军队发挥了他们的自动性和积极性，渡过了长期的严重的困难局面，但在同时，也产生了某些无纪律状态和无政府状态，地方主义和游击主义，损害了革命事业。目前的形势，要求我党用最大的努力克服这些无纪律状态和无政府状态，克服地方主义和游击主义，将一切可能和必须集中的权力集中于中央和中央代表机关手里，使战争由游击战争的形式过渡到正规战争的形式。”“为此目的，必须尽一切可能修理和掌握铁路、公路、轮船等近代交通工具，加强城市和工业的管理工作，使党的工作的重心逐步地由乡村转到城市。”②

在九月政治局会议的讲话中，任弼时着重讲到了加强纪律性的问题，并提出了加强纪律性有两个条件：第一，全党要有五百个懂马列的干部，干部掌握了马列，即能保障政策统一的执行。许多问题早就决定了，六大决议就讲了，但没有解决好。如每个县委能有一人掌握住政策，情况就大不一样了。必读那五本马列著作（指马克思恩格斯合

---

①《毛泽东文集》第五卷，人民出版社1996年版，第138—139页。

②《毛泽东选集》第四卷，人民出版社1991年版，第1346—1347页。

著的《共产党宣言》，恩格斯著的《社会主义从空想到科学的发展》，列宁著的《社会民主党在民主革命中的两种策略》《共产主义运动中的“左派”幼稚病》，以及联共(布)中央特设委员会编的《苏联共产党(布)历史简明教程》)，不能以忙来解释，忙可以挤掉别的。普通党员干部也要提高，主要靠这三千人，这三千人主要进不成学校，必须挤时间学习。第二个条件就是建立制度，制订法令，如逃兵处理条例，人民法庭条例等等。我们不如陈瑾昆(时任华北人民法院院长，法学家，引者)那样讲法制，但没有法律不行(毛泽东插话说：我们有些共产党员没有守法精神，对我们的法也不遵守)。我们要有大法，还要有小法，大法管小法，还可由老百姓议订若干公约，但要有统一的法。军队、机关中也必须有制度，制度定下必须遵守。①

九月会议通过了《中共中央关于各中央局、分局、军区、军委分会及前委向中央请示报告制度的决议》，其目的在于“为适应目前革命形势发展的需要，保证全党全军所执行的各种政策的完全统一，及军事计划的完满实施，克服目前党内军内存在着的某些严重的无纪律状态或无政府状态”。这个决议对“各项工作中何者决定权属于中央，何者必须事前请示中央，并得到中央批准后才能付诸实行，何者必须事后报告中央备审”作了具体规定。② 这些规定，对于克服历史上所形成的山头主义、分散主义，保证党的集

---

①《任弼时选集》，人民出版社 1987 年版，第 459—460 页。

② 中央档案馆编：《中共中央文件选集》第十七册，中共中央党校出版社 1992 年版，第 356 页。

中统一，起到了十分重要的作用。

三、警惕胜利冲昏头脑

加强党的集中统一并非削弱党内民主，相反，只有发展党内民主，健全党内民主生活，发挥全党的智慧，才能从根本上保证全党的团结和树立中央的权威。由于长期的战争环境，党的各级地方组织长期未能召开代表大会或代表会议，而以干部会议作为替代，这就不能不使党内民主受到削弱。因此，随着党所处的环境从战争向和平的转变，中共中央意识到发展党内民主的重要性。在 1948 年 9 月的政治局会议上，毛泽东在报告中提出："实现党内民主的办法，是实行代表大会及代表会议的制度。我们党内是有民主的，但是还不足或者缺乏，现在要增加。办法是用代表大会、代表会议代替干部会议。"①

在这次会议上，任弼时还专门讲到了如何在今后扩大党内外民主的问题。他说："在直接作战的区域，需要在块块内集中，过去强调一元化是对的，而且在这种地方，强制命令的范围也是大些的，但这种强制应该是在民主基础上的。在这种地区，人民的和党的代表大会可以不开。华北解放区现在已有相对的和平，党内党外均应加强民主，建立民主制度，而且制度必须实行。干部会的长处是办事

①《毛泽东文集》第五卷，人民出版社 1996 年版，第 137 页。

迅速方便。党内压制民主的现象还是有的，这是由中国党的条件而产生的，以军队之管理办法用到党内来。主要的还是缺乏批评自我批评，有了批评自我批评，而且是真正的，小广播就没有了。如果只有代表会，而小广播的话不能公开在会上讲，则是只有民主的形式，而无民主的实质。民主作风是要靠长期培养的，党内必须发展批评自我批评，允许党员说出心里话，则能有真正民主的实质。大会上自由结组讨论这是一种好的形式，所谓打破开会的封建秩序。”在讲话中，任弼时还提出了一个极为重要的观点：“必须先有党内的民主，人民的民主才能真正建立起来。”毛泽东也表示：与党外人士合作，对于整掉党内的官僚主义、不民主、贪污现象等，有极大好处。[1]

作为发展党内民主的一个重要步骤，1948 年 9 月，中央政治局会议通过了《中共中央关于召开党的各级代表大会和代表会议的决议》。该决议提出：过去由于战争环境，或处在地下状况，党内正常民主生活是没有获得很好的发展的。由于党内缺乏正常的民主生活和在政府工作中的民主生活的不足，已使党的组织及政府机关产生了某些严重的脱离人民群众的官僚主义现象。现在广大的解放区业已联成一片，取得相对安定的后方环境，进行生产建设工作，土地改革已在很大区域内完成，人民解放军不断地向国民党统治区域前进，并在不久的将来将要取得全国的胜利，中国共产党已经发展成为三百多万党员的广大群众性的大

---

①《任弼时选集》，人民出版社 1987 年版，第 460—461 页。

党，全国广大阶层的人民群众日益积极地和广大地要求参加民主的政治生活。“在这种形势下，我们党与政府就有可能和必要实现正规的民主生活了，过去时期党内存在着的民主生活不足的状况，就必须加以改变。”中共中央要求在一切巩固的解放区，党的各级委员会，必须遵照党章的规定，从现在起定期召开党的各级代表大会及代表会议，讨论中央的指示和各种工作，并选举和补选党的各级委员会。这种代表大会及代表会议，在以后不得用普通的干部会议去代替，而必须按期召开。对各级党的代表大会和代表会议，必须赋予党章所规定的一切权力，不许侵犯。必须保障一切代表在会议上有完全的发言权和完全的表决权，以便能够开展党内的批评与自我批评，教育干部与群众。同时必须严格地实行少数服从多数、下级服从上级的规定，以保持党内的统一和纪律。①

要发展党内民主，就必须健全民主集中制。中共中央认为，健全党委制是良好地实现全党民主集中制的重要环节。1948 年 9 月 20 日，中共中央又做出由毛泽东起草的《关于健全党委制》的决定，强调党委制是保证集体领导、防止个人包办的党的重要制度，规定“今后从中央局至地委，从前委至旅委以及军区(军分会或领导小组)、政府党组、民众团体党组、通讯社和报社党组，都必须建立健全的党委会议制度，一切重要问题(当然不是无关重要的小问

① 中央档案馆编：《中共中央文件选集》第十七册，中共中央党校出版社 1992 年版，第 350—355 页。

题或者已经会议讨论解决只待执行的问题)均须交委员会讨论，由到会委员充分发表意见，做出明确决定，然后分别执行。地委、旅委以下的党委亦应如此。高级领导机关的部(例如宣传部、组织部)、委(例如工委、妇委、青委)、校(例如党校)、室(例如研究室)，亦应有领导分子的集体会议”①。

党内民主对于发挥全党智慧、加强党的团结统一的重要性是不言而喻的。在由局部执政转变为全国执政的情况之下，加强党的集中统一十分必要，但由此也难免出现忽视党内民主，由少数党政领导在重大问题上个人说了算的问题。在中共即将在全国执政的情况下，毛泽东和中共中央及时提出要发展党内民主，并提出要以发展党内民主推动人民民主，无疑有利于最大限度地发挥全党的积极性、主动性和创造性，凝聚全党的意志和力量。

辽沈、淮海、平津三大战役结束之后，国民党军队的主力已经被消灭在长江以北，虽然蒋介石集团还占据着南京、上海、广州、武汉、重庆等大城市，广大国土尚未解放，但中国革命的胜利指日可待已经是任何人也不加怀疑的了。在中国革命成功之际，毛泽东等中共领导人不但在擘画新中国的蓝图，而且在思考革命成功之后如何保持党的纯洁性、先进性的问题。

1948 年 10 月 2 日，刘少奇对华北记者团谈话时指出：“我们党必须和广大群众保持密切的联系，如果和群众联系

---

①《毛泽东选集》第四卷，人民出版社 1991 年版，第 1340—1341 页。

不好，就要发生危险，就会像安泰一样被人扼死。共产党也会被人扼死的哩！党什么也不怕，就怕这一项。”“现在，我们和群众是有联系的，但是还不够；要说已经联系得够了，工作做好了，那比一万美国军队还可怕，因为不再要求不断巩固扩大同群众的联系了。甚至有人说，老百姓算什么，有点官僚主义算什么！这就比一百万美国军队更可怕。”①

12月14日，刘少奇在对马列学院第一班学员讲话时强调：“现在中国革命胜利了，不读书，可不成。以前在山头上，事情还简单，下了山，进了城，问题复杂了，我们要管理全中国，事情更艰难了。我们打倒蒋介石、打倒旧政权后，要领导全国人民组织国家，如果搞得不好，别人也能推翻我们的。唐太宗曾与魏徵争论过一个问题：创业难呢，还是守成难呢？历史上从来有这个问题。得了天下，要能守住，不容易。很多人担心，我们未得天下时艰苦奋斗，得天下后可能同国民党一样腐化。他们这种担心有点理由。在中国这个落后的农业国家，一个村长，一个县委书记，可以称王称霸。胜利后，一定会有些人腐化、官僚化。如果我们党注意到这一方面，加强思想教育，提高纪律性，就会好一些。所以现在采取许多办法，如在党内反对地主富农思想，反对资本主义意识，进行批评、斗争以至处分、撤职等等，都是为了挽救堕落的干部。否则，堕

①《刘少奇选集》上卷，人民出版社1981年版，第397页。

落的人会很多，会使革命失败。”①

在1949年1月的中共中央政治局会议上，毛泽东特地讲到了防止胜利冲昏头脑的问题。他说：胜利越大，包袱越大。军队、地方都要注意，首先是高干和中干。今年还不是大危险，明年就更要注意。全国打平了，事情才开始，也许那时会觉得打仗要容易些，经济、文化建设任务更严重。列宁说过：打倒一个阶级容易，建设一个国家困难。不可稍有骄傲。有的报纸，喜欢登外国人吹拍我们的材料，这是长期在帝国主义压迫下奴性的表现。抗战初期，就有过爱听中外资产阶级吹捧的表现。我们既不欢迎他们的吹拍，也不怕有人骂我们“土匪”。在为会议所做的结论中，毛泽东又说：要把人民对我们的感谢和资产阶级的捧场区别开来。全国胜利后，微生物多了，特别是中外资产阶级的捧场，什么万民伞、德政碑，以及各种挑拨者都来了，要十分警惕，防止把干部弄坏了。要将已经完成的较小的任务，与将要去完成的大的任务做些比较。过去三十年，是建立地基，房子还没有盖起来。提出新任务，使大家想到新任务就好了。②

在中共七届二中全会上，毛泽东提出了著名的“两个务必”。他提醒全党：“可能有这样一些共产党人，他们是不曾被拿枪的敌人征服过的，他们在这些敌人面前不愧英雄的称号；但是经不起人们用糖衣裹着的炮弹的攻击，他们

①《刘少奇选集》上卷，人民出版社1981年版，第412—413页。

②《杨尚昆回忆录》，中央文献出版社2007年版，第292页。

在糖弹面前要打败仗。我们必须预防这种情况。夺取全国胜利，这只是万里长征走完了第一步。”“中国的革命是伟大的，但革命以后的路程更长，工作更伟大，更艰苦。这一点现在就必须向党内讲明白，务必使同志们继续地保持谦虚、谨慎、不骄、不躁的作风，务必使同志们继续地保持艰苦奋斗的作风。”①在这次全会上，毛泽东提议并由会议制定了反对突出个人的六条规定：(一)禁止给领导者祝寿；(二)不送礼；(三)少敬酒；(四)少拍掌；(五)禁止用党的领导者的名字做地名、街名和企业的名字；(六)不要把中国同志同马恩列斯平列，禁止歌功颂德现象。

“两个务必”的提出，对于使全党在革命即将胜利的情况下，继续保持清醒的头脑，继续保持党在革命战争年代形成的优良作风，无疑是十分重要的。但同时也应看到，由于革命的任务尚未完成，新中国即将建立，工作千头万绪，党的领导人在提出“两个务必”的同时，对如何在执政条件下使全党做到“两个务必”，还未来得及提出具体的保证措施，即是说没有更多地从制度层面去落实这“两个务必”，这就使得新中国成立之后，主要依赖群众运动的方式，去解决干部队伍中存在的问题。这种方式固然有一定的作用，但也容易在运动中出现偏差。今天看来，在执政条件下要使全党始终做到“两个务必”，一方面，必须加强广大党员干部的理想信念教育，使其自觉地做到“两个务必”；另一方面，必须加强制度建设，有一套行之有效的制

---

①《毛泽东选集》第四卷，人民出版社1991年版，第1438—1439页。

度来预防和解决违背“两个务必”的行为，形成践行“两个务必”的制度体系。

中共七届二中全会结束不久，即1949年3月23日，毛泽东率中共中央机关离开西柏坡，向北平进发。临行前，毛泽东对周恩来说，今天是进京的日子，进京“赶考”去。周恩来说，我们应当都能考试及格，不要退回来。毛泽东说，退回来就失败了。我们决不当李自成，我们都希望考个好成绩。可见，在革命胜利前夕，党的领导人的头脑是很冷静的。走出一条成功的革命道路固然不容易，但要走出一条成功的建设之路亦将面临许多风险与挑战。